全国高职高专经济管理类“十三五”规划理论与实践结合型系列教材

校企合作优秀教材

会计电算化实训教程

KUAIJI DIANSUANHUA SHIXUN JIAOCHENG

主　编　林冬平　毛慧华

副主编　周红梅　余春芳

華中科技大學出版社
http://www.hustp.com
中国·武汉

图书在版编目(CIP)数据

会计电算化实训教程/林冬平，毛慧华主编. —武汉：华中科技大学出版社，2019.8
ISBN 978-7-5680-5373-0

Ⅰ. ①会… Ⅱ. ①林… ②毛… Ⅲ. ①会计电算化-高等职业教育-教材 Ⅳ. ①F232

中国版本图书馆 CIP 数据核字(2019)第 157051 号

会计电算化实训教程　　林冬平　毛慧华　主编

Kuaiji Diansuanhua Shixun Jiaocheng

策划编辑：张　毅
责任编辑：舒　慧
封面设计：孢　子
责任监印：朱　玢
出版发行：华中科技大学出版社(中国・武汉)　　电话：(027)81321913
武汉市东湖新技术开发区华工科技园　　邮编：430223
录　　排：武汉市洪山区佳年华文印部
印　　刷：武汉市籍缘印刷厂
开　　本：787mm×1092mm　1/16
印　　张：12.75
字　　数：343 千字
版　　次：2019 年 8 月第 1 版第 1 次印刷
定　　价：38.00 元

前言

计算机的普及和广泛应用，给管理者提供更多信息的同时，也对如何应用软件提出了更高的要求。会计电算化有助于经营者更快速、便捷地了解企业的财务状况、经营成果和现金流量，从而更好地找到决策需要的财务信息。

会计电算化是一门综合性、实践型的课程，本书作为会计电算化学习的入门书籍，专注实务操作，适应当前高等职业教育改革的需要，内容精简、适用、先进，以全面提升学生综合素质为出发点，以岗位能力培养为目标，以岗位工作任务为内容，结合职业资格标准要求，集知识、技能和素质教育为一体。

本书内容选取满足课程所需，主体部分以制造企业真实案例为内容，通过案例逐一介绍操作方法和步骤，并对实际工作中的常见问题以及技能技巧进行梳理、提示，保证操作过程的高效和结果的准确，从而保证课程目标的实现。

本书推行“做中学、做中教”的教学方法和学做一体的任务导向型学习，案例来自企业真实的经济业务，学生完成工作任务就完成了学习任务，使教学过程与工作过程同步，激发学生学习探索的热情，促进学生学习积极性的提高和学习效果的提升。

作为一本通俗易懂、实务性较强的操作指南类书籍，与其他同类书籍相比，本书具有以下几个方面的特点：

(1) 内容简要适用。本书的使用对象主要是财会类专业的学生，已掌握一定财会理论基础知识的学生在学习“会计电算化”这门课程的过程中更为侧重实操技能的培养，故本书的理论内容简单扼要，而且对于系统也主要针对常用的总账管理系统、UFO 报表系统、薪资管理系统、固定资产管理系统等进行展开；另外，软件使用者更注重的是对财务功能的操作应用，而对于软件的环境调试和内部结构，则可由专业的软件开发者完成，故本书没有安排关于软件开发和信息系统设计等方面的内容。

(2) 结合实际，图文并茂。为了使学生能更容易地掌握会计电算化的方法和技巧，本书力求避免单一的文字叙述，将实际工作涉及的单据、原始凭证等以图、表的形式呈现，与业务流程相融合，以便学生在学习时能一目了然，顺利进入情境，更快上手。

(3) 条理清晰，难易适度。项目 2 至项目 6 都阐述了知识目标、技能目标、流程处理、初始设置和业务操作，并将整体案例内容归总陈列。在讲解每项业务操作时，逐步引导并配有操作界面图表，学生学习起来相对清晰、轻松，并能根据每个项目后面的案例进行重新操作，进一步巩固所学内容。全书采用通俗易懂的语言，由表及里，深入浅出，为刚接触财务软件的学生拨开了会计电算化的层层面纱，使其能快速掌握会计电算化的方法和技巧。

在本书编写过程中，编者参阅了大量的著作、文献，并得到了广州市亿格科技有限公司朱文贵经理的支持，他对本书的编写提供了有益的资料和宝贵的建议，在此表示诚挚的谢意！

本书由广东青年职业学院林冬平和毛慧华担任主编，负责全书的总体结构，拟定编写方案，承担统稿工作；由广东青年职业学院周红梅和广东机电职业技术学院余春芳担任副主编。具体分工为：项目1由周红梅、林冬平编写，项目2由林冬平编写，项目3(除账务系统业务原始凭证制作)、项目4和附录A由毛慧华编写，项目3中的账务系统业务原始凭证制作和项目5由余春芳编写，项目6由周红梅编写。

本书编者既有多年坚守教学一线的教师，又有奋战财务战线的业务人员，均具备中高级会计职称或注册会计师资格，具有较高的理论水平和丰富的实践经验。本书是编者长期教学和实务经验的积累和总结，倾注了编者大量的心血和智慧，虽然力求完美，但由于时间有限，书中难免存在一些不足，恳请广大读者批评指正，我们将不断对本书进行修改和完善，希望本书能够给各位读者带来实实在在的帮助。

编　者

2019年2月

目录

项目 1　会计信息化概述

知识目标 ……

1. 了解会计信息系统的含义。
2. 了解会计信息系统的发展。
3. 了解用友 U8 用户操作流程。
4. 掌握会计信息系统的功能结构。

技能目标 ……

1. 了解会计信息系统的概念、特点。
2. 了解会计信息系统的发展阶段与趋势。
3. 了解用友 U8V10.1 管理软件的安装。
4. 掌握会计信息系统的子系统及其基本功能。

1.1　会计信息系统

1.1.1　基础概念认知

1. 信息系统与会计信息系统

系统是由相互作用、相互依赖的若干组成部分结合而成的具有特定功能的有机整体，而且这个有机整体又是它从属的更大系统的组成部分。相互联系的若干部分称为系统的子系统，它们是系统内能实现某种功能的单元。例如，计算机系统由硬件和软件两个子系统构成。

信息系统是以信息基础设施为基本运作环境，由人、信息技术设备、运行规程组成的，以信息处理为对象，进行信息的收集、传递、存储、加工，辅助组织进行各项决策的人机结合的系统。

会计信息系统是以计算机为主要工具，对各种会计数据进行采集、存储和处理，完成会计核算任务，并提供会计管理、分析与决策相关的会计信息的系统，其实质是将会计数据转化为会计信息的系统，是企业管理信息系统的一个重要子系统。

2. 会计信息系统的基本组成

基于计算机的会计信息系统是一个人机结合的系统，其基本构成包括硬件资源、软件资源、信息资源和会计人员等基本要素。

1）计算机硬件

计算机硬件是指进行会计数据输入、处理、存储及输出的各种电子设备，如输入设备有键盘、扫描仪等，数据处理设备有计算机主机等，数据存储设备有磁盘、光盘等，输出设备有打印机、显示器等。

2）计算机软件

计算机软件包括系统软件和应用软件两类。系统软件是保证会计信息系统能够正常运行的基础软件，如操作系统、数据库管理系统等；在会计信息系统中应用软件主要指会计软件，它是专门用于会计核算和会计管理的软件，是会计信息系统的一个重要组成部分，没有会计软件的信息系统就不能称为会计信息系统，拥有会计软件是会计信息系统区别于其他信息系统的主要因素。

3）会计人员

会计人员是指会计信息系统的使用人员和管理人员，包括会计主管、系统开发人员、系统维护人员、凭证录入人员、凭证审核人员、会计档案保管人员等。会计人员也是会计信息系统的一个重要组成部分，如果没有一支高水平、高素质的会计人员和系统管理人员队伍，那么有再好的硬件、系统软件、会计软件，会计信息系统也不能稳定、正常地运行。

4）会计信息系统的运行规程

会计信息系统的运行规程是指保证会计信息系统正常运行的各种制度和控制程序，如硬件管理制度、数据管理制度、会计人员岗位责任制度、内部控制制度、会计制度等。

1.1.2 会计信息系统的特点

1. 综合性

会计信息是全面反映企业供、产、销各个环节，并全面参与企业管理的综合信息。在生产服务活动过程中，企业各部门会有会计数据的发生，而在管理活动中又会有会计信息的利用。可见，会计信息系统能够综合地反映、控制和监督整个企业的生产经营活动，它是实现企业管理目标——股东财富最大化的有力工具。

2. 复杂性

会计信息系统本身是一个独立的整体，由许多子系统组成，如账务处理子系统、报表处理子系统、薪资核算子系统、固定资产核算子系统、成本核算子系统等，内部结构较为复杂，各子系统在运行过程中进行信息的收集、加工、传送、使用，结合成为一个有机的整体。另外，会计信息系统跟其他管理子系统和企业外部的联系也十分复杂，会计信息系统从其他管理信息子系统中获取信息，全面地反映企业各个环节的信息，并将处理结果提供给有关系统，使得系统外部接口较为复杂。

3. 信息的准确性

会计信息直接关系到国家、企业及个人的经济利益，因此应该符合一定的质量要求，保证能完整、真实、准确地反映经济业务，而且要合法、可靠，严格遵守有关财务会计制度、法规和计算规程。

4. 信息的信息量大

会计要对生产经营过程进行连续、系统、综合的反映和监督，因此会计信息系统要收集、处理、存储和提供大量的经济信息。

5. 内部控制严格

会计信息系统中的数据不仅在处理时要层层复核，保证其正确性，还要保证可在任何条件下以任何方式进行检查核对，留有审计线索，防止犯罪破坏，为审计工作的开展提供必要的条件。

1.2　会计信息系统的发展

管理水平的提高和科学技术的进步对会计理论、会计方法和会计数据处理技术提出了更高的要求，使会计信息系统由简单到复杂、由落后到先进、由手工到机械、由机械到计算机。会计信息系统的发展是一个不断发展、不断完善的过程。从数据处理技术来看，会计信息系统的发展可分为三个阶段。

1.2.1　手工会计信息系统阶段

手工会计信息系统阶段是指财会人员以纸、笔、算盘等工具，实现对会计数据的记录、计算、分类、汇总，并编制会计报表，这一阶段历史漫长，直至今天，仍有很多单位停留在手工会计信息系统阶段。

1.2.2　机械会计信息系统阶段

19世纪末20世纪初，随着科学管理理论与实务的发展和应用，会计更加受到重视，出现了相应的改进，对会计数据的处理提出了更高的要求，因而不得不用机械化核算代替手工操作。财会人员借助穿孔机、卡片分类机、机械式计算机、机械制表机等机械设备，实现会计信息的记录、计算、分类、汇总和编表工作。但是，在计算机出现后这种方式很快就消失了，国外只有少数大型组织在会计中用过机械装置。我国几乎没有经历这一阶段。

1.2.3　基于计算机的会计信息系统阶段

第二次世界大战后，资本主义社会竞争日益激烈，单靠垄断已难以维持资本家的高额利润，不得不转向通过加强管理来增加产量、提高质量、降低成本、提高竞争力，所以会计成为加强内部管理的重要手段，而计算机的产生为会计数据的处理带来了根本性的变革。采用计算机进行会计信息处理后，会计数据的主要处理过程全部由计算机系统自动完成，如数据检验、分类、记账、算账、编制会计报表等，并能准确、高效地完成任务。

1. 国外会计电算化的发展

1954年10月，美国通用电气公司率先使用计算机计算职工工资，开创了电子计算机进入会计数据处理领域的先河。六十多年来，随着社会经济活动对会计工作本身要求的不断提高和计算机软件、硬件技术的飞速发展，电子计算机在会计及相关领域的应用也逐步普及和深入发展，纵观西方发达国家会计电算化的发展历程，计算机在会计中的应用大致经历了以下四个阶段。

(1) 单项数据处理阶段。这一阶段的大致时间是从20世纪50年代中期到60年代中期，是会计电算化的萌芽和发育阶段，是一个不断摸索、积累经验的初级阶段，是仅仅能简单模仿手工处理方式的低水平阶段。这一阶段的电算化工作主要是完成某一方面的核算业务，如工资计算、材料核算等。

由于当时计算机成本高、价格贵，且界面较原始，需要由计算机专业人员操作，因此会计电算化的发展比较缓慢。

(2) 会计综合数据处理阶段。这一阶段从20世纪60年代中期到70年代初期，是会计电算化迅速成长、初步成熟的阶段，是会计数据处理方式发生本质性变化的阶段。这一阶段计算机会计信息技术迅速发展，一些发达国家开发了许多处理会计业务的应用软件，会计数据处理进入实时处理阶段。

该阶段会计信息系统的设计目标是综合处理发生在企业各业务环境中的各种会计信息，并向企业管理部门提供一定的管理和辅助决策信息，实现部门内的信息集成。

(3) 面向企业整体管理阶段。这一阶段从20世纪70年代中后期开始，由于微型计算机的出现，计算机的价格不断下降，相关系统软件不断改进和提高，软件的可操作性越来越强，会计电算化出现了普及之势。企业越来越深刻地认识到：要提高企业的市场竞争力，单纯地提高某个职能部门的工作效率是远远不够的，只有业务过程中涉及的各个职能部门紧密协同，才能从整体上提高企业的效率和效益。"整体大于部分之和"的管理思想日益受到重视。在这一阶段，会计信息系统作为整个企业管理信息系统的一个有机子系统，已经与企业管理信息系统高度集成，因此其设计目标充分考虑了企业整体管理和决策的要求。

(4) 面向企业间价值链决策管理阶段。20世纪90年代开始，随着计算机技术、数据库技术和存储技术的发展，计算机在会计上的应用有了新的发展，从信息系统转向企业资源计划(enterprise resource planning，ERP)、供应链管理(supply chain management，SCM)和客户关系管理 (customer relationship management，CRM)。在这一阶段，企业不仅需要合理规划和运用自身各项资源，还需要将经营环境的各方面，如客户、供应商、分销商、各地制造工厂等经营资源紧密结合起来，并准确、及时地反映各方的动态信息，监控经营成本和资金流向，提高企业对市场的灵活性和财务效率。于是，价值链管理理念和理论应运而生。价值链管理把企业资源的范畴从过去的单个企业扩大到整个价值链的企业群。企业所关心的将不仅仅是企业自身，而是它所置身其中的整个价值链的集成利益和发展能力。

价值链管理的核心是如何实现快速和准确地反映整个价值链的会计核算与管理，包括如何产生、采集、记录、核算、反映、控制和分析价值链上的会计和财务信息，如何执行价值链上的各成本中心、利润中心、物料中心等的会计管理和监控作用等。要达到上述目标，价值链会计管理信息系统是最重要的技术基础和赖以生存的环境。因为只有在价值链企业群中实现整体信息化后，在现代信息技术包括网络技术、计算机硬件技术、软件技术、分布式技术、数据库技术、数据仓库技术、数据挖掘技术和会计信息化应用系统的支持下，才能在整个价值链上实现信息的实时、准确的采集、记录、核算、集成、共享、跟踪和反馈，并有效地实现各中心的会计管理和监控工作，进而提高整个价值链上会计管理工作的含金量。

2. 我国会计电算化的发展

我国会计电算化起步较晚，开始于20世纪70年代末，从发展历程看，大致经历了以下三个阶段。

(1) 极慢发展阶段(1979—1983年)。我国第一台计算机诞生于1958年，从那时起到1983年，我国计算机的应用发展一直比较缓慢。我国基于计算机的会计信息系统工作始于1979年，其代表项目是1979年由财政部支持并直接参与的在长春第一汽车制造厂进行的会计信息化试点工作。1981年8月，中国会计学会在长春召开了"财务、会计、成本应用电子计算机专题研讨会"，会上王景新教授正式提出"会计电算化"的概念，在当时它是"电子计算机在会计工作中的应用"的简称。当时一些大、中型企业会计业务日益繁多，这些企业开始尝试单项会计业务的电算化处理。这期间，由于计算机价格昂贵，专业人员缺乏，尤其是既懂会计又懂计算机的复合型人才稀少，再加上会计软件本身也存在一些问题，会计电算化只能在少数企业中完成某一方面的核算业务，如工资计算、固定资产管理等。同时，会计电算化问题没有得到有关政府部门的重视，从而限制了会计电算化的发展应用。

(2) 自发发展阶段(1983—1989 年)。为了迎接新技术革命的挑战,1983 年,以国务院成立电子振兴领导小组为标志,会计电算化工作进入了一个新的阶段。从 1983 年下半年开始,全国掀起了一个应用电子计算机的热潮,微型计算机在全国各个企业得到了广泛应用。然而,由于应用计算机的经验不足,理论准备与人才培训不够,企业内部缺少配套的管理制度和控制措施,宏观上缺乏统一的规划和管理,在会计电算化过程中出现了许多盲目地低水平重复开发的现象,所开发的软件通用性、实用性差,浪费了许多人力、物力和财力。

(3) 普及与提高发展阶段(1989 年以后)。随着会计电算化工作的深入发展,财政部和各地区、各部门逐步开始加强对会计电算化工作的组织和管理。1989 年 12 月,财政部颁发了我国关于会计电算化管理方面的行政法规《会计核算软件管理的几项规定(试行)》,这是我国会计电算化发展的一个里程碑,它对于推进会计电算化的发展、提高软件的开发质量、形成我国会计软件商品市场等具有现实意义和长远意义。会计软件的开发向着通用化、规范化、专业化的方向发展,出现了一批开发和经营会计软件的公司,形成了商品化会计软件开发市场,使我国会计电算化工作步入有组织、有规划的发展阶段。1994 年 5 月,财政部印发了《关于大力发展我国会计电算化事业的意见》的通知,明确了我国会计电算化事业的发展目标,有力地推动了我国会计电算化事业的发展,从根本上扭转了基层单位会计信息处理手段落后的状况。此后,为了规范会计电算化管理工作,财政部于 1994 年 6 月 30 日发布了《会计电算化管理办法》《商品化会计核算软件评审规则》《会计核算软件基本功能规范》等制度和规章。20 世纪 90 年代是我国会计电算化工作大发展的十年,主要表现在以下几个方面。

① 大、中型企业的会计电算化工作进一步得到普及。

② 会计电算化软件的开发从单项向系统化发展。

③ 在硬件方面,从单项应用开始向网络化发展。

④ 会计软件的研制从单纯的数据处理开始向管理控制和预测、决策系统发展。

⑤ 商品化会计软件进一步得到发展,并逐步成为国内最成功和最大的软件产业。

2000 年以后,随着互联网应用的迅速发展,会计软件开始向基于互联网的网络会计信息系统(也称网络财务)发展。网络财务不仅具有传统会计软件的所有功能,还能实现财务与业务一体化处理、远程处理、在线实时监控、集团财务集中管理等功能,是互联网和电子商务时代的会计信息系统。

2013 年 12 月 6 日,财政部以财会〔2013〕20 号印发《企业会计信息化工作规范》。该规范分总则、会计软件和服务、企业会计信息化、监督、附则五章四十九条,自 2014 年 1 月 6 日起开始实施,1994 年 6 月发布的《商品化会计核算软件评审规则》与《会计电算化管理办法》予以废止。

1.2.4　会计信息系统的发展趋势

展望未来,随着互联网应用的迅速发展,包括财务管理、生产管理、人力资源管理、供应链管理、客户关系管理、电子商务应用在内的完整的企业管理信息系统将会得到全面发展。对供应链管理(SCM)系统的重视将逐渐超过财务系统,以提高客户满意度、快速扩张市场份额为目标的客户关系管理(CRM)系统将成为热点,企业资源计划(ERP)系统将得到广泛应用,将由财务专项管理向全面企业管理转变,从而实现对企业物流、资金流和信息流一体化、集成化管理,虽然不同规模和不同类型的企业发展很不平衡,但是主要发展趋势是向着集成化、网络化、智能化方向发展。

1. 集成化

做好财务管理工作，不仅需要财会数据，而且还必须有供、产、销、劳资、物资、设备等多方面的经济业务信息。因此，不仅要有会计核算系统，还必须建立以财务管理为核心的企业全面管理信息系统，同时还要建立决策支持系统等。集成化是将一些具有多种不同功能的系统通过系统集成技术组合在一起，形成一个综合化与集成化统一的信息系统，实现互相衔接、数据共享。目前，在我国的会计电算化工作中已经广泛地应用了局域网，实现了会计数据处理并发操作。

2. 网络化

统一管理和数据共享。随着互联网在会计中的广泛应用，一方面会计信息处理将基于网络计算技术，另一方面财务人员的工作方式将发生巨大的变化。

网络化体现在实现在线办公，互联网上的计算机就是财务人员的工作平台，大部分工作均在互联网环境下的计算机上完成；实现移动办公，不管在哪里，不管在何时，只要将计算机连接到互联网上，就可以向公司发订单、查看上级的工作安排、了解市场行情；实现远程传输和查询，远程查账、远程报账、远程审计变得日益简单。

3. 智能化

随着市场经济的发展，影响企、事业单位生产经营活动的因素越来越复杂，预测、决策、控制、分析和管理的难度越来越大，除了要加大数据的采集和运用，不断提高数据处理、分析、判断能力外，还要逐步实现信息系统的智能化。要利用人工智能研究的新成果，采集、利用专家系统中的专家经验和智慧，进行辅助决策，以提高决策的可靠性。

1.3 会计信息系统的功能结构

会计信息系统由财务系统、购销存系统、管理与决策系统三大系统组成，每个系统又可进一步分解为若干子系统。

1.3.1 财务系统

财务系统主要包括总账子系统、工资子系统、固定资产子系统、应收子系统、应付子系统、成本子系统、报表子系统、资金管理子系统等。

(1) 总账子系统。总账子系统是以凭证为原始数据，通过凭证的输入和处理，完成记账和结账、银行对账、账簿查询及打印输出，以及系统服务和数据管理等工作。近年来，随着用户对会计信息系统需求的不断提高和软件开发公司对总账子系统的不断完善，许多商品化总账子系统还增加了个人往来款核算和管理、部门往来款核算和管理、项目往来款核算和管理及现金管理等功能。

(2) 工资子系统。工资子系统是以职工个人的原始工资数据为基础，实现计算职工工资，计算个人所得税，查询、统计和打印各种工资表，自动编制工资费用分配转账凭证并传递给账务处理等功能。工资子系统实现了对企业人力资源的部分管理。

(3) 固定资产子系统。固定资产子系统主要是对设备进行管理，即存储和管理固定资产卡片，灵活地进行增加、删除、修改、查询、打印、统计与汇总；进行固定资产的变动核算，输入固定资产的增减变动或项目内容变化的原始凭证后，自动登记固定资产明细账，更新固定资产卡片，完成计提折旧和分配，产生折旧计提及分配明细表、固定资产综合指标统计表等，费用分配转账凭证可自动转入账务处理等子系统；灵活地查询、统计和打印各种账表。

(4) 应收子系统。应收子系统完成对各种应收账款的登记、核销工作，动态地反映客户信息及应收账款信息，进行账龄分析和坏账估计，提供详细的客户和产品的统计分析，帮助财会人员有效地管理应收款项。

(5) 应付子系统。应付子系统完成对各种应付账款的登记、核销、分析及预测工作，及时分析各种流动负债的数额及偿还流动负债所需的资金，提供详细的客户和产品的统计分析，帮助财会人员有效地管理应付款项。

(6) 成本子系统。成本子系统是根据成本核算的要求，通过用户对成本核算对象的定义、对成本校算方法的选择，以及对各种费用分配方法的选择，自动将从其他系统传递的数据或用户手工录入的数据进行汇总计算，输出用户需要的成本核算结果。

(7) 报表子系统。报表子系统主要根据会计核算数据(如账务处理子系统产生的总账及明细账等)完成各种会计报表的编制与汇总工作，生成各种内部报表、外部报表及汇总报表，根据报表数据生成各种分析表和分析图等。随着网络技术的发展，报表子系统能够利用现代网络通信技术，为行业型、集团型用户实现远程报表汇总、数据传输、检索查询和分析处理等功能，既可用于主管单位，又可用于基层单位，支持多级单位逐级上报、汇总的应用。

(8) 资金管理子系统。随着市场经济的不断发展，资金管理越来越受到企业采购管理者的重视，为了满足资金管理的需求，目前有些商品化软件提供了资金管理子系统。资金管理子系统实现工业企业或商业企业、事业单位等对资金管理的需求；以银行提供的单据、企业内部单据、凭证等为依据，记录资金业务及其他涉及资金管理方面的业务；处理对内、对外的收款、付款、转账等业务；提供逐笔计息管理功能，实现每笔资金的管理。

1.3.2　购销存系统

对工业企业而言，购销存系统包括采购子系统、存货子系统、销售子系统、库存子系统；对商业企业而言，购销存系统还应包括符合商业特点的商业进销存系统。

(1) 采购子系统。采购子系统根据企业采购业务管理和采购成本核算的实际需要，制订采购计划，对采购订单、采购到货以及入库状况进行全程管理，为采购部门和财务部门提供准确及时的信息，辅助管理决策。很多商品化会计软件将采购子系统和应付子系统合并为一个子系统——采购与应付子系统，以便更好地实现采购与应付业务的无缝连接。

(2) 存货子系统。存货子系统主要针对企业存货的收、发、存业务进行核算，掌握存货的耗用情况，及时、准确地把各类存货成本归集到各成本项目和成本对象上，为企业的成本核算提供基础数据；动态地反映存货资金的增减变动情况，提供存货资金周转和占用的分析，为降低库存、减少资金积压、加速资金周转提供决算依据。

(3) 销售子系统。销售子系统是以销售业务为主线，兼顾辅助业务管理，实现销售业务管理与核算一体化。销售子系统一般和存货中的产成品核算相联系，实现对销售收入、销售成本、销售费用、销售税金、销售利润的核算，生成产成品收发结存汇总表等表格和产品销售明细账等账簿；自动编制机制凭证，供总账子系统使用。

(4) 库存子系统。库存子系统主要对企业存货进行管理，接收在采购子系统和销售子系统中填制的各种出入库单，向存货子系统传递经审核后的入库单和盘点数据，接收存货子系统传递过来的入库存货成本。

1.3.3 管理与决策系统

随着会计管理理论的不断发展及其在企业会计实务中的不断应用,人们越来越意识到会计管理的重要性,对会计信息系统提出了更高的要求,要求它不仅能够满足会计核算的需要,还应该满足会计管理的需要,即在经济活动过程中进行事前预测、事中拉制、事后分析,为企业管理和决策提供支持。因此,应将信息技术与管理会计方法有机融合,增加管理决策与报告子系统,不断丰富和完善会计信息系统。管理与决策系统有三个层级的功能:经营监控层、报告与分析层、业绩评价层。

(1) 经营监控层。为了更好地发挥财会人员的控制职能,要应用各种先进的管理工具,如全面预算管理和责任中心管理等。因此,在会计信息系统中增加了预算管理和责任中心管理子系统。

(2) 报告与分析层。各级管理者为了动态地了解业务进展情况、分析业务发展趋势,每天都需要查看各类管理信息。因此,在会计信息系统中增加了管理报告子系统。

(3) 业绩评价层。业绩评价的目标是实施企业战略,业绩评价的核心是将企业实际的结果与其计划目标相比较。因此,会计信息系统增加了杜邦分析、经济增加值分析、平衡记分卡等功能模块,为企业提供综合、全面的业绩评价信息。此外,会计决策支持子系统也将纳入会计信息系统中。会计决策支持子系统利用现代计算机技术、通信技术和决策分析方法,通过建立数据库和决策模型,向企业的决策者提供及时、可靠的财务、业务等信息,帮助决策者对未来的经营方向和目标进行量化分析和论证,从而对企业生产经营活动做出科学的决策。

1.4 用友 U8 简介和用友 U8V10.1 管理软件的安装

1.4.1 用友 U8 简介

用友 U8 以集成的信息管理为基础,是一个企业综合运营平台,用以满足各级管理者对信息化的不同要求,提供不同的制造、商务模式下从企业日常运营、人力资源管理到办公事务处理等全方位的产品解决方案。

用友 U8 在广泛考虑企业价值流模型基础上,全面集成了财务、生产制造和供应链应用。用友 U8 由多个产品组成,各个产品之间相互联系、数据共享,为企业的资金流、物流、信息流的统一管理和实时反映提供了有效的方法、工具。

用友 U8 用户操作流程如图 1.4.1 所示。

1.4.2 环境系统配置

1. 软件环境要求

1) 操作系统

Windows XP + SP2 或更高版本补丁

Windows Server 2003 + SP2 或更高版本补丁

Windows Vista + SP1 或更高版本补丁

Windows Server 2008 + SP1 或更高版本补丁

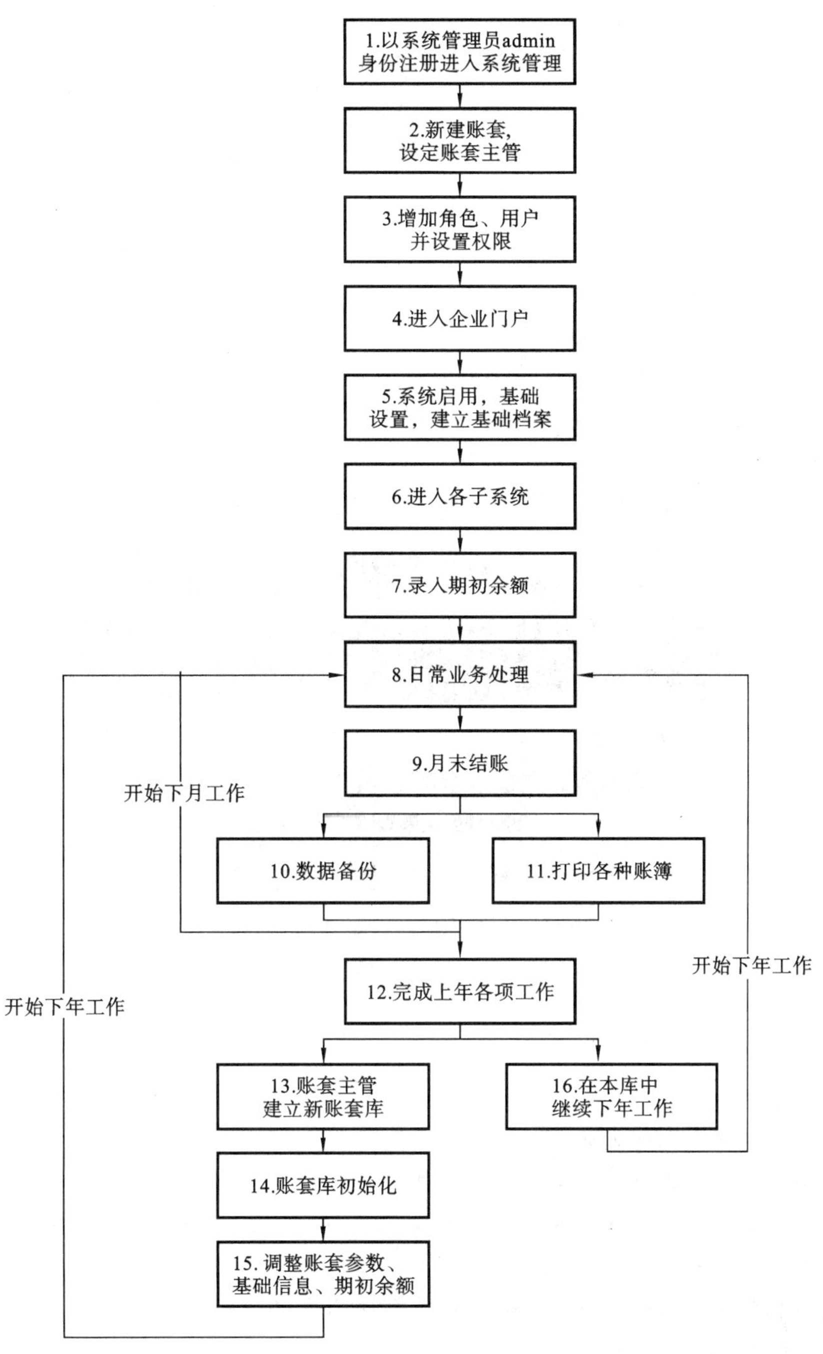

图 1.4.1

Windows 7 或 SP1 或更高版本补丁

Windows Server 2008 R2 或 SP1 或更高版本补丁

2）数据库

SQL2000(包括 MSDE)SP4 及更高版本补丁

SQL2005(包括 EXPRESS) SP2 及更高版本补丁

SQL2008 SP1 或更高版本补丁

2. 硬件环境要求

为使系统运行平稳，硬件环境最低配置和推荐配置如表1.4.1所示。

表1.4.1

硬件环境		
	最低配置	推荐配置
客户端	处理器(CPU)：迅驰2.0 G以上 内存(RAM)：1 GB 硬盘(HD)：预留空间20 G	处理器(CPU)：迅驰2.0 G以上 内存(RAM)：2 GB以上 硬盘(HD)：预留空间20 G
网络带宽	200 KB	2 MB

3. SQL2000数据库安装

(1) 请在SQL Server 2000的安装界面单击“浏览安装/升级帮助”，如图1.4.2所示。

图1.4.2

(2) 简体中文数据库默认安装即可。

(3) 繁体和英文数据库安装时请选择“自定义安装”，“服务器排序规则”设置为简体中文(PRC)，安装成功后显示为Chinese_PRC_CI_AS。(注：一旦安装完毕，此设置不可修改，只能在安装数据库时进行选择。)

(4) 繁体和英文数据库所对应的操作系统默认语言必须修改为简体中文(PRC)，否则将导致U8V10.1数据库服务器无法使用。

(5) 支持数据库的多实例使用，但前提条件为必须有默认实例(包括对应的关键补丁)存在，否则将导致安装U8V10.1数据库服务器失败。

(6) SQL Server服务的登录身份必须要设置为“本地系统账户(local system)”或属于本机管理员组的用户，否则将导致无法正确创建U8账套。

(7) SQL Server服务的身份验证模式请选择“混合模式”选项，并设置管理员“SA”账号的密码。

(8) 如果SQL Server数据库服务器安装成功，在屏幕任务栏显示图标，双击该图标显示

图 1.4.3 所示的界面，可修改服务器，或开始、暂停、停止使用服务器。单击“开始”—“程序”—“用友 U8”—“系统服务”—“应用服务器配置”，查看应用服务器的主界面，如图 1.4.4 所示。

图 1.4.3

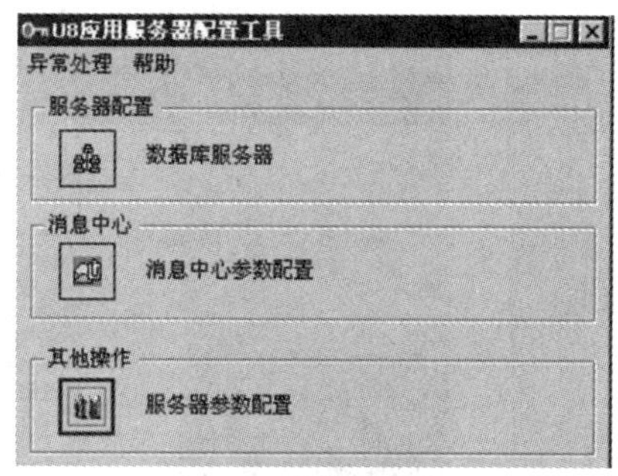

图 1.4.4

1.4.3　安装用友 U8V10.1 管理软件

(1) 以操作系统管理员身份注册进入系统，将用友 U8 管理软件光盘放入服务器的共享光盘中，打开 Windows 的资源管理器，打开光盘目录，双击 Setup.exe 文件，运行 U8V10.1 安装程序，进入图 1.4.5 所示的界面。

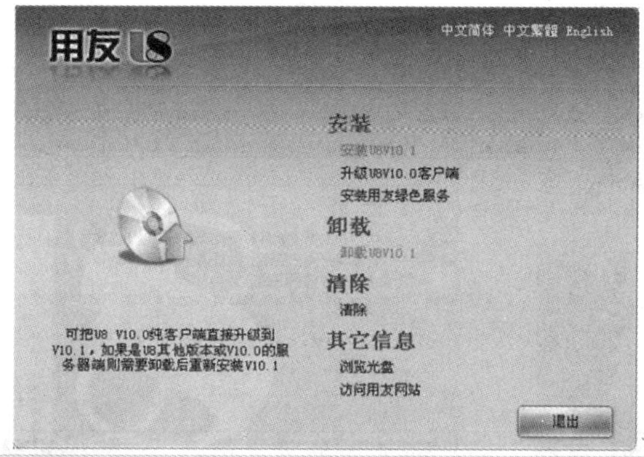

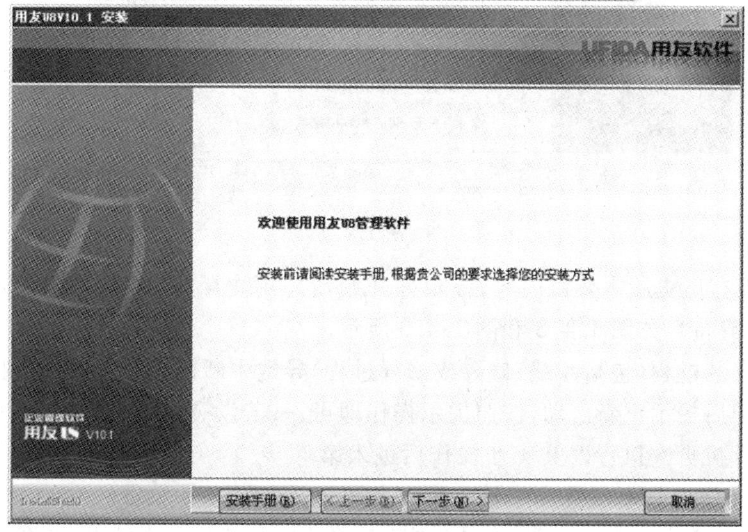

图 1.4.5

(2) 单击“下一步”，进入安装授权许可证协议界面，如图 1.4.6 所示，接受协议内容才能继续安装。

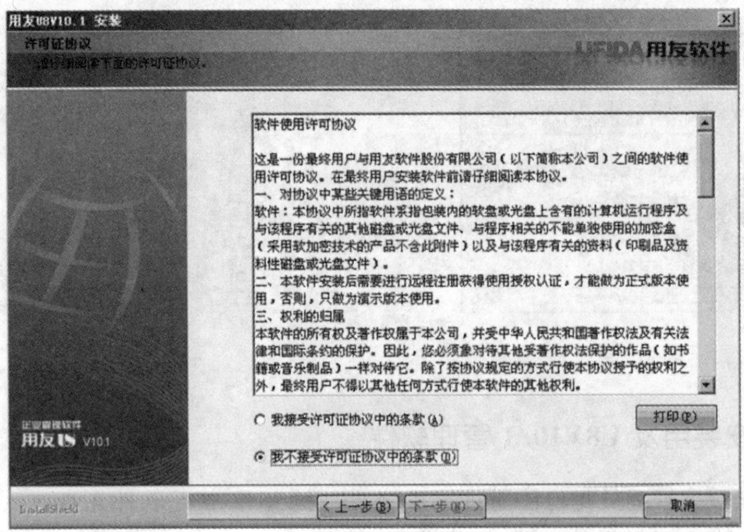

图 1.4.6

(3) 单击“下一步”，首先检测是否存在历史版本的用友 U8 产品，如图 1.4.7 所示。

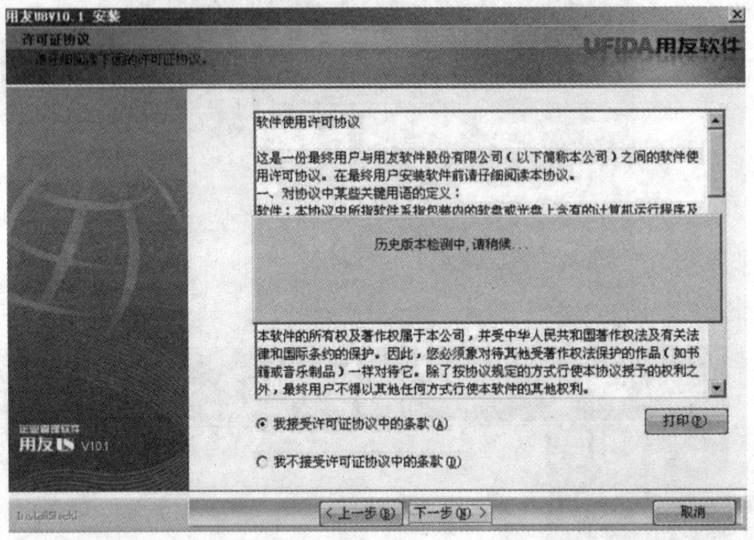

图 1.4.7

(4) 如果存在历史版本残留内容，提示并开始清理历史版本残留内容(清理 MSI 安装包时间较长，请耐心等待)，如图 1.4.8 和图 1.4.9 所示。

如果因为安装过程(包括卸载、修改或修复过程)异常中断而导致失败，有可能在历史版本残留内容清理完毕后提示重新启动，按照提示操作即可。(若没有执行此操作，则直接进入第 5 步；重新启动后计算机再次执行以上 4 步操作后进入第 5 步。)

(5) 在图 1.4.10 所示的界面中输入用户名和公司名称。

(6) 选择程序安装文件夹，可以单击“更改”，修改安装路径和文件夹，如图 1.4.11 所示。

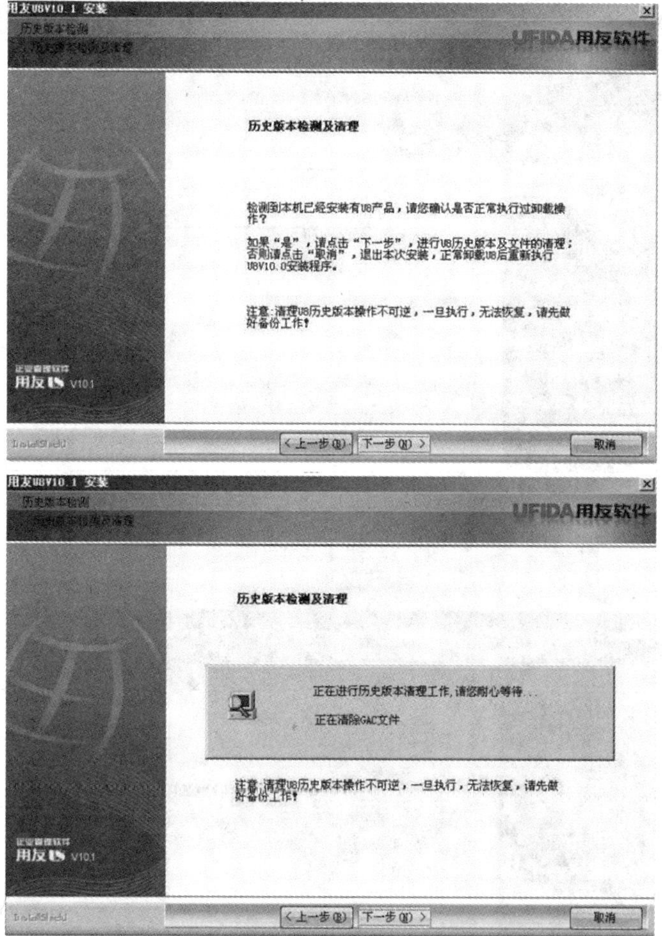
用友U8V10.1 安装
历史版本检测
历史版本检测及清理
UFIDA用友软件
历史版本检测及清理
检测到本机已经安装有U8产品，请您确认是否正常执行过卸载操作？
如果“是”，请点击“下一步”，进行U8历史版本及文件的清理；否则请点击“取消”，退出本次安装，正常卸载U8后重新执行U8V10.0安装程序。
注意:清理U8历史版本操作不可逆，一旦执行，无法恢复，请先做好备份工作!
用友U8 V10.1
< 上一步(B)
下一步(N) >
取消
用友U8V10.1 安装
历史版本检测
历史版本检测及清理
UFIDA用友软件
历史版本检测及清理
正在进行历史版本清理工作,请您耐心等待...
正在清除GAC文件
注意:清理U8历史版本操作不可逆，一旦执行，无法恢复，请先做好备份工作!
用友U8 V10.1
< 上一步(B)
下一步(N) >
取消

图 1.4.8

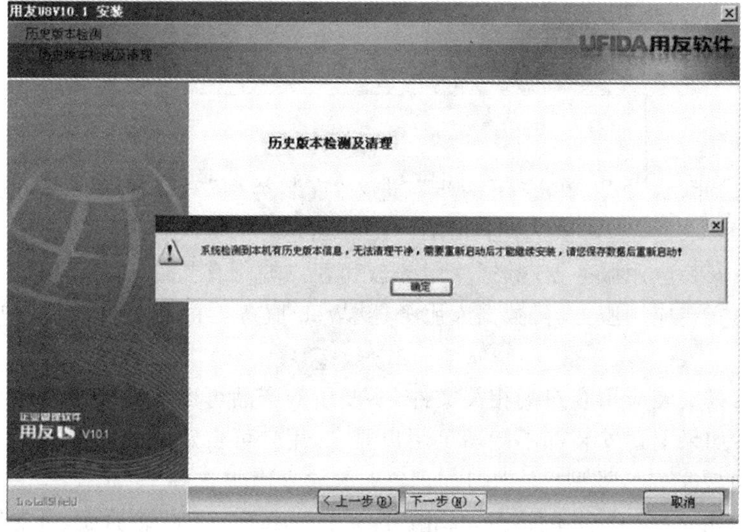
用友U8V10.1 安装
历史版本检测
历史版本检测及清理
UFIDA用友软件
历史版本检测及清理
系统检测到本机有历史版本信息，无法清理干净，需要重新启动后才能继续安装，请您保存数据后重新启动!
确定
用友U8 V10.1
< 上一步(B)
下一步(N) >
取消

图 1.4.9

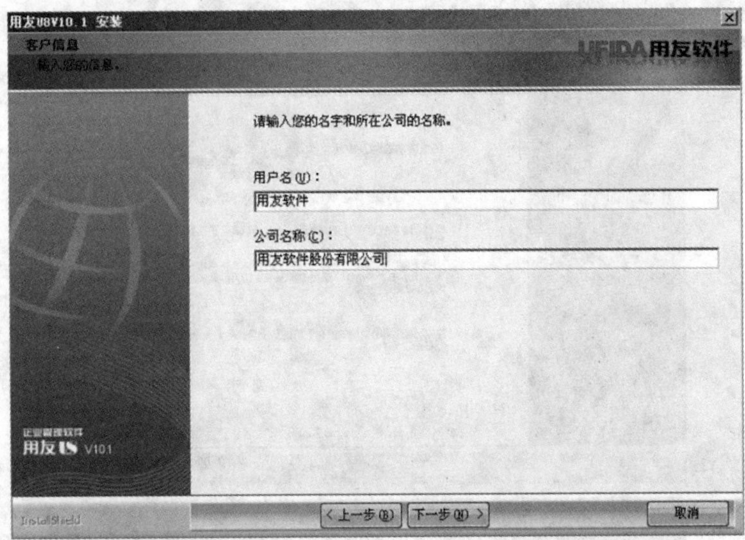

图 1.4.10

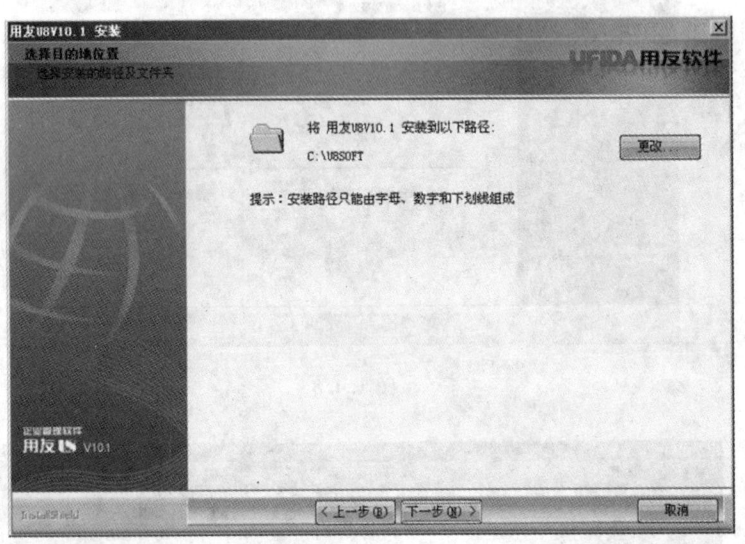

图 1.4.11

(7) 如果保持默认设置，单击“下一步”，进入“安装类型”对话框，选择最适合自己的安装类型，系统共有四种安装类型可供选择，如图 1.4.12 所示。

① 全产品：安装应用服务器、数据库服务器和客户端所有文件。

② 服务器：安装应用服务器、数据库服务器、Web 服务器的相关文件，用户也可分别选择进行安装。

③ 客户端：只安装应用客户端相关文件，不使用的产品可以不安装。

④ 自定义：如果上述安装都不能满足用户要求，用户可自定义选择安装产品。

本书选择自定义安装类型。在图 1.4.12 所示的界面中选择“自定义”，在图 1.4.13 所示的界面中用户可自由选择要安装的产品，单击“下一步”，显示安装状态界面，可等待安装完成。

(8) 环境检测：根据上一步所选择的安装类型及其子项检测环境的适配性。环境检测分为“基础环境”和“缺省组件”两部分。“基础环境”不符合要求，需要退出当前安装环境后手动安装

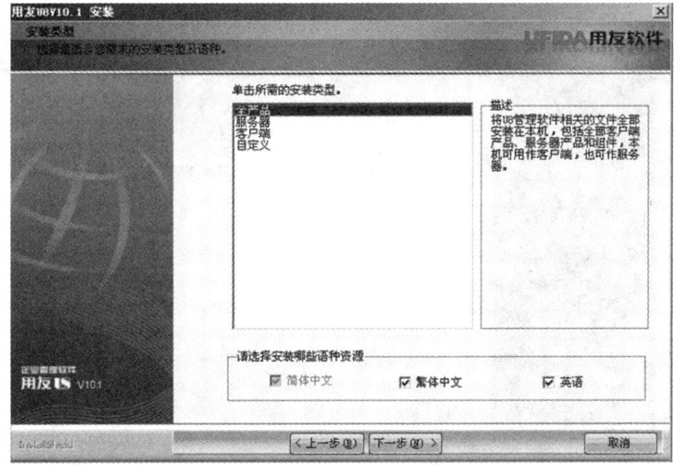

图 1.4.12

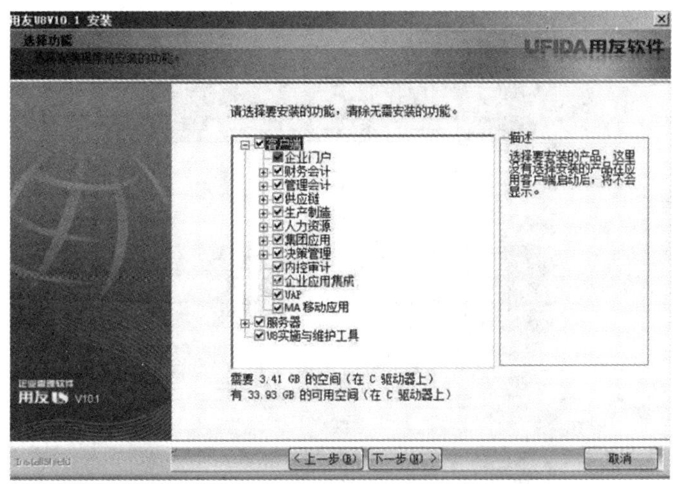

图 1.4.13

所需的软件和补丁；“缺省组件”没有安装的，可以通过安装缺省组件功能自动安装，也可以选择手动安装，如图 1.4.14 和图 1.4.15 所示。

(9) 当“基础环境”和“缺省组件”都满足要求后，单击“确认”进入下一步；检测报告以记事本的形式自动打开并显示检测结果，可以保存。

(10) 单击“下一步”，可以选择是否记录安装每一个 MSI 安装包的详细日志，默认不勾选，如图 1.4.16 所示。(勾选将延长一定的安装时间并占用部分磁盘空间，正常情况下不推荐勾选。)

(11) 单击“安装”，进行产品安装，显示安装状态界面，如图 1.4.17 所示。

(12) 安装完成后，系统会提示已成功安装，是否需要立即启动计算机，建议选择“是，立即重新启动计算机。”，如图 1.4.18 所示。

(13) 安装完成并重新启动计算机后，配置数据源，如图 1.4.19 所示。

用友 U8V10.1 管理软件安装成功后，重新启动计算机，进入 Windows 操作平台，在右下角任务栏显示![图标]，表示 SQL Server 服务管理器安装成功；托盘显示![图标]，表示用友 U8V10.1 管理软件安装成功。双击![图标]进入用友 U8V10.1 管理软件。

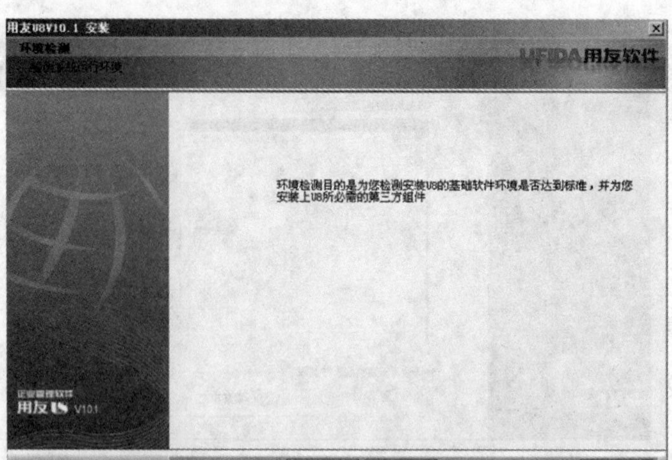

图 1.4.14

图 1.4.15

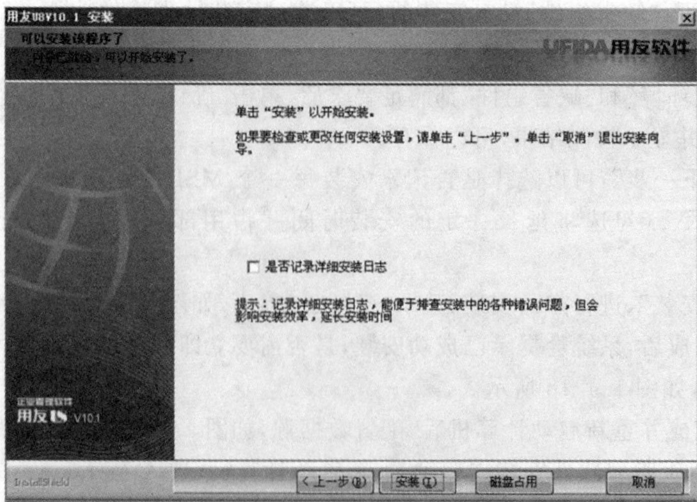

图 1.4.16

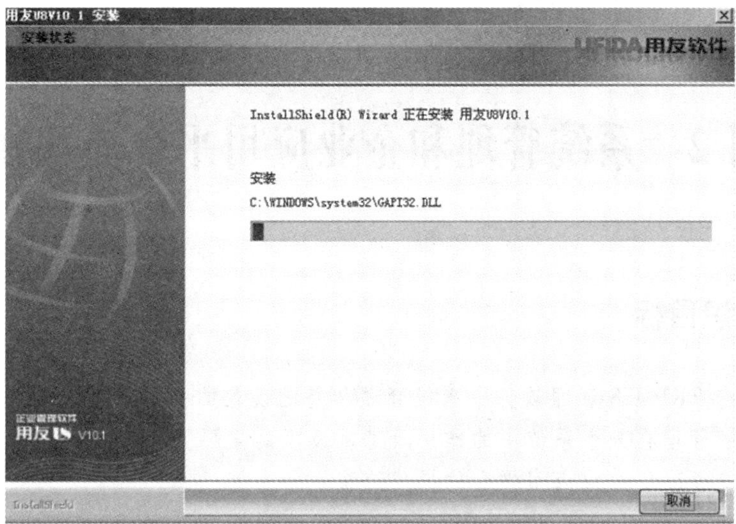

图 1.4.17

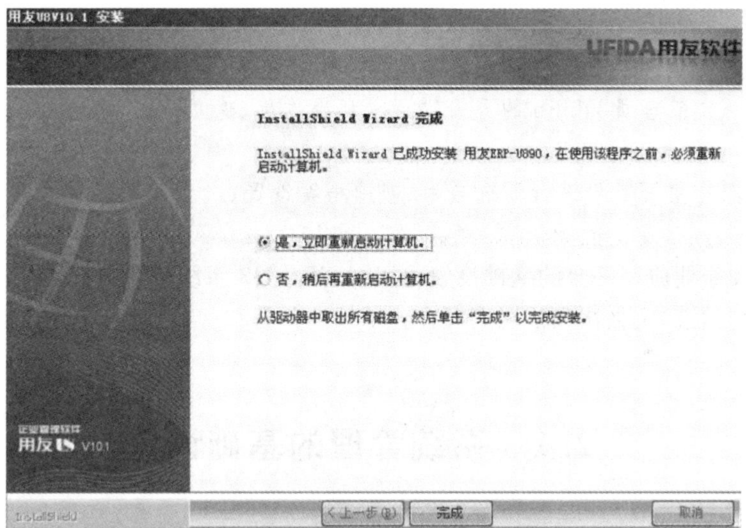

图 1.4.18

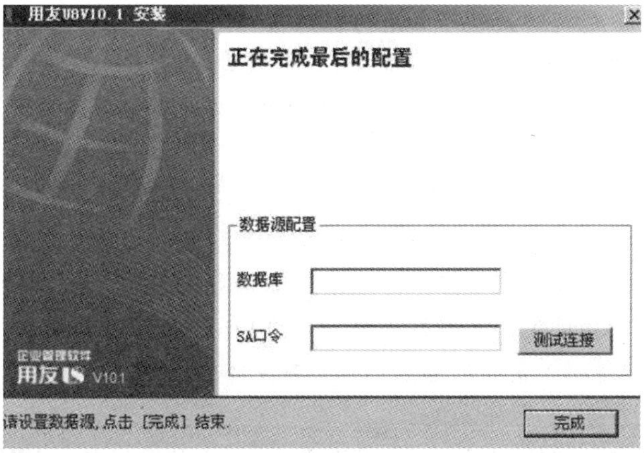

用友U8V10.1 安装

正在完成最后的配置

数据源配置

数据库

SA口令　　测试连接

请设置数据源，点击［完成］结束.　　完成

图 1.4.19

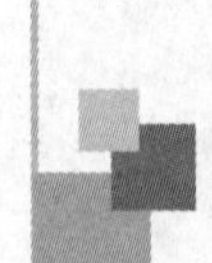

项目2　系统管理和企业应用平台的基础设置

知识目标 ……

1. 掌握用友ERP-U8管理软件中系统管理和基础设置的相关内容。
2. 理解系统管理在整个系统中的作用及基础设置的重要性。
3. 熟悉系统管理和企业应用平台的操作流程。

技能目标 ……

1. 理解系统管理和企业应用平台的工作内容和功能。
2. 掌握以系统管理员admin的身份进行增加操作员、建立账套、财务分工、备份账套的操作方法。
3. 掌握以账套主管身份进行系统启用、基础档案设置、账套数据修改的操作方法。

系统管理和企业应用平台的基础设置是用友ERP-U8系统的基础，为各个子系统设置最基本的原始数据与信息，此数据和信息资源在各子系统共享和有效利用，为各个子系统提供一个平台集中管理。

2.1　系统管理的基础设置

2.1.1　系统管理的概述

系统管理是对整个系统的公共任务进行统一管理，是用友ERP-U8管理软件的基础模块，这个基础模块为总账管理系统、UFO报表系统、薪资管理系统、固定资产管理系统、应收款管理系统、应付款管理系统等子系统提供了一个统一操作平台，对网络财务系统的各个子系统进行统一的操作管理和数据维护。

系统管理的具体功能主要包括：账套管理、操作员及权限管理、年度账管理、系统安全策略。

1. 账套管理

账套指的是一组相互关联的数据。每一个独立核算的单位是一个账套，建立账套就意味着明确了使用财务软件的会计主体。也就是说，一套用友ERP-U8管理软件可以为多个企业分别建立不同账套，也可以是一个企业内部为不同核算主体或不同部门分别建立一个账套，且各个账套之间的数据是相互独立的，互不影响。

账套管理的功能主要包括：新建账套、修改账套、引入和输出账套、删除账套等。

2. 操作员及权限管理

为保证系统及数据的安全，系统对操作员及权限集中管理，并通过系统操作分工和权限管理，保证各负其责。操作员也就是用户，是有权限登录系统，并对财务软件应用系统进行操作的人员。操作员管理主要包括操作员的增加、修改、删除等，操作员权限管理包括权限的增加、修改、删除等。

3. 年度账管理

在同一账套中，不同年度的数据存放在不同的数据库中，称为年度账。账套由年度账组成，在用友 ERP-U8 管理软件中，用户不仅可以建立多个账套，而且每个账套中可以放不同年度的会计数据。年度账管理工作内容包括：建立年度账、引入和输出年度账、结转上年数据、清空年度数据。

4. 系统安全策略

系统安全策略是指为了保证系统运行安全和数据储存安全、完整而设置的安全保障机制。在用友 ERP-U8 管理软件中，系统安全策略包括：系统运行监控、用户身份和密码管理、子系统和用户特权管理、数据和功能等权限管理、安全日志、清除系统运行异常、设置自动备份计划等。

2.1.2 登录系统管理

能登录系统管理的身份只有两个：系统管理员（系统默认为 admin）和账套主管。

系统管理员管理系统中的所有账套，负责整个系统的安全运行和数据维护，其工作内容为：新建账套、引入和输出账套、删除账套、设置操作员和账套主管、设置和修改操作员的密码及其权限、定期进行数据备份等。

账套主管是由系统管理员设置的，其工作内容为：所管账套信息的修改，所管账套年度账的管理（包括年度账的创建、清空、恢复、备份，各子系统的期末结转），所管账套操作员权限的设置，所管账套的制单、审核、记账、删除、恢复等各种操作。

系统管理员和账套主管的工作权限如表 2.1.1 所示。

表 2.1.1

工作权限	系统管理员	账套主管
建立账套	√	×
修改账套	×	√
年度账管理	×	√
备份账套	√	√
设置用户与角色	√	×
设置操作员权限	√	√

注：√表示具有权限，×表示不具有权限。

以系统管理员（系统默认为 admin）身份登录系统管理的操作流程如下。

(1) 单击“开始”—“用友 U8V10.1”—“系统服务”—“系统管理”，如图 2.1.1 所示，进入系统管理的登录界面，用户选择运行系统管理模块。

(2) 显示系统管理界面，如图 2.1.2 所示。

(3) 单击“系统”—“注册”，弹出图 2.1.3 所示的界面。

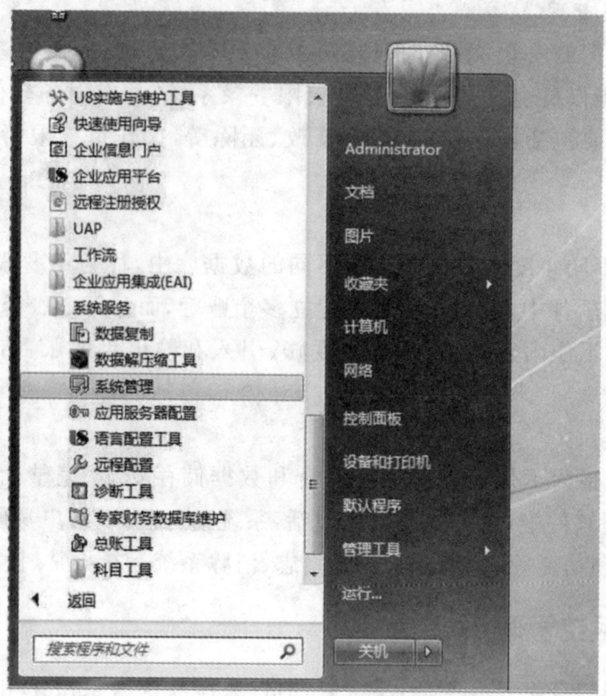

图 2.1.1

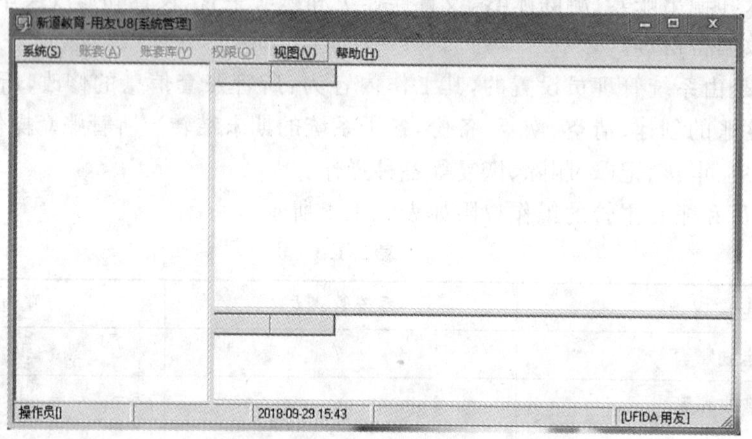

图 2.1.2

(4) 选择服务器，输入操作员名称。如果要以系统管理员 admin 身份登录，直接在“操作员”栏中输入“admin”，默认的系统管理员初始密码为空，在账套文本框中双击，选择对应的账套“(default)”，如图 2.1.3 所示。

如果要行使账套主管权限，以相应身份登录。

(5) 单击“登录”，打开系统管理窗口，系统管理窗口最下方的状态栏中显示当前操作员为 admin，如图 2.1.4 所示。

(6) 如何修改密码？在图 2.1.3 所示的界面中，选择“修改密码”，确认后弹出“设置操作员口令”对话框，输入并确认新的密码，即完成新密码的设置。

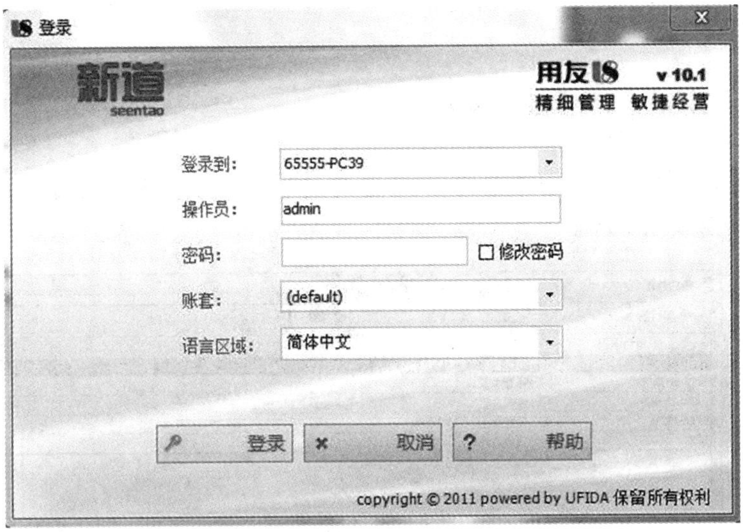

图 2.1.3

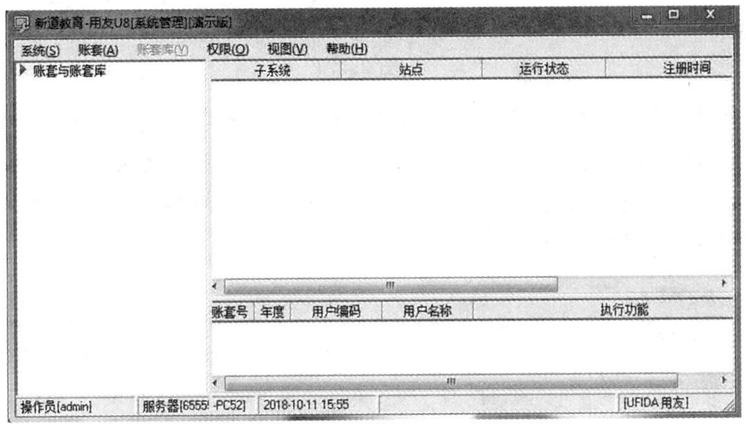

图 2.1.4

2.2　设置操作员

操作员也就是用户，是有权限登录财务软件应用系统并对系统进行操作的人员。只有系统管理员才有权利设置操作员。为保证系统安全，分清责任，操作员的编号在系统中必须是唯一的，不能修改；应设置每个操作员的口令；实际工作中可以根据需要随时增加操作员；设置的操作员在未被使用前可以进行修改，但一旦被使用，不能删除，只能注销。

操作员的设置分为两个层次：用户和角色。用户和角色是不同的：用户就是具体的操作人员，如张华、周芳、林春等；角色就是具体的岗位名称，如财务主管、采购主管、销售主管等。

一个用户可以分设多个不同角色，一个角色也可以拥有多个用户。在设置了角色后，就可以定义角色的权限；当用户归属某一角色后，就相应地拥有了该角色的权限。设置角色的方便之处在于可以根据职能统一进行权限的划分，方便授权。

案例1

设置“财务核算”角色，编号为“CW001”。

操作流程：

(1) 在用友 U8V10.1 软件的“系统管理”界面中单击“权限”菜单下的“角色”选项，进入“角色管理”窗口，如图 2.2.1 所示。

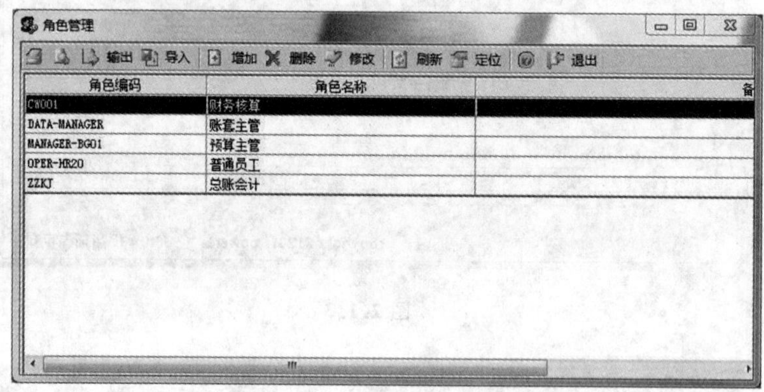

图 2.2.1

(2) 在“角色管理”窗口中，单击“增加”按钮，进入“角色详细情况”界面，输入角色的相关信息，如图 2.2.2 所示。若已有用户，可按要求将其指定为该角色的用户。录入完毕后，单击“增加”按钮，对输入的信息进行保存，同时进入下一个角色录入的界面。全部录入完毕后，单击“取消”按钮，返回“角色管理”窗口后退出。

图 2.2.2

案例2

按表 2.2.1 所示设置操作员。

表 2.2.1

编号	姓名	口令	所属部门	所属角色
01	张华	001	财务部	账套主管
02	周芳	002	财务部	财务核算
03	余虹	003	财务部	财务核算
04	毛梅	004	采购部	采购主管
05	林春	005	销售部	销售主管

(1) 增加用户的操作需要系统管理员 admin 在“系统管理”中进行，因此需要以系统管理员 admin 的身份登录“系统管理”进行操作。

(2) 在“系统管理”窗口中，选择“权限”菜单，在下拉列表中单击“用户”，如图 2.2.3 所示，进入“用户管理”窗口。

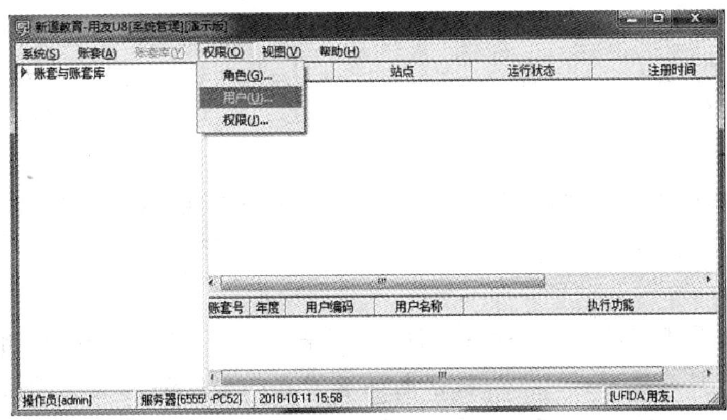

图 2.2.3

(3) 在“用户管理”窗口中单击“增加”，在弹出的“操作员详细情况”对话框中输入有关信息，如图 2.2.4 所示。

操作员详细情况
编号 01
姓名 张华
用户类型 普通用户
认证方式 用户+口令(传统)
口令 确认口令
所属部门
Email地址
手机号
默认语言 中文(简体)
不允许修改登录日期
所属角色
角色编码 角色名称
CN 出纳
CW001 财务核算
DATA-MANAGER 账套主管
MANAGER-BG01 预算主管
OPER-HR20 普通员工
ZZKJ 总账会计
定位 增加 取消 帮助(H)

图 2.2.4

(4) 录入完毕后,单击“增加”按钮,完成操作员“张华”的建立;单击“取消”按钮,则为放弃本次操作。按同样的操作过程增加其他操作员。

(5) 当所有操作员录入完毕后,关闭“操作员详细情况”对话框,可以从“用户管理”窗口中看到成功增加的所有用户。

2.3 账套管理

账套管理功能主要包括:新建账套、修改账套、引入和输出账套、删除账套等。

2.3.1 建立新账套

在使用系统之前,首先要新建本单位的账套。

需要建立的账套资料如下。

1) 账套信息

账套号:818;账套名称:广州平华家具有限公司;账套路径:采用默认账套路径;启用会计期:2018 年 1 月;会计期间:默认。

2) 单位信息

单位名称:广州平华家具有限公司;单位简称:平华公司;单位地址:广州市白云区钟落潭 66 号;法人代表:李平;邮政编码:510507;联系电话及传真:02037676512;税号:124400004558861295;开户银行:建设银行钟落潭分行;银行账号 86955338。

3) 核算类型

该企业的记账本位币:人民币(RMB);企业类型:工业;行业性质:2007 年新会计制度科目;账套主管:张华;选中“按行业性质预置科目”复选框。

4) 基础信息

该企业有外币核算,进行经济业务处理时,需要对存货、客户、供应商进行分类。

5) 分类编码方案

该企业的分类编码方案如下:

科目编码级次:4222;客户和供应商分类编码级次:223;收发类别编码级次:12;部门编码级次:122;结算方式编码级次:12;地区分类编码级次:223;存货分类编码级次:122;其余默认。

6) 数据精度

数据精度:默认。

7) 系统启用

启用总账管理系统,启用时间为 2018-01-01。

操作流程:

(1) 建立账套的操作需要系统管理员 admin 在“系统管理”中进行,因此需要以系统管理员 admin 的身份登录“系统管理”进行操作。

(2) 在“系统管理”窗口中选择“账套”菜单,在下拉列表中单击“建立”,这时会弹出“创建账套”窗口,选择“新建空白账套”后单击“下一步”,如图 2.3.1 所示。

(3) 在“账套信息”窗口中按要求输入相应数据,其中“账套号”为“818”,“账套名称”为“广州

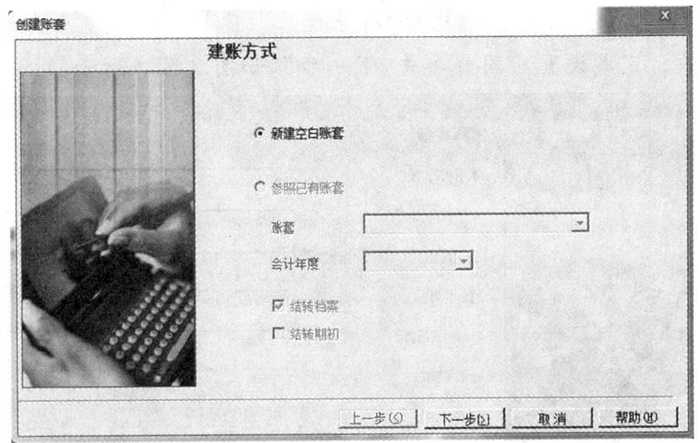

图 2.3.1

平华家具有限公司”,“启用会计期”为“2018 年 01 月”,会计期间设置为“默认”,不能与已存账套号相同,设置后不能修改;“账套路径”是账套保存的位置,可以不做修改。完成设置后单击“下一步”,如图 2.3.2 所示。

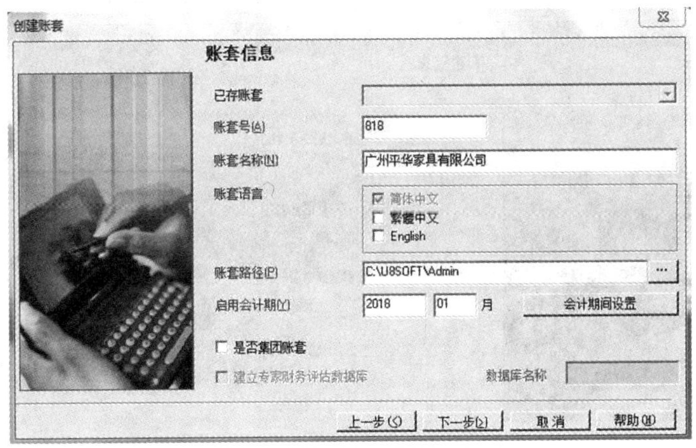

图 2.3.2

(4)“单位信息”的设置同样按照要求录入相应的数据,“单位名称”为必填项,完成设置后单击“下一步”,如图 2.3.3 所示。

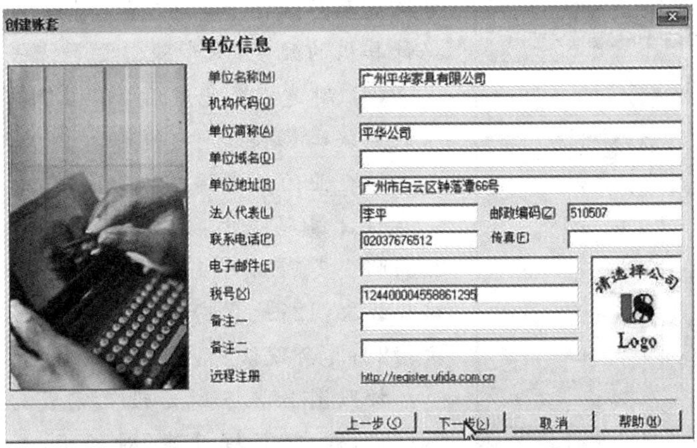

创建账套
单位信息
单位名称(M) 广州平华家具有限公司
机构代码(O)
单位简称(A) 平华公司
单位域名(D)
单位地址(R) 广州市白云区钟落潭66号
法人代表(L) 李平　邮政编码(Z) 510507
联系电话(P) 02037676512　传真(F)
电子邮件(E)
税号(X) 124400004558861295
备注一
备注二
远程注册 http://register.ufida.com.cn
请选择公司 U8 Logo
上一步(S)　下一步(>)　取消　帮助(H)

图 2.3.3

(5) 设置“核算类型”时，注意正确选择“行业性质”，这样可以避免会计科目的更改，“账套主管”选择“[01]张华”。完成设置后同样单击“下一步”，如图 2.3.4 所示。

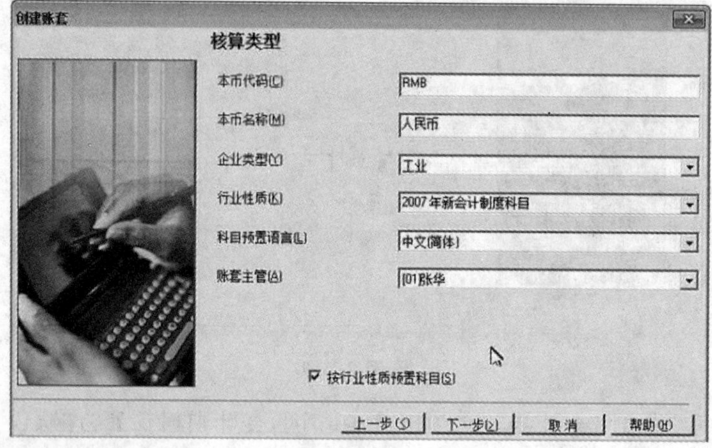

图 2.3.4

(6) 设置“基础信息”时，按图 2.3.5 所示勾选相应的选项，然后单击“下一步”。

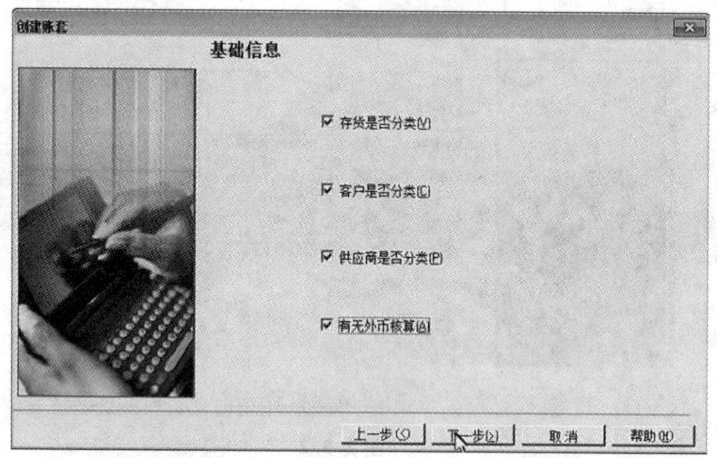

图 2.3.5

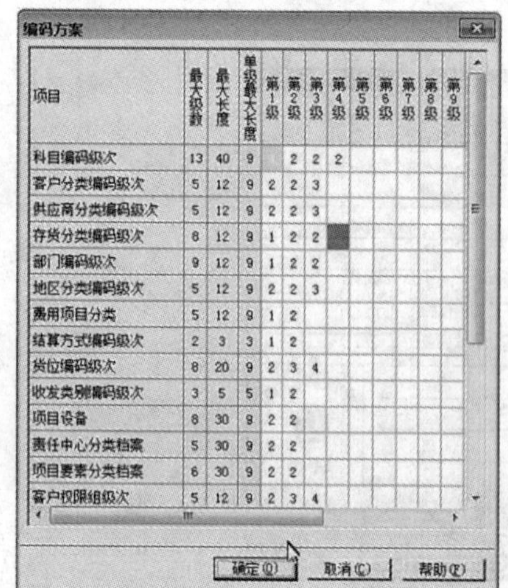

项目	最大级数	最大长度	单级最大长度	第1级	第2级	第3级	第4级	第5级	第6级	第7级	第8级	第9级
科目编码级次	13	40	9		2	2	2					
客户分类编码级次	5	12	9	2	2	3						
供应商分类编码级次	5	12	9	2	2	3						
存货分类编码级次	8	12	9	1	2	2						
部门编码级次	9	12	9	1	2	2						
地区分类编码级次	5	12	9	2	2	3						
费用项目分类	5	12	9	1	2							
结算方式编码级次	2	3	3	1	2							
货位编码级次	8	20	9	2	3	4						
收发类别编码级次	3	5	5	1	2							
项目设备	8	30	9	2	2							
责任中心分类档案	5	30	9	2	2							
项目要素分类档案	6	30	9	2	2							
客户权限组级次	5	12	9	2	3	4						

图 2.3.6

(7) 相关信息均设置完成了，单击“完成”，在弹出的系统提示对话框中单击“是”，系统开始自动创建账套。根据计算机的配置，本步骤需要等待一定的时间。

(8) 新建账套完成后会弹出“编码方案”对话框，按要求设置编码位长。

该企业的分类编码方案如下：

科目编码级次：4222；客户和供应商分类编码级次：223；收发类别编码级次：12；部门编码级次：122；结算方式编码级次：12；地区分类编码级次：223；存货分类编码级次：122；其余默认。

按照图 2.3.6 所示设置完成后单击“确定”，再单击“取消”，弹出“数据精度”对话框，如图 2.3.7 所示，单击“确定”，弹出“创建账套”提示框，如图 2.3.8 所示。

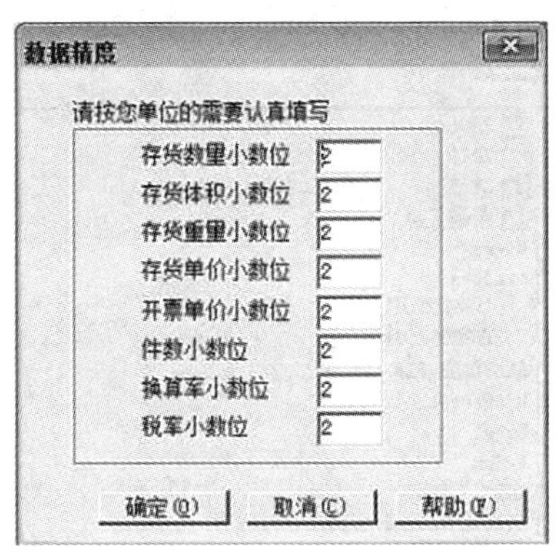

图 2.3.7

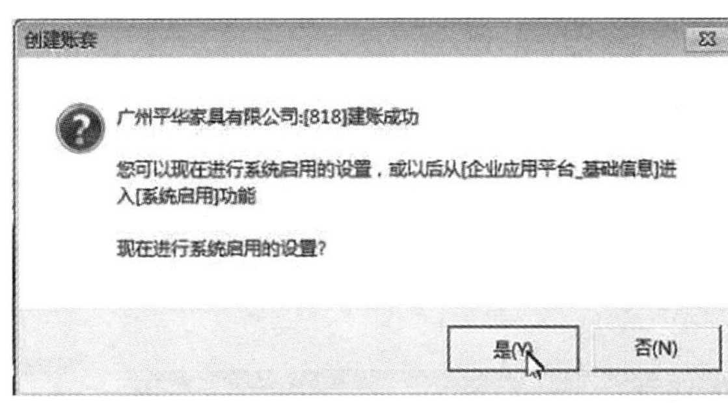

图 2.3.8

(9) 若在弹出的“创建账套”提示框中选择“否”，则待基础设置完成后再对系统进行启用；若在弹出的“创建账套”提示框中选择“是”，则进入“系统启用”界面，弹出“请进入企业应用平台进行业务操作!”提示框，单击“确定”，完成整个新建账套过程，如图 2.3.9 所示。

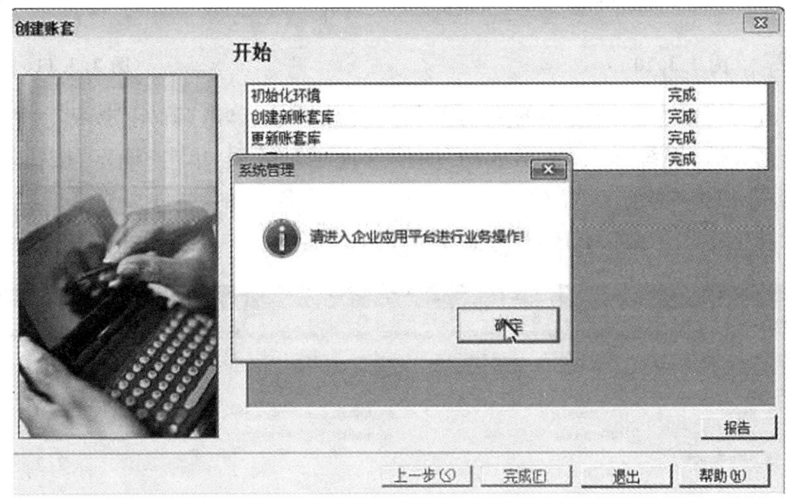

图 2.3.9

2.3.2　账套输出

账套输出是指将所选的账套数据进行备份输出。对于企业数据的安全性来说，定时地将企业数据备份出来存储到不同的介质(如常见的移动硬盘等)上是非常重要的。如果企业由于不可预知的原因(如地震、火灾、计算机病毒、人为的误操作等)，需要对数据进行恢复，此时备份数据就可以将企业的损失降到最小。

操作流程：

(1) 以系统管理员身份登录，进入系统管理模块，然后单击“账套”菜单下级的“输出”选项，此时系统弹出“账套输出”对话框，如图 2.3.10 所示，在“账套号”处选择需要输出的账套号“[818]广州平华家具有限公司”，单击“确认”后进行输出。(注意：这个过程需要等待一定的时间。)

(2) 此时系统会进行输出工作，弹出“请选择账套备份路径”对话框，如图 2.3.11 所示。

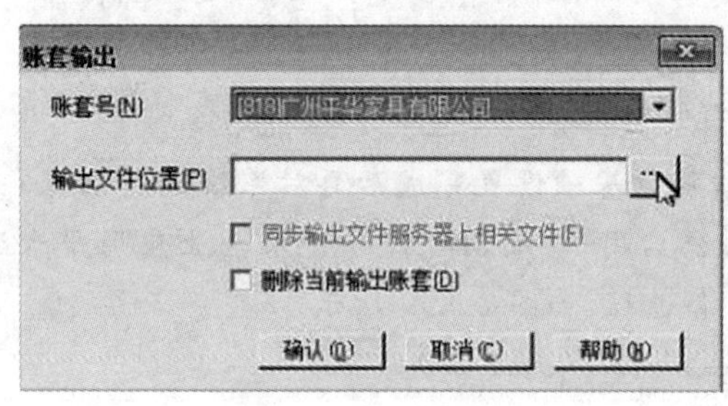

图 2.3.10

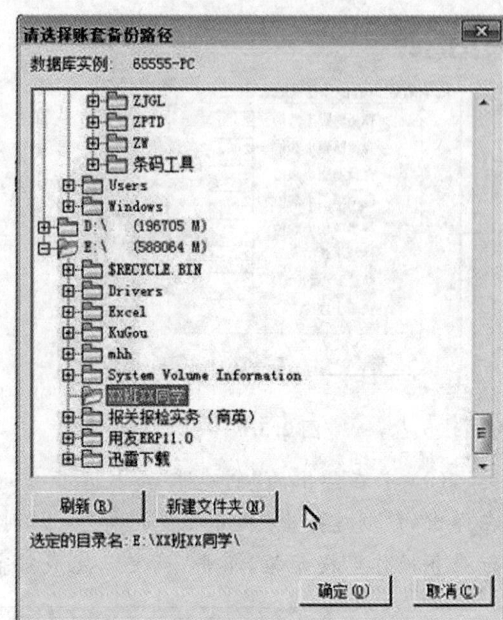

图 2.3.11

(3) 选择需要将账套数据输出的驱动器及其所在目录,单击“确定”按钮。

(4) 备份完成后,系统弹出“输出成功”的信息提示对话框,单击“确定”按钮返回。

(5) 这时可以在此前设置的路径中查看到所备份的文件。账套输出两个文件,即“UfErpAct.Lst”和“UFDATA.BAK”,如图 2.3.12 所示。

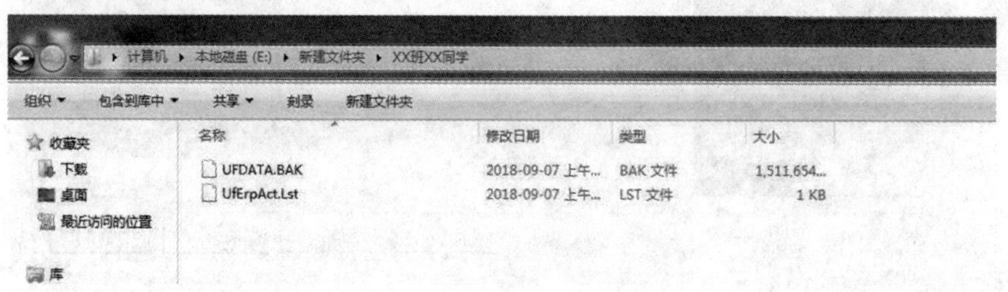

图 2.3.12

2.3.3 账套引入

账套引入是指将系统外某账套数据引入本系统中。用户可使用“系统管理”中提供的备份功能(设置备份计划)或输出功能,将 U8 账套备份。当需要恢复账套时,可使用引入功能将备份的账套恢复到 U8 系统中;当账套数据遭到破坏时,将最近复制的账套数据引入本账套中,尽量保持业务数据完好。同时该功能也有利于集团公司的操作,子公司的账套数据可以定期被引入母公司系统中,以便于进行有关账套数据的分析和合并工作。

操作流程:

(1) 以系统管理员身份登录,然后选择“账套”—“引入”,如图 2.3.13 所示,在弹出的界面中选择所要引入的账套数据备份文件,将其引入账套界面。

(2) 选择文件以后,单击“确定”按钮表示确认,如图 2.3.14 所示。

(3) 系统提示如图 2.3.15 所示,可修改数据库存放的路径和文件夹。

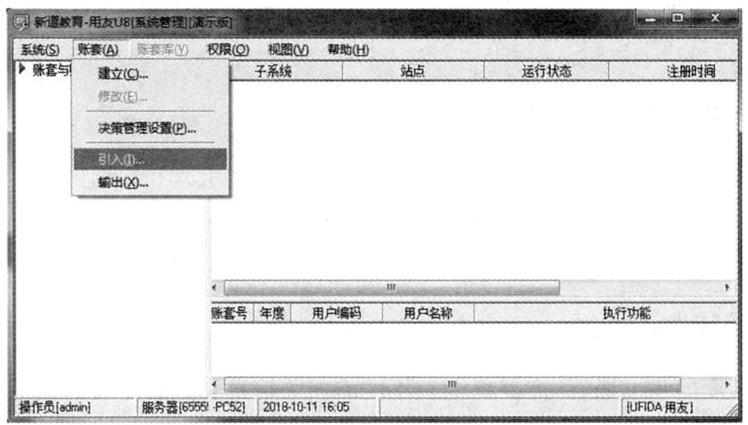

图 2.3.13

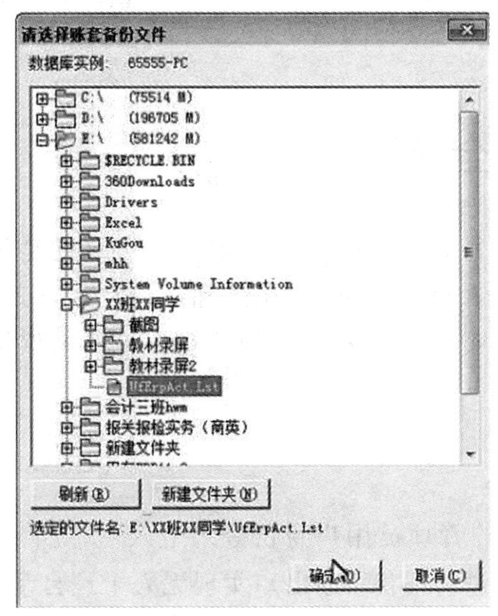

图 2.3.14

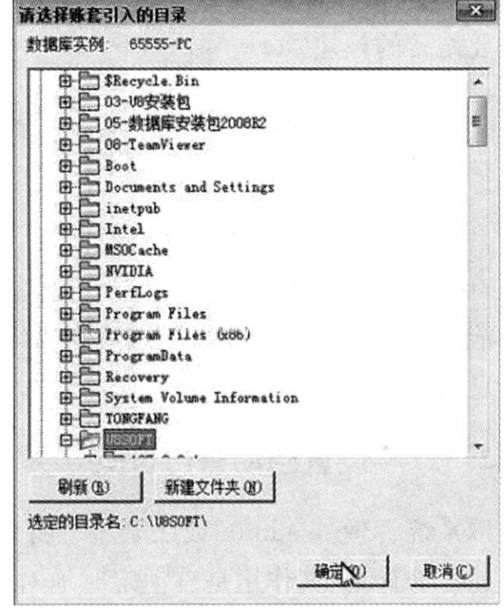

图 2.3.15

2.4　年度账管理

为了便于企业的管理，方便数据备份输出和引入，减少数据的负担，提高应用效率等，用友 U8V10.1 可以只进行年度账管理。账套由年度账组成，每个账套中存放不同年度的会计数据。年度账管理只能由账套主管操作。年度账管理工作内容包括：建立年度账、年度账引入和输出、结转上年数据、清空年度数据。

2.4.1　建立年度账

只有建立了上一年度的年度账后，才能建立下一年度的年度账。

操作流程：

(1) 建立账套的操作需要账套主管在“系统管理”中进行，因此需要以账套主管的身份登录“系统管理”进行操作，选定账套和会计年度后建立年度账。

(2) 在“系统管理”窗口中选择“年度账”菜单，在下拉列表中单击“建立”，这时会弹出“创建账套”窗口，选择“新建空白账套”后单击“下一步”。

2.4.2 年度账引入和输出

年度账引入和输出也是对数据的备份与恢复，其与账套引入和输出的操作几乎是一样的，所不同的就是年度账引入和输出是由账套主管进行的，只是针对某一年度的年度账来进行引入和输出。年度账输出两个文件，即“UFDATA.BA”和“UfErpYer.Lst”。

2.4.3 结转上年数据

建立下一年度的年度账后，需要将上一年度的相关信息和数据结转到新年度账里。

(1) 结转上年数据的操作需要账套主管在“系统管理”中进行，因此需要以账套主管的身份登录“系统管理”进行操作。

(2) 在“系统管理”窗口中选择“年度账”菜单，在下拉列表中单击“结转上年数据”，按需求选择需要结转的模块。

2.5 系统安全策略

信息安全的价值与重要性日益凸现，保护信息的私密性、完整性、真实性和可靠性是至关重要的，用友 U8V10.1 通过对系统运行监控、用户身份和密码管理、子系统和用户特权管理、数据和功能等的权限管理、安全日志、清除系统运行异常、设置自动备份计划等安全策略来保护企业的信息资产。

2.5.1 设置自动备份计划

以系统管理员 admin 或账套主管身份或有权限的管理员用户身份登录进入“系统管理”，设置自动备份计划，其作用是自动定时地对设置的账套进行备份（输出），实现无人干预自动输出。

操作流程：

(1) 以系统管理员 admin 或账套主管身份或有权限的管理员用户身份登录进入“系统管理”，选择“系统”菜单下的“设置备份计划”，如图 2.5.1 所示，显示“备份计划设置”界面。

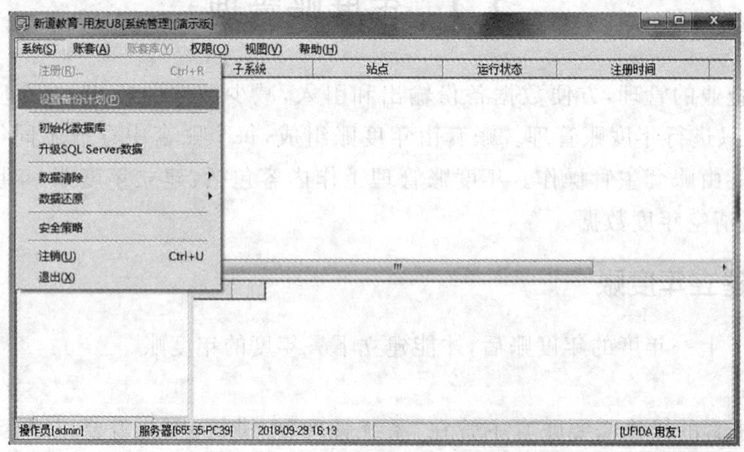

图 2.5.1

(2) 单击“增加”按钮，显示“备份计划详细情况”界面，如图 2.5.2 所示。

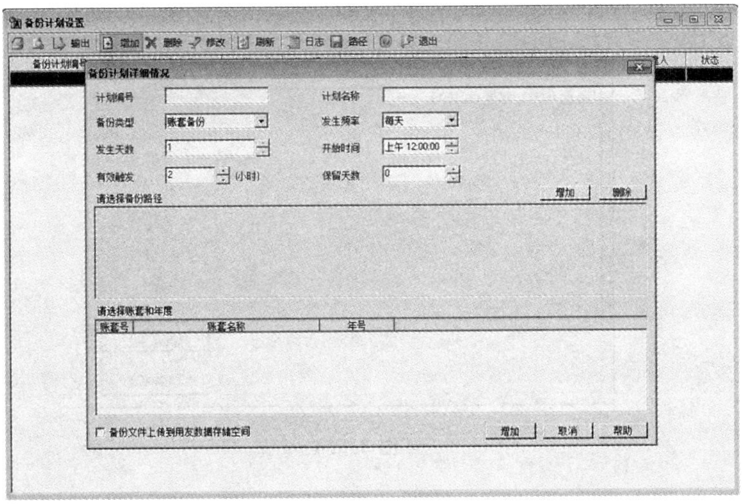

图 2.5.2

(3) 输入计划编号、计划名称，选择备份类型和发生频率，选择系统数据的备份路径和要备份的账套或账套库。计划编号：系统可以同时设置多个不同条件组合的计划。计划名称：可以对备份计划进行命名，最大长度为 40 个字符。

(4) 单击“增加”按钮，保存设置。

2.5.2　清除单据锁定或清除异常任务

系统在运行过程中，可能由于各种不可预见的原因，突然出现异常，比如会计在做会计凭证的时候突然出现“××单据正在被××使用”的提示，这时就需要清除单据锁定或清除异常任务后才能继续进行正常业务。

操作流程：

(1) 以系统管理员 admin 身份登录进入“系统管理”，选择“视图”菜单下的“清除单据锁定”或者“清除异常任务”，如图 2.5.3 所示。

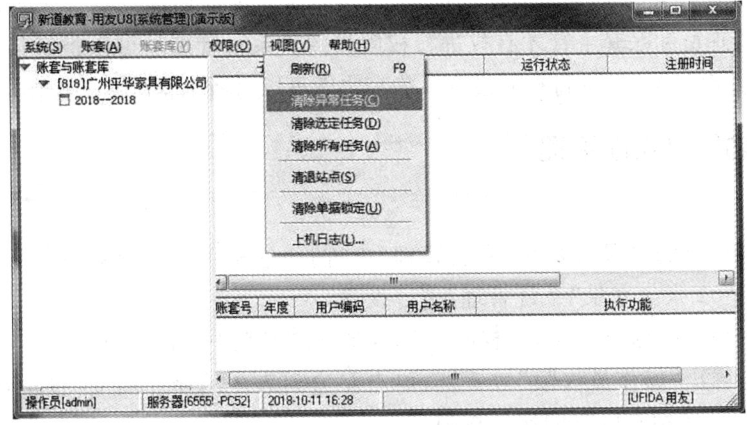

图 2.5.3

（2）系统弹出“删除工作站的所有锁定”对话框，选择相应账套，单击“确定”按钮即可，如图 2.5.4所示。

图 2.5.4

2.6 操作员权限的设置

为了保证企业信息数据的安全，按照内部控制规范的要求，用友 U8V10.1 要求集中权限管理，所有子系统的权限全部归集到系统管理和基础设置中定义管理，对系统中所有的操作人员进行财务分工，设置操作权限。

用友 U8V10.1 操作员权限的设置应实现三个层次的权限管理。

第一，功能级权限管理，该权限将提供划分更为细致的功能级权限管理功能，包括功能权限查看和分配。

第二，数据级权限管理，该权限可以通过两个方面进行控制：一是字段级权限控制，二是记录级权限控制。

第三，金额级权限管理，该权限主要用于完善内部金额控制，实现对具体金额数量的级别划分，对不同岗位和职位的操作员进行金额级别控制，限制他们制单时可以使用的金额数量，不涉及内部控制的不在管理范围内。

对于数据级权限和金额级权限的设置，必须在系统管理的功能权限分配之后才能进行。

只有系统管理员和账套主管才有权进行权限设置。系统管理员可以指定某账套的账套主管，还可以对各个账套的操作员进行权限设置。账套主管可以对所管辖账套的操作员进行权限制定。

2.6.1 功能级权限管理

操作流程：

（1）操作员权限的设置需要在“系统管理”中进行，这里可以通过系统管理员 admin 或此前设置的账套主管 01 张华登录“系统管理”进行设置。

（2）在“系统管理”窗口中选择“权限”菜单，在下拉列表中单击“权限”。

（3）这时会弹出“操作员权限”对话框，单击左边列表中的操作员 01 张华，可以看到该操作员在 818 账套中已经拥有所有的操作权限。

（4）接下来单击操作员 03 余虹，为其赋予 818 账套总账（除审核凭证和恢复记账前状态外）、薪资管理、公用目录设置、固定资产等的所有权限。该操作员目前没有任何权限，在“操作员权限”对话框右上角窗口中选择“[818]广州平华家具有限公司”账套，选择左侧的“03 余虹”，若要为该操作员添加权限，则单击“修改”，在右侧找到所需要添加的权限，在前面的方框内打钩。在树形列表中找到“总账”，勾选该选项，再找到“恢复记账前状态”和“出纳”，将勾选取消，然后单击“保存”，如图 2.6.1 所示。

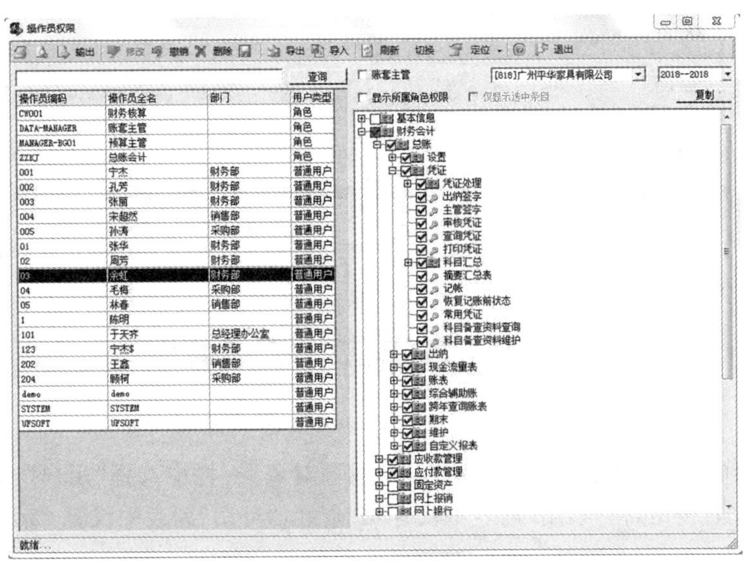

图 2.6.1

(5) 为 02 周芳赋予总账管理系统中出纳签字以及出纳的所有权限。同以上操作，在右边的树形列表中找到“出纳”和“出纳签字”选项并勾选，单击“保存”即可。

2.6.2 数据级权限管理

(1) 设置数据级权限的操作需要账套主管进行。这里以张华(账套主管；编号：01；密码：001)的身份于 2018 年 1 月 1 日的操作日期使用 818 账套登录到“企业应用平台”。

(2) 单击“系统服务”选项，如图 2.6.2 所示，按“权限”—“数据权限分配”的顺序分别双击各选项。

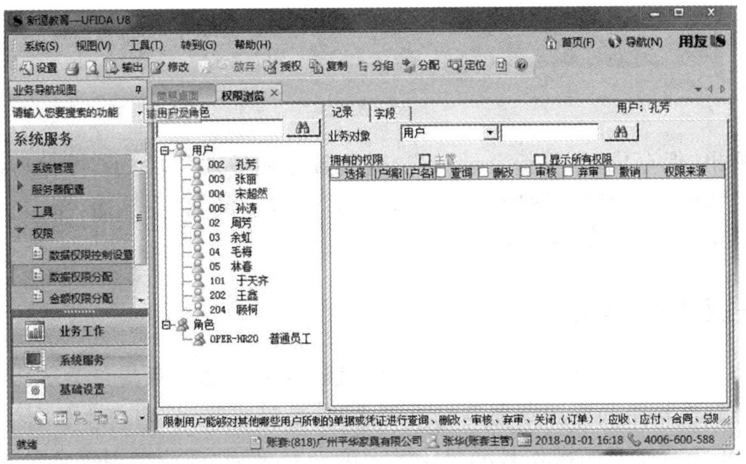

图 2.6.2

(3) 在图 2.6.3 所示的界面右侧可以对操作员的权限进行查看。这里需要设置 03 余虹有权对 02 周芳所填制的凭证进行查询、删改、审核、弃审、撤销等权限。

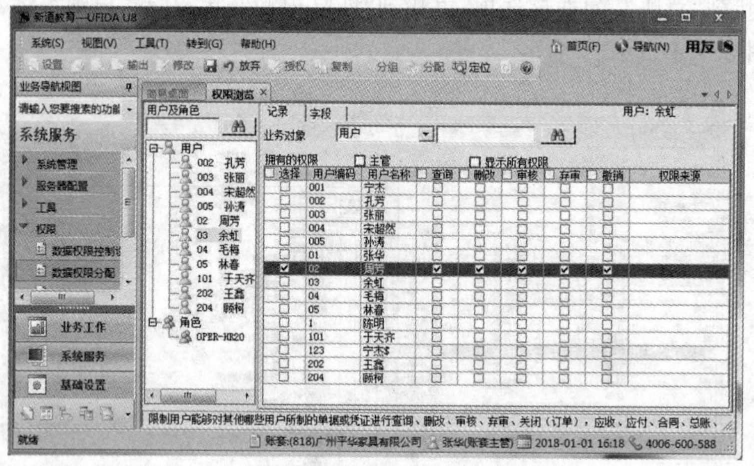

图 2.6.3

(4) 在弹出的"记录权限设置"窗口中,在"业务对象"一栏中选择"用户",如图 2.6.4 所示。通过界面中的左右按钮,使"禁用"列表中仅有 03 余虹,"可用"列表中仅有 02 周芳。设置完成后单击"保存"。

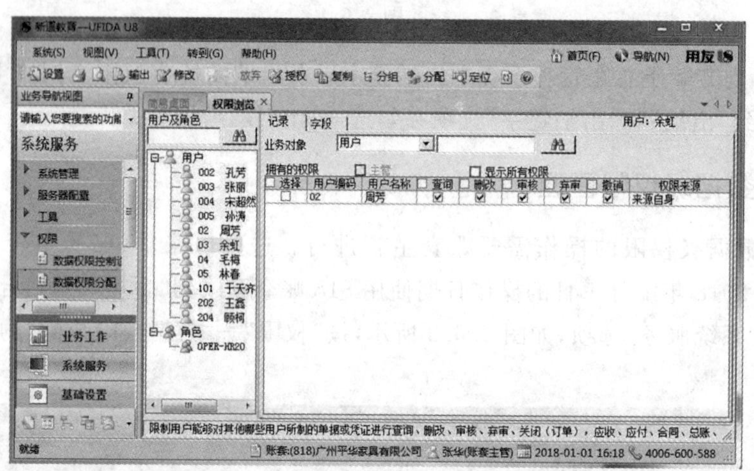

图 2.6.4

(5) 此时弹出"保存成功,重新登录门户,此配置才能生效"的提示对话框,单击"确定"。

(6) 依次关闭"记录权限设置"窗口和"权限浏览"窗口,返回主界面,单击"重新注册"并重新登录到"企业应用平台",即可使设置生效。

2.6.3 金额级权限管理

金额级权限管理用于设置用户可使用的金额级别,对业务对象提供金额级权限设置。

(1) 设置金额级权限的操作需要账套主管进行,这里以张华(账套主管;编号:01;密码:001)的身份于 2018 年 1 月 1 日的操作日期使用 818 账套登录到"企业应用平台"。

(2) 设置"采购订单的金额审核额度、科目的制单金额额度"。设置这两个金额权限之前必须先设定对应的金额级别。

单击“基础设置”—“数据权限”—“金额权限设置”，显示图 2.6.5 所示的界面。

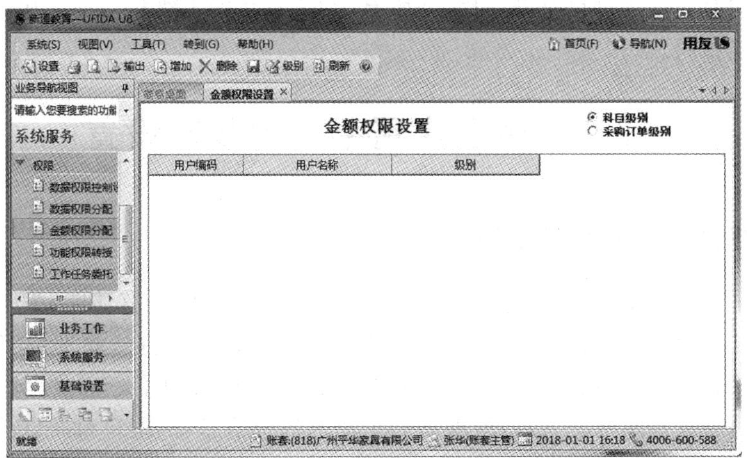

图 2.6.5

(3) 在图 2.6.5 所示的界面中选择“科目级别”，单击“级别”按钮，显示“金额级别设置”界面，如图 2.6.6 所示，进行金额级别设置。

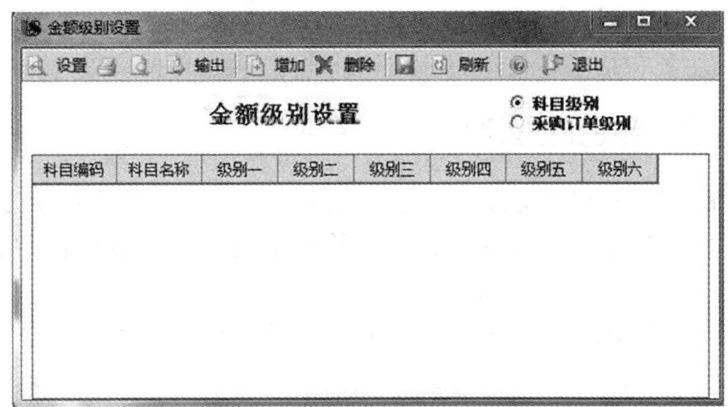

图 2.6.6

(4) 双击“科目编码”，参照选择科目编码，系统自动显示相应的科目名称。按图 2.6.7 所示录入相关数据，录入完成后单击“保存”，再单击“退出”。

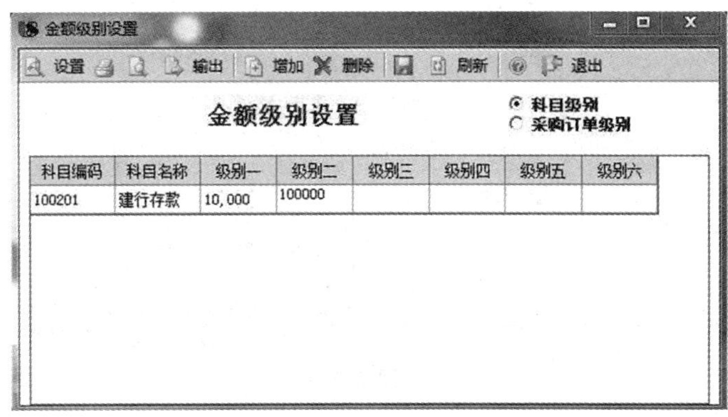

图 2.6.7

注意:设置科目金额级别时,一个科目只能设置一个级别,上下级科目不能同时出现。如已经设置了 1002 科目的金额级别,则不能再设置一个 100201 科目的金额级别,此时设置的 1002 科目的金额级别对其下级科目全部适用,即所有 1002 科目的下级科目拥有相同的金额级别。采购订单级别设置相同。

2.7 企业应用平台的基础设置

2.7.1 企业应用平台的概述

企业应用平台又叫企业门户,它集中了用友 U8 管理系统的所有功能,为各个子系统提供了一个交流的公共平台,成为用友 U8 管理系统的工作中心和控制台。此平台实现了系统基础数据的集中维护,以及信息和数据资源在各子系统的共享和有效利用。企业应用平台是用户进行实践业务操作访问系统的唯一入口,能够访问企业的各种信息,由用户根据自己的需要建立自己的业务工作应用环境,设置适合本单位实际需要的专用模块。

企业应用平台主要包括的项目内容如下。

(1) 业务工作,主要包括财务会计——总账、固定资产、UFO 报表,人力资源,内部控制,供应链,企业应用集成等功能,每个功能群又包括若干个功能模块。

(2) 系统服务,主要是常用的系统配置工具,包括系统管理、服务器配置、工具和权限等的设置。

(3) 基础设置,主要包括基本信息、基础档案、业务参数、单据设置、档案设置等。

2.7.2 企业应用平台的登录

(1) 以账套主管"01 张华"的身份注册进入"企业应用平台",操作日期为 2018 年 1 月 1 日。

在成功安装了软件且完成了系统设置的计算机上,按以下顺序启动"企业应用平台":"开始"—"程序"—"用友 U8V10.1" —"企业应用平台"。

(2) 在弹出的"登录"界面中填写相关的登录信息,完成填写后单击"登录",如图 2.7.1 所示。

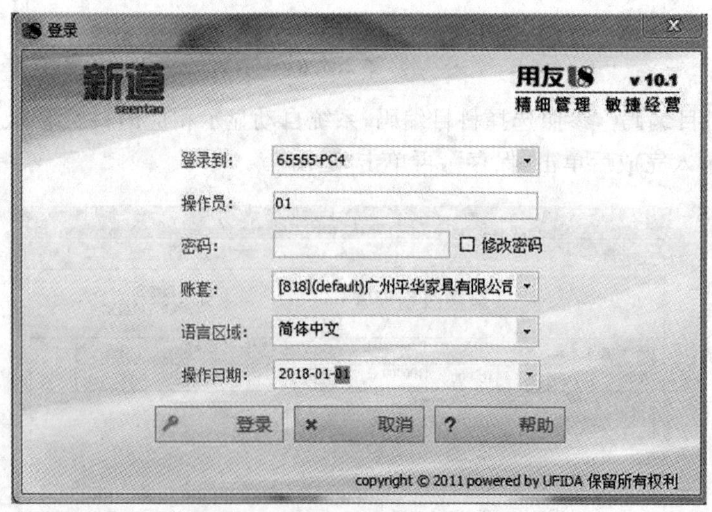

图 2.7.1

(3) 进入"企业应用平台"后,出现图 2.7.2 所示的界面。

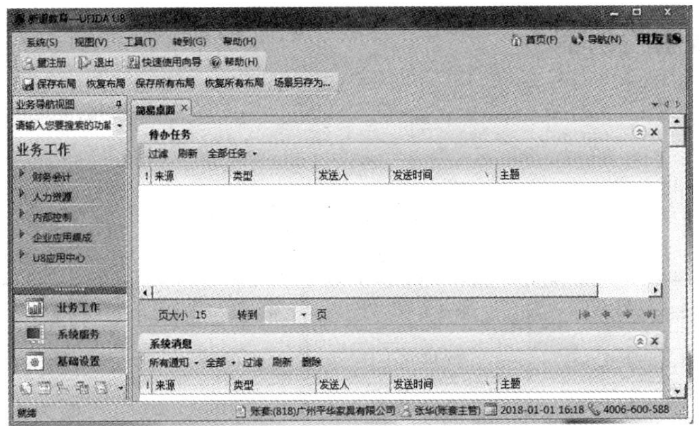

图 2.7.2

2.8　基础设置——基础档案设置

2.8.1　系统启用

系统启用是指用友 U8V10.1 各子系统开始使用，只有启用子系统后才能登陆和进行系统的各种业务处理。

账套系统的启动或关闭只有账套主管才能进行操作。

系统启用的方法有以下两种：

(1) 创建账套完成时启用系统。

(2) 在建立账套时并未启用系统，而要使用此软件功能的时候，在“企业应用平台”中启用相应的系统。下面以总账管理系统启用为例，具体操作方法如下。

① 使用操作员张华（账套主管；编号：01；密码：001）登录“企业应用平台”。

② 单击左下方的“基础设置”选项，再单击“基本信息”，在菜单中双击“系统启用”，这时会弹出“系统启用”对话框，勾选“GL 总账”，弹出日历，可供选择日期。这里选择“2018-01-01”，单击“确定”，弹出“确实要启用当前系统吗？”的提示对话框，单击“是”。

从图 2.8.1 中可以看到“GL 总账”系统成功启用。

系统启用

全启　刷新　退出

[818]广州平华家具有限公司账套启用会计期间2018年1月

系统编码	系统名称	启用会计期间	启用自然日期	启用人
☑GL	总账	2018-01	2018-01-01	张华
□AR	应收款管理			
□AP	应付款管理			
□FA	固定资产			
□NE	网上报销			
□NB	网上银行			
□WH	报账中心			
□SC	出纳管理			
□CA	成本管理			
□PM	项目成本			
□FM	资金管理			
□BM	预算管理			
□CM	合同管理			
□PA	售前分析			
□SA	销售管理			
□PU	采购管理			
□ST	库存管理			
□IA	存货核算			

图 2.8.1

2.8.2 设置部门档案

设置表 2.8.1 所示的广州平华家具有限公司的部门档案资料。

表 2.8.1

部门编码	部门名称	部门属性	部门编码	部门名称	部门属性
1	管理中心	管理部门	202	采购部	采购管理
101	总经理办公室	综合管理	3	制造中心	生产部门
102	财务部	财务管理	301	一车间	生产制造
2	供销中心	供销管理	302	二车间	生产制造
201	销售部	市场营销			

操作流程：

(1) 以张华的身份于 2018 年 1 月 1 日的操作日期使用 818 账套登录到“企业应用平台”。

(2) 单击“基础设置”选项，按“基础档案”—“机构人员”—“部门档案”的顺序分别双击各选项，如图 2.8.2 所示。

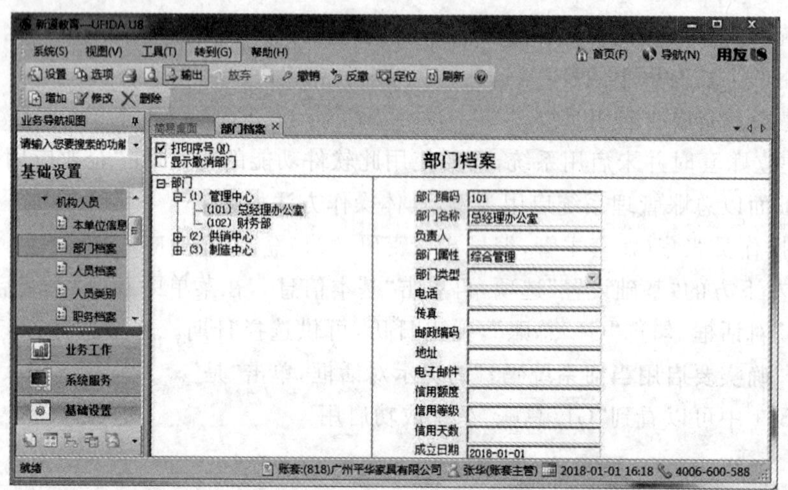

图 2.8.2

(3) 在图 2.8.2 所示的界面右边的操作区域会显示“部门档案”的设置，单击左上方的“增加”选项，依次录入表 2.8.1 所示的信息，录入完成后单击“保存”。

(4) 同样继续单击“添加”，录入相应的部门编码和部门名称，然后单击“保存”，全部信息录入完成后退出。

注意：在建立账套的时候就完成了编码设置，“部门编码级次”设置为“122”，即“×××××”。第一级为 1 位，第二级为 2 位，第三级为 2 位，最多允许三级。例如“供应 A 科”的编码为“301”，“3”是第一级编码，“01”是第二级编码。当前设置的“部门编码”必须符合该设置规定。

2.8.3　设置人员类别

设置的人员类别情况如下：

本公司在职人员分为 4 类：1001——企业管理人员，1002——经营人员，1003——车间管理人员，1004——车间人员。

操作流程：

(1) 以张华的身份于 2018 年 1 月 1 日的操作日期使用 818 账套登录到“企业应用平台”。

(2) 单击“基础设置”选项，按“基础档案”—“机构人员”—“人员类别”的顺序分别双击各选项。在弹出的“人员类别”窗口中，首先单击右侧列表中的“正式工”，再单击左上方的“增加”选项。在弹出的“增加档案项”窗口中，依次录入相关信息，完成后单击“确定”，如图 2.8.3 所示。

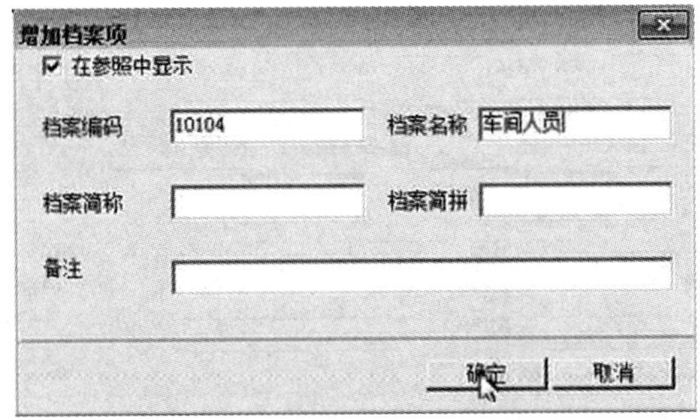

图 2.8.3

2.8.4　设置人员档案

设置表 2.8.2 所示的广州平华家具有限公司的人员档案资料。

表 2.8.2

人员编码	人员姓名	性别	人员类别	行政部门	是否业务员	是否操作员	对应操作员编码
101	李平	男	企业管理人员	总经理办公室	是		
102	杨凤	女	企业管理人员	总经理办公室	是		
111	张华	女	企业管理人员	财务部		是	01
112	周芳	女	企业管理人员	财务部		是	02
113	余虹	女	企业管理人员	财务部		是	03
201	林春	男	经营人员	销售部	是	是	05
202	黄敏	女	经营人员	销售部	是		
211	毛梅	女	经营人员	采购部	是	是	04
212	王力	男	经营人员	采购部	是		

操作流程：

(1) 以张华的身份于2018年1月1日的操作日期使用818账套登录到“企业应用平台”。

(2) 单击“基础设置”选项，按“基础档案”—“机构人员”—“人员档案”的顺序分别双击各选项，在右边的操作区域会显示“人员列表”，单击左上方的“增加”选项，在弹出的“人员档案”窗口中，按表2.8.2中的信息录入人员相关信息，录入完成后单击“保存”，如图2.8.4所示。

人员档案

增加 修改 扫描 删除 放弃 格式设置 退出

基本 | 其它

李平(总经理办公室)

人员编码 101　人员姓名 李平　工号

英文名　性别 男　行政部门 总经理办公室

雇佣状态 在职　人员类别 企业管理人员　证件类型 身份证

证件号码　签发机关　开始时间

截止时间　出生日期　银行

账号　到职日期　离职日期

人员属性

请双击方框编辑照片

是否操作员

对应操作员编码　对应操作员名称

是否业务员　是否营业员

生效日期 2018-12-01　失效日期　业务或费用部门 总经理办公室

信用天数　信用额度　信用等级

联系方式

办公电话　内线电话　工位

邮政编码　通讯地址　Email地址

手机号　家庭电话　家庭住址

个人网址　QQ号

考勤信息

图 2.8.4

(3) 所有的人员档案均成功添加完成后，生成图2.8.5所示的人员列表。如果发现错误，选中出现错误的人员档案，单击“修改”，即可进行修改。修改完成后，单击“保存”。

人员列表

记录总数：13

选择	人员编码	姓名	行政部门名称	雇佣状态	人员类别	性别	出生日期	业务或费用部门名称	审核标志
	101	李平	总经理办公室	在职	企业管...	男		总经理办公室	未处理
	102	杨凤	总经理办公室	在职	企业管...	女		总经理办公室	未处理
	111	张华	财务部	在职	企业管...	女			未处理
	112	周芳	财务部	在职	企业管...	女			未处理
	113	余虹	财务部	在职	企业管...	女			未处理
	201	林春	销售部	在职	经营人员	男		销售部	未处理
	202	黄敏	销售部	在职	经营人员	女		销售部	未处理
	211	毛梅	采购部	在职	经营人员	女		采购部	未处理
	212	王力	采购部	在职	经营人员	男		采购部	未处理
	301	刘伟	一车间	在职	车间人员	男			未处理
	302	唐强	一车间	在职	车间人员	男			未处理
	311	吴光	一车间	在职	车间人员	男			未处理
	312	李银	二车间	在职	车间人员	男			未处理

图 2.8.5

2.8.5 设置客户分类

设置广州平华家具有限公司的客户分类。

本公司的客户分类为:01——北方,02——南方。

操作流程:

(1) 以张华的身份于2018年1月1日的操作日期使用818账套登录到"企业应用平台"。

(2) 单击"基础设置"选项,按"基础档案"—"客商信息"—"客户分类"的顺序分别双击各选项,在弹出的"客户分类"窗口中单击"增加"选项,这时"分类编码"和"分类名称"栏将处于可编辑状态,分别录入相应的内容,完成后单击"保存",如图2.8.6所示。

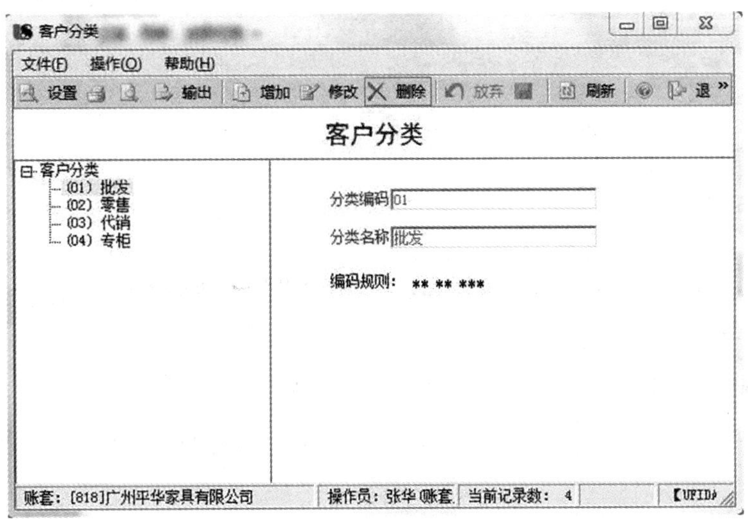

图 2.8.6

2.8.6 设置客户档案

设置表2.8.3所示的广州平华家具有限公司的客户档案资料。

表 2.8.3

客户编号	客户名称简称	所属分类码	所属地区	税号	开户银行(默认值)	银行账号	地址	邮编	扣率	分管部门	分管业务员
001	华龙贸易公司	01	01	253212346387496268	建行海淀分行	56899633	北京市海淀区前进路3号	100175	5	销售部	林春
002	科远公司	01	01	376500008866528756	农行石家庄分行	69325581	河北石家庄红棉路9号	200236		销售部	林春
003	贵为公司	02	02	263475668994861286	中行海珠分行	36542234	福建福州海珠路8号	600575		销售部	黄敏
004	成华公司	02	02	447888669955459723	工行越秀分行	43810548	广州市越秀路6号	510098	10	销售部	黄敏

操作流程：

(1) 以张华的身份于2018年1月1日的操作日期使用818账套登录到“企业应用平台”。

(2) 单击“基础设置”选项，按“基础档案”—“客商信息”—“客户档案”的顺序分别双击各选项，在右边的操作区域会显示客户档案的设置，单击左上方的“增加”选项，在“增加客户档案”窗口中的“基本”选项中录入相应的信息。以第一个客户档案为例，如图2.8.7所示。

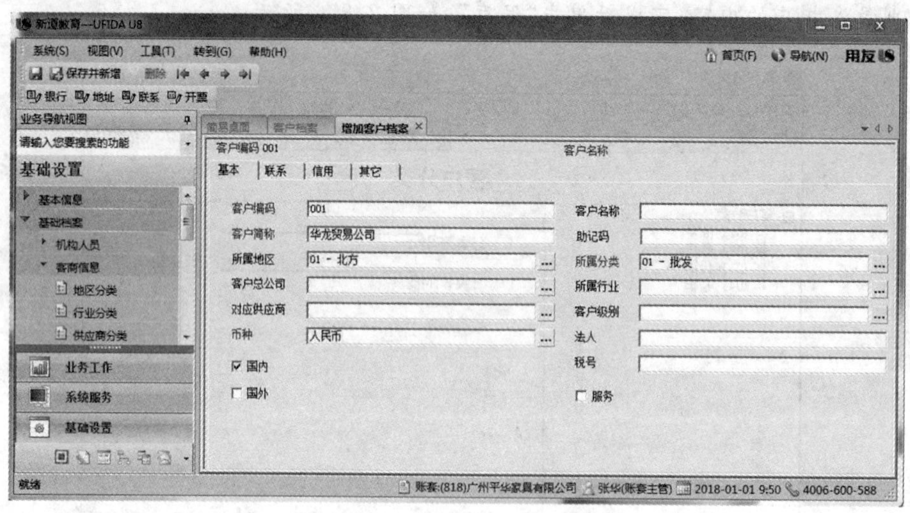

图 2.8.7

录入“客户编码”为“001”；“客户名称”和“客户简称”均为“华龙贸易公司”；设置“所属地区”时，单击该栏右侧的“…”，在弹出的“客户分类基本参照”窗口中选择“01-北方”，或者直接在该栏中输入“01”。

(3) 单击“联系”选项，输入图2.8.8所示的信息。输入完成后，单击“保存并新增”。

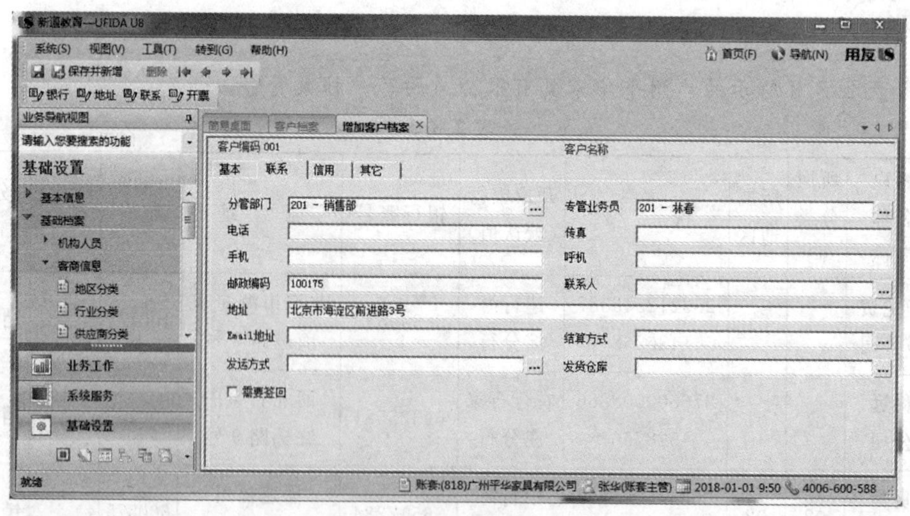

图 2.8.8

(4) 单击“基础设置”选项，按“基础档案”—“客商信息”—“客户档案”的顺序分别双击各选项，即可查看设置完成后的客户档案，如图2.8.9所示。

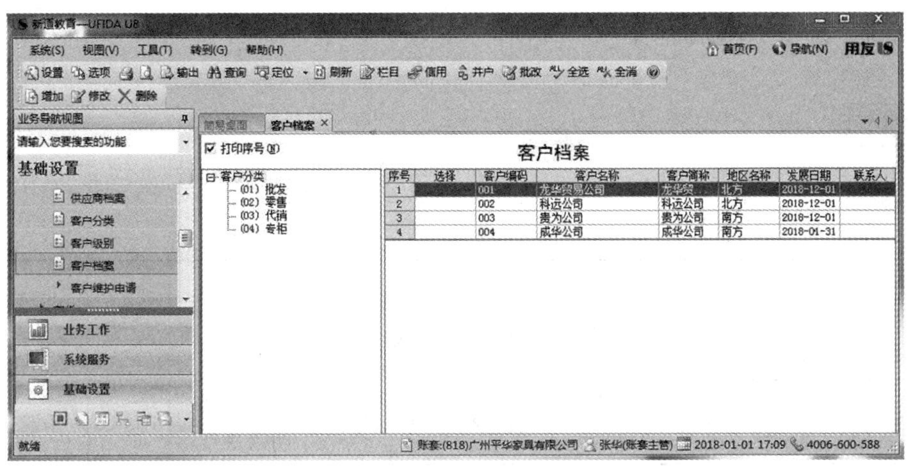

图 2.8.9

2.8.7　设置供应商类别

设置广州平华家具有限公司的供应商类别。

本公司的供应商类别为：01——原材料供应商，02——产成品供应商。

操作流程：

(1) 以张华的身份于 2018 年 1 月 1 日的操作日期使用 818 账套登录到“企业应用平台”。

(2) 单击“基础设置”选项，按“基础档案”—“客商信息”—“供应商分类”的顺序分别双击各选项，在弹出的“供应商分类”窗口中单击“增加”选项，这时“分类编码”和“分类名称”栏将处于可编辑状态，分别录入相应的内容，录入完成后单击“保存”，如图 2.8.10 所示。

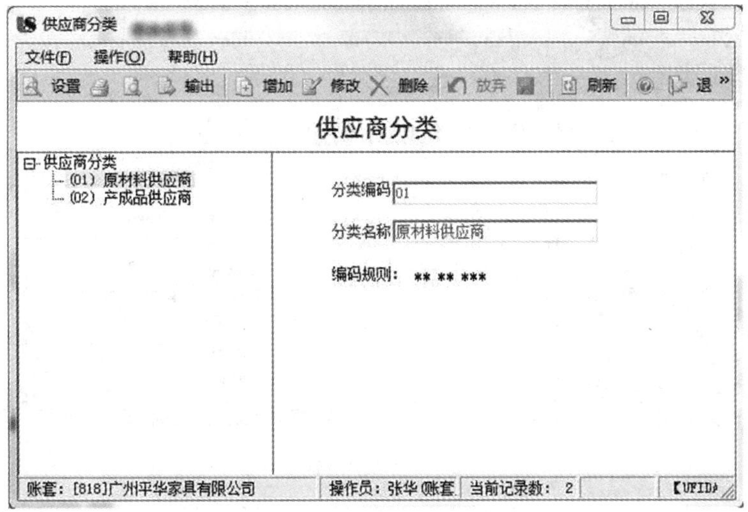

图 2.8.10

2.8.8 设置供应商档案

设置表2.8.4所示的广州平华家具有限公司供应商档案资料。

表 2.8.4

供应商编号	供应商名称	所属分类码	所属地区	税号	开户银行	银行账号	地址	邮编	分管部门	分管业务员
001	青春公司	01	01	100088667962321156	建设银行	56629371	上海市光明路6号	310025	采购部	毛梅
002	阳光公司	01	01	562377885612459798	中国银行	62398214	河南凤天路5号	420056	采购部	毛梅
003	成功公司	02	02	853433448947564868	农业银行	81264971	江西萍乡路8号	700512	采购部	王力
004	朝阳公司	02	02	443577229432649752	工商银行	26843322	广州市天河路2号	510075	采购部	王力

操作流程：

(1) 以张华的身份于2018年1月1日的操作日期使用818账套登录到“企业应用平台”。

(2) 单击“基础设置”选项，按“基础档案”—“客商信息”—“供应商档案”的顺序分别双击各选项，在右边的操作区域会显示供应商档案的设置，单击左上方的“增加”选项。

(3) 在“增加供应商档案”窗口中单击“基本”选项，录入相应的信息，这里以第一个供应商档案为例，如图2.8.11所示。

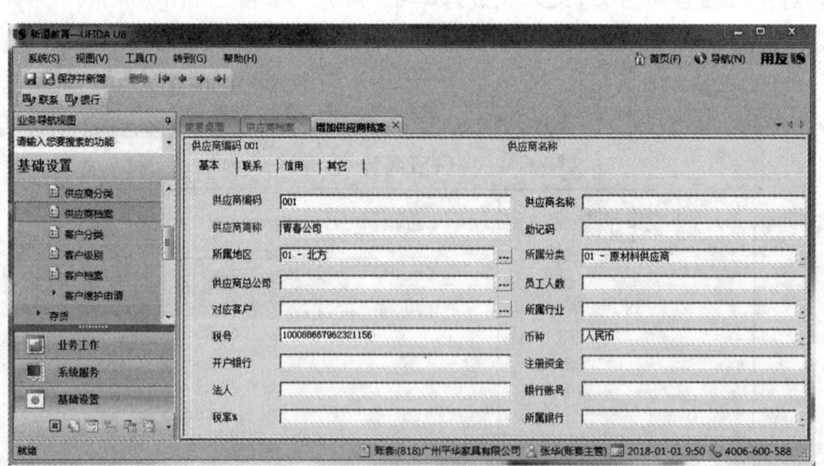

图 2.8.11

(4) 单击“联系”选项，输入图2.8.12所示的信息，输入完成后单击“保存并新增”。

(5) 单击“基础设置”选项，按“基础档案”—“客商信息”—“供应商档案”的顺序分别双击各选项，即可查看设置完成后的供应商档案，如图2.8.13所示。

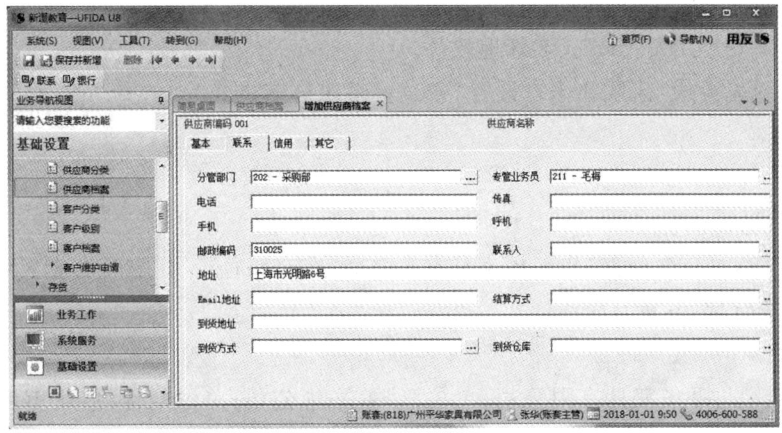

图 2.8.12

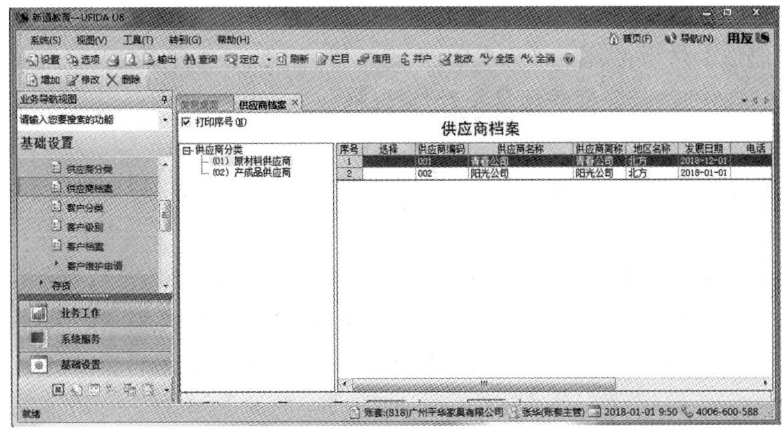

图 2.8.13

实验一　系统管理和企业应用平台的基础设置

实验目的

（1）掌握用友 ERP-U8 管理软件中系统管理和基础设置的相关内容。

（2）理解系统管理在整个系统中的作用及基础设置的重要性。

（3）掌握用友 ERP-U8 管理软件企业应用平台基础设置的相关内容。

（4）理解企业应用平台在整个系统中的作用及基础设置的重要性。

实验内容

（1）登录系统管理与注册，增加操作员。

（2）建立账套，输入基础信息。

（3）备份账套数据，修改账套参数。

（4）启用总账管理系统。

（5）财务分工（功能级权限设置、数据级权限设置、金额级权限设置）。

（6）设置基础档案：部门档案、供应商档案、客户档案。

实验准备

(1) 已正确安装用友 ERP-U8 管理软件。

(2) 在控制面板的"区域和语言设置"中设置系统日期格式为"yyyy-mm-dd"。

实验资料

1. 建立新账套

1) 账套信息

账套号:818;账套名称:广州平华家具有限公司;账套路径:采用默认账套路径;启用会计期:2018 年 1 月;会计期间:默认。

2) 单位信息

单位名称:广州平华家具有限公司;单位简称:平华公司;单位地址:广州市白云区钟落潭 66 号;法人代表:李平;邮政编码:510507;联系电话及传真:02037676512;税号:124400004558861295;开户银行:建设银行钟落潭分行;银行账号 86955338。

3) 核算类型

该企业的记账本位币:人民币(RMB);企业类型:工业;行业性质:2007 年新会计制度科目;账套主管:张华;选中"按行业性质预置科目"复选框。

4) 基础信息

该企业有外币核算,进行经济业务处理时,需要对存货、客户、供应商进行分类。

5) 分类编码方案

该企业的分类编码方案如下:

科目编码级次:4222;客户和供应商分类编码级次:223;收发类别编码级次:12;部门编码级次:122;结算方式编码级次:12;地区分类编码级次:223;存货分类编码级次:122;其余默认。

6) 数据精度

数据精度:默认。

2. 设置"财务核算"角色

设置"财务核算"角色,编号为"CW001"。

3. 设置操作员

编号	姓名	口令	所属部门	所属角色
01	张华	001	财务部	账套主管
02	周芳	002	财务部	财务核算
03	余虹	003	财务部	财务核算
04	毛梅	004	采购部	采购主管
05	林春	005	销售部	销售主管

4. 系统启用

启用总账管理系统,启用时间为 2018-01-01。

5. 财务分工(功能级权限设置、数据级权限设置、金额级权限设置)

1) 01 张华

角色:账套主管;所在部门:财务部。

账套主管自动具备系统所有模块的全部权限，在具体工作中主要负责财务业务一体化管理、系统运行环境的建立以及各项初始设置工作；负责管理软件的日常运行管理工作，监督并保证系统的有效、安全、正常运行；负责总账管理系统的凭证审核、记账、账簿查询、月末结账工作；负责报表管理及其财务分析工作。

2）02 周芳

角色：出纳；所在部门：财务部。

负责现金、银行账管理工作，具有"总账—凭证—出纳签字""总账—出纳"的操作权限。

3）03 余虹

角色：总账会计、应收会计、应付会计、资产管理、薪酬管理；所在部门：财务部。

主要负责总账管理系统的凭证管理工作以及客户往来、供应商往来管理工作，具有总账管理、应收款管理、应付款管理的全部操作权限。

4）04 毛梅

角色：采购主管、仓库主管、存货核算员；所在部门：采购部。

主要负责采购业务处理，具有公共目录设置、应收款管理、应付款管理、总账管理、采购管理、销售管理、库存管理、存货核算的全部操作权限。

5）05 林春

角色：销售主管、仓库主管、存货核算员；所在部门：销售部。

主要负责销售业务处理，权限同04 毛梅。

注意：以上权限设置只是为了实验中的学习，与企业实际分工可能有所不同，企业相关操作员比较多，分工比较细致。

6. 设置基础档案

广州平华家具有限公司分类档案资料如下。

1）部门档案

部门编码	部门名称	部门属性	部门编码	部门名称	部门属性
1	管理中心	管理部门	202	采购部	采购管理
101	总经理办公室	综合管理	3	制造中心	生产部门
102	财务部	财务管理	301	一车间	生产制造
2	供销中心	供销管理	302	二车间	生产制造
201	销售部	市场营销			

2）人员类别

该企业在职人员分为4类：1001——企业管理人员，1002——经营人员，1003——车间管理人员，1004——车间人员。

3）人员档案

人员编码	人员姓名	性别	人员类别	行政部门	是否业务员	是否操作员	对应操作员编码
101	李平	男	企业管理人员	总经理办公室	是		
102	杨凤	女	企业管理人员	总经理办公室	是		

续表

人员编码	人员姓名	性别	人员类别	行政部门	是否业务员	是否操作员	对应操作员编码
111	张华	女	企业管理人员	财务部		是	01
112	周芳	女	企业管理人员	财务部		是	02
113	余虹	女	企业管理人员	财务部		是	03
201	林春	男	经营人员	销售部	是	是	05
202	黄敏	女	经营人员	销售部	是		
211	毛梅	女	经营人员	采购部	是	是	04
212	王力	男	经营人员	采购部	是		

4）地区分类

该公司地区分类为：01——北方，02——南方。

5）供应商分类

该公司供应商分类为：01——原材料供应商，02——产成品供应商。

6）客户分类

该公司客户分类为：01——批发，02——零售，03——代销，04——专柜。

7）客户档案

客户编号	客户名称简称	所属分类码	所属地区	税号	开户银行（默认值）	银行账号	地址	邮编	扣率	分管部门	分管业务员
001	华龙贸易公司	01	01	253212346387496268	建行海淀分行	56899633	北京市海淀区前进路3号	100175	5	销售部	林春
002	科远公司	01	01	376500008866528756	农行石家庄分行	69325581	河北石家庄红棉路9号	200236		销售部	林春
003	贵为公司	02	02	263475668994861286	中行海珠分行	36542234	福建福州海珠路8号	600575		销售部	黄敏
004	成华公司	02	02	447888669955459723	工行越秀分行	43810548	广州市越秀路6号	510098	10	销售部	黄敏

8）供应商档案

供应商编号	供应商名称	所属分类码	所属地区	税号	开户银行	银行账号	地址	邮编	分管部门	分管业务员
001	青春公司	01	01	100088667962321156	建设银行	56629371	上海市光明路6号	310025	采购部	毛梅
002	阳光公司	01	01	562377885612459798	中国银行	62398214	河南凤天路5号	420056	采购部	毛梅
003	成功公司	02	02	853433448947564868	农业银行	81264971	江西萍乡路8号	700512	采购部	王力
004	朝阳公司	02	02	443577229432649752	工商银行	26843322	广州市天河路2号	510075	采购部	王力

实验要求

(1) 设置系统日期为 2018-01-01，以系统管理员 admin 的身份进行增加操作员、建立账套、财务分工、备份账套等操作。

(2) 以账套主管“01 张华”的身份进行系统启用、设置基础档案——部门档案、供应商档案、客户档案的操作。

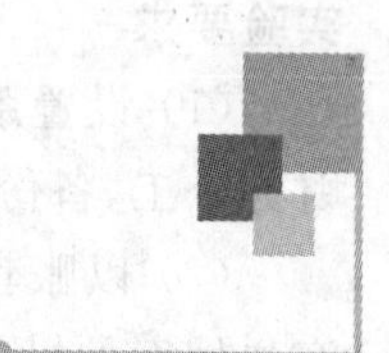

项目3 总账管理

知识目标 ……

1. 了解总账管理系统的主要功能。
2. 熟悉总账管理系统的操作流程。

技能目标 ……

1. 掌握总账初始化的工作内容。
2. 掌握账务处理方法,凭证、账簿查询的基本方法。
3. 了解期末自定义凭证的作用,掌握自定义凭证的方法。
4. 理解结账的含义及结账要满足的条件。

3.1 系统概述

3.1.1 功能概述

总账管理系统的主要功能包括初始设置、凭证管理、出纳管理、账簿管理、辅助核算管理和月末处理等。

1. 初始设置

由用户根据本企业的需要建立账务应用环境,使总账管理系统变成符合本企业日常核算业务需要的系统。总账初始化工作主要包括总账参数设置、基础数据设置、期初余额录入及总账权限分配等。

2. 凭证管理

凭证管理功能是与记账凭证处理相关的一系列功能,主要包括记账凭证录入、审核、记账、查询、打印、出纳签字、主管签字、设置常用凭证等。

3. 出纳管理

出纳管理功能包括银行日记账、现金日记账、资金日报表、银行对账及余额调节表。

4. 账簿管理

账簿管理可实现强大的账簿查询功能,随时提供总账、明细账、辅助账查询,总账、明细账联查,账簿、凭证联查,查询时还可包含未记账凭证的最新数据。

5. 辅助核算管理

辅助核算管理功能为收集、传递业务数据提供了极大的便利。通过建立账户与辅助核算档案的联系，在完成相关业务核算的同时，业务数据除了进入财会部门的总账、明细账以外，还会自动进入辅助账，便于业务部门收集、分析相关业务数据。

辅助核算管理主要包括：个人往来、部门核算、项目核算、客户往来及供应商往来。

6. 月末处理

可通过定义自动转账凭证，自动完成月末分摊、计提相关费用、结转成本、结转损益等业务核算。此外，月末处理还包括月末试算平衡、对账、结账、生成月末工作报告等功能。

3.1.2　总账管理系统与其他业务系统的关系

总账管理系统作为账务核算系统，汇总所有账务数据，除总账管理系统本身的凭证数据外，还包括其他业务系统的核算数据。其他业务系统通过生成相关业务记账凭证，将数据传递到总账管理系统，总账管理系统汇总数据后又可为报表系统、财务分析系统提供数据，为企业决策提供支持。总账管理系统与其他业务系统的关系如图 3.1.1 所示。

图 3.1.1

总账管理系统可以独立运行，也可以和其他业务系统协同运行。这就意味着企业在进行相关业务账务核算处理时，需要根据所购买的业务子系统划分业务账务处理的归属。例如，企业购买了薪资管理系统，那么计提薪资费用的业务需要在薪资管理系统中处理，而非在总账管理系统中处理，但如果企业没有购买薪资管理系统，则该业务在总账管理系统中处理。

3.1.3　总账管理系统的业务处理流程

总账管理系统的业务处理流程如图 3.1.2 所示。

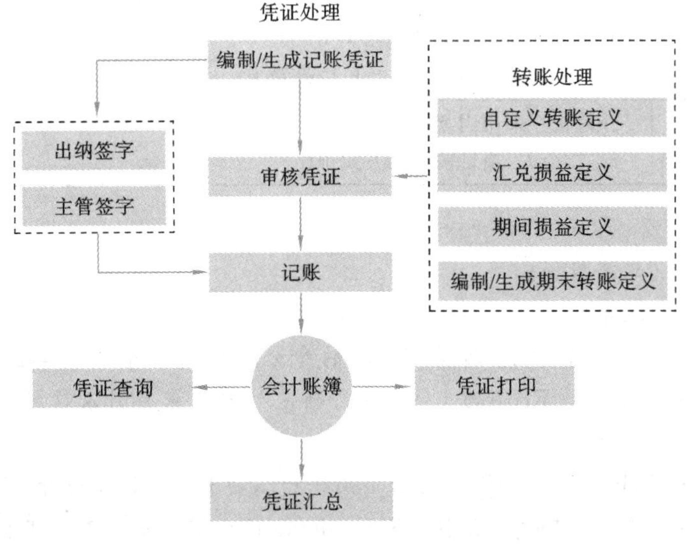

图 3.1.2

3.2 总账管理系统初始设置

3.2.1 设置选项

总账管理系统作为通用管理系统，为了最低限度地满足不同的企业用户的信息化应用需求，需要通过设置大量的选项（即系统参数）来提供面向不同企业应用的解决方案。企业可以根据自身的实际情况进行选择设置，以符合特定企业的应用模式。

设置总账参数

总账参数设置如表 3.2.1 所示。

表 3.2.1

选项卡	参数设置
凭证	☑制单序时控制　☑支票控制　赤字控制：资金及往来科目　赤字控制方式：提示 可以使用应收、应付、存货受控科目 取消"现金流量科目必录现金流量项目"选项 凭证编号方式采用系统编号
账簿	账簿打印位数按软件的标准设定 明细账打印按年排页
凭证打印	打印凭证页脚姓名
预算控制	超出预算允许保存
权限	出纳凭证必须经由出纳签字 允许修改、作废他人填制的凭证 可查询他人凭证 明细账查询权限控制到科目
会计日历	会计日历为 1 月 1 日—12 月 31 日 数量小数单位和单价小数单位设置为 2 位
其他	外币核算采用固定汇率 部门、个人、项目按编码方式排序

操作流程：

(1) 引入项目 2 账套数据。

(2) 登录总账管理系统。

① 打开"系统管理"，以系统管理员 admin 的身份登录"系统管理"，单击"账套"—"引入"，找到实验一账套的备份文件 UfErpAct. Lst，单击"确定"，默认账套引入路径，单击"确定"，引入实验一账套数据。

② 单击"用友 ERP-U8V10. 1"—"企业应用平台"，打开"登录"对话框，如图 3.2.1 所示。

③ "操作员"输入"01"，"账套"选择"[818](default)广州平华家具有限公司"，"操作日期"为"2018-01-01"，单击"登录"。

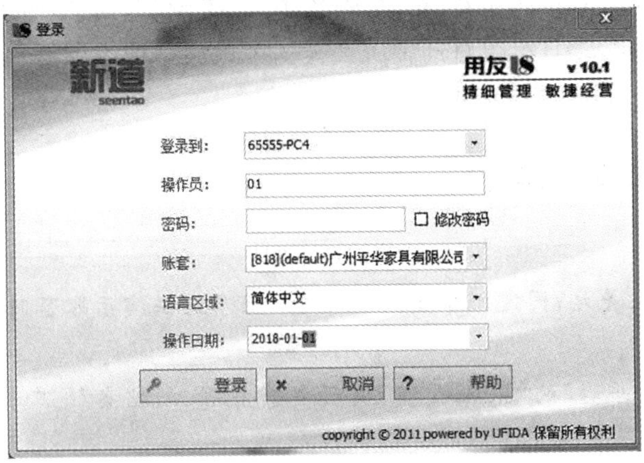

图 3.2.1

④ 在"业务工作"选项中，单击"财务会计"—"总账"。

(3) 设置总账控制参数。

① 单击"总账"，展开功能目录，单击"设置"—"选项"，打开"选项"对话框。

② 单击"编辑"，进入参数编辑状态。

③ 分别单击"凭证""账簿""凭证打印""预算控制""权限""会计日历""其他"选项，按照实验资料要求进行相应设置，设置好后单击"确定"保存，如图 3.2.2 所示。

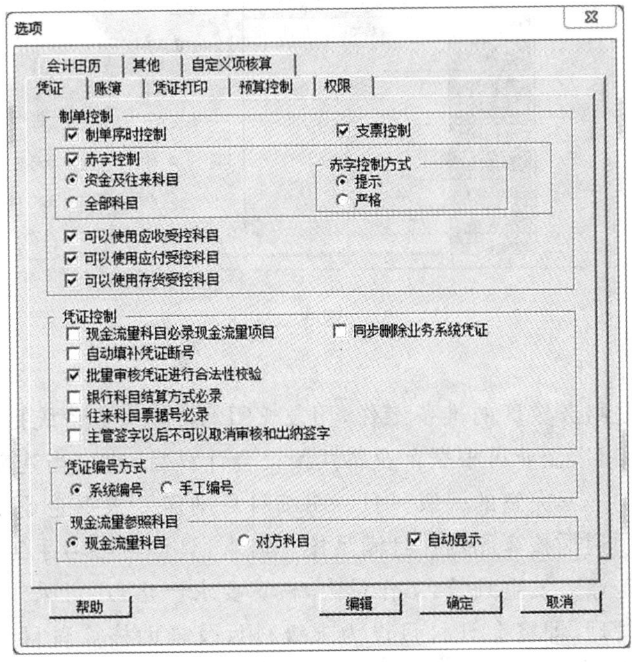

图 3.2.2

3.2.2　设置基础数据

1. 定义外币及汇率

汇率管理是专为外币核算业务服务的。当企业有外币业务需要处理时，要进行外币及汇率的设置，其内容包括录入外币的币符、币名、折算方式、汇率等。设置好外币及汇率后，在发生外币业务时即可直接引用，并且可以自动将所录入的外币原币值根据事先设定好的汇率折算为本位币。

案例2　设置外币及汇率

外币及汇率：

币符：USD；币名：美元；固定汇率 1∶6.145(此汇率只供演示账套时使用)。

操作流程：

(1) 在“企业应用平台”的“基础设置”选项中单击“基础档案”—“财务”—“外币设置”，打开“外币设置”对话框。

(2) 单击“增加”，“币符”输入“USD”，“币名”选择“美元”，单击“确认”保存。

(3) 默认“固定汇率”，输入“2018.01”月份的记账汇率 6.145，单击“退出”，如图 3.2.3 所示。

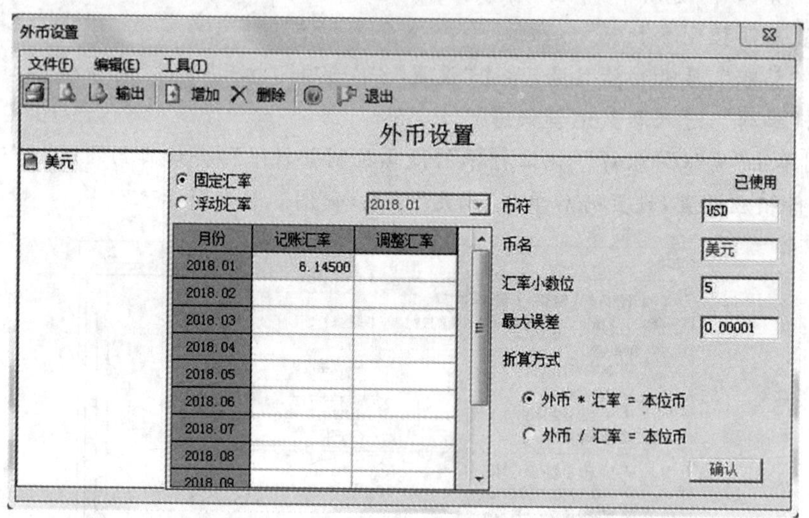

图 3.2.3

2. 设置会计科目

设置会计科目是财务核算的准备工作，用友 ERP-U8V10.1 系统提供了符合国家会计制度规定的一级会计科目，企业可根据企业属性预设会计科目，这样当建账成功后，系统便拥有符合特定企业属性的一套完整的一级科目。明细科目则需要根据企业的情况进行选择设置，明细科目的设置必须遵循核算原则并且满足核算需求，具体可参考手工账会计科目的设置原则。如果企业的某些业务发生频繁，工作量大，核算要求严格，还可采用总账管理系统提供的辅助核算功能进行管理，即将会计科目设为末级科目及辅助核算科目，并为这些会计科目设置相应的辅助核算档案。会计科目设置了辅助核算档案以后，将来该科目所发生的每一笔业务都会同时登记在总账和辅助账中。辅助核算属性包括：部门核算、个人往来、客户往来、供应商往来、项目核算。

举个例子，为了清楚反映债务人所欠货款的增减变化及余额情况，应收账款科目一般按照企业的客户设置明细账，具体如表 3.2.2 所示。

表 3.2.2

科目编码	科目名称
1122	应收账款
112201	A公司
112202	B公司
112203	C公司
……	……
1221	其他应收款
……	……

若将收账款科目设置为辅助核算科目，则具体如表3.2.3所示。

表 3.2.3

科目编码	科目名称	辅助核算
1122	应收账款	客户往来
1221	其他应收款	
……	……	

案例3 新增会计科目

增加“100201 建行存款”科目。

操作流程：

(1) 在“企业应用平台”的“基础设置”选项中单击“基础档案”—“财务”—“会计科目”，进入“会计科目”界面，显示所有按“2007年新会计制度科目”预设的科目。

(2) 单击“增加”，进入“新增会计科目”对话框，增加实验资料中所给的明细科目，如图3.2.4所示。

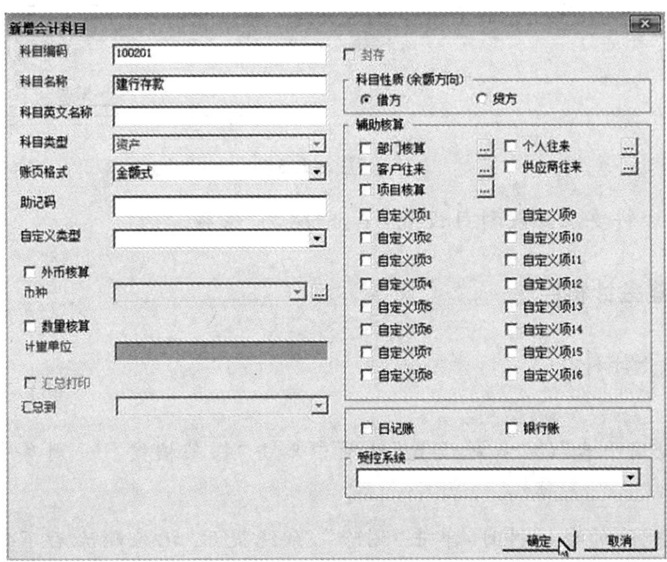

图 3.2.4

(3) 输入明细科目相关内容,单击“增加”保存,继续输入其他明细科目内容,直到增加完所有科目,单击“关闭”按钮退出。

案例4 修改会计科目设置

修改不满足核算需求的科目设置。

操作流程:

(1) 在“企业应用平台”的“基础设置”选项中单击“基础档案”—“财务”—“会计科目”,进入“会计科目”界面。

(2) 选中需要修改的会计科目,单击“修改”或双击该会计科目,进入“会计科目_修改”对话框,如图 3.2.5 所示。

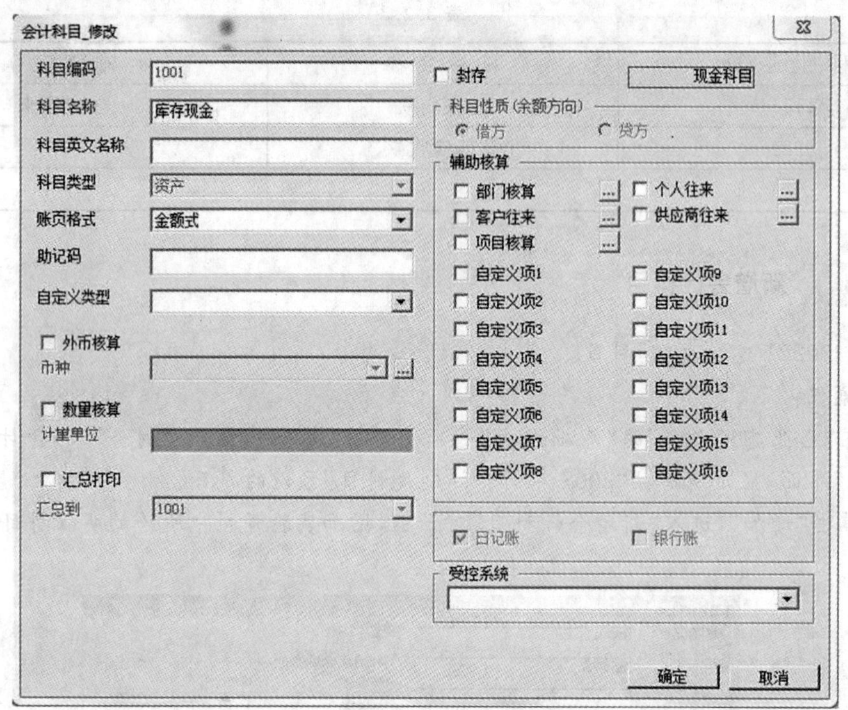

图 3.2.5

(3) 按照实验资料要求修改科目设置,单击“确定”保存。

案例5 删除会计科目

删除不需要的会计科目。

操作流程:

(1) 在“企业应用平台”的“基础设置”选项中单击“基础档案”—“财务”—“会计科目”,进入“会计科目”界面。

(2) 选中需要删除的会计科目,单击“删除”,系统提示“记录删除后不能修复!真的删除此记录吗?”,单击“确定”,删除会计科目。

案例6　指定会计科目

指定“现金总账”“银行总账”“现金流量”科目。

操作流程：

(1) 在“会计科目”窗口中单击“编辑”—“指定科目”，进入“指定科目”对话框。

(2) 选择“现金科目”，将“1001 库存现金”由待选科目选入已选科目。

(3) 选择“银行科目”，将“1002 银行存款”由待选科目选入已选科目。

(4) 选择“现金流量科目”，将“100201 建行存款”“100202 中行存款”由待选科目选入已选科目。

(5) 单击“确定”，保存设置，如图 3.2.6 所示。

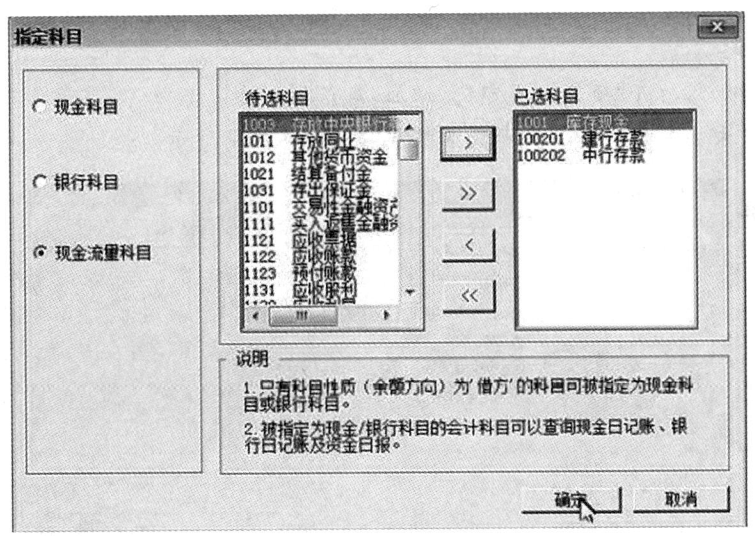

图 3.2.6

3. 设置辅助核算档案

要实现辅助核算，光设置科目的辅助核算属性还不够，还应为辅助核算科目建立相应的辅助核算档案，并将辅助核算科目和辅助核算档案建立联系。以前面提到的应收账款辅助核算为例，客户往来辅助核算需要建立对应的客户档案与之相对应。部门核算、个人往来、供应商往来与客户往来相类似，需要建立对应的部门档案、职员档案、供应商档案。项目核算与其他的辅助核算的属性有些不同，项目核算档案的内容可以由企业自行定义，也就是说项目核算档案的内容可以是多种多样的，例如在建工程、对外投资、存货成本核算等，为此可以定义多个种类的项目核算。可以将具有相同特性的一类项目定义成一个项目大类，一个项目大类可以核算多个项目。为了便于管理，还可以对这些项目进行分类管理，步骤如下：

(1) 设置科目辅助核算：在会计科目设置功能中先设置相关的项目核算科目。

(2) 定义项目大类：定义项目核算的分类类别。

(3) 指定核算科目：具体指定需要此类项目核算的科目。

(4) 定义项目分类：为便于统计，可将同一项目大类下的项目进一步进行划分。

(5) 定义项目目录：将各个项目大类中的具体项目输入系统。

案例7 设置项目目录

项目大类:生产成本核算。

核算科目:生产成本及其下级所有明细科目。

项目分类:01 桌子、02 沙发椅子、03 柜子。

项目名称:101 实木餐台、102 玻璃餐台、103 其他材质餐台、104 实木茶几、105 玻璃茶几、106 其他材质茶几、107 其他,所属分类码为 01;201 实木凳、202 实木沙发、203 真皮沙发、204 其他,所属分类码为 02;301 实木衣柜、302 其他材质衣柜,所属分类码为 03。

操作流程:

(1) 定义项目大类。

① 在"企业应用平台"的"基础设置"选项中单击"基础档案"—"财务"—"项目目录",进入"项目档案"窗口。

② 单击"增加",打开"项目大类定义_增加"对话框。

③ "新项目大类名称"输入"生产成本核算",如图 3.2.7 所示。

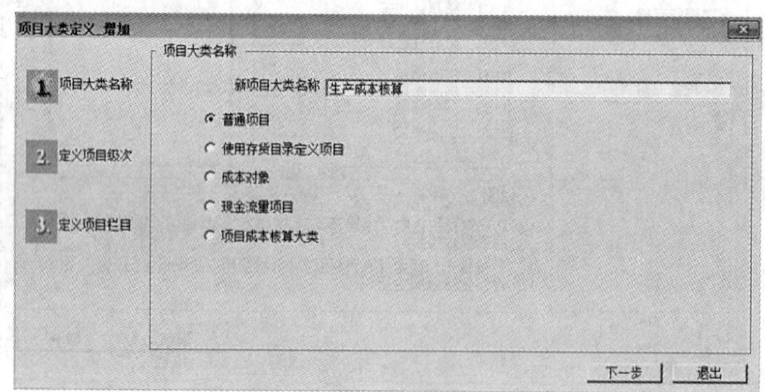

图 3.2.7

④ 单击"下一步",输入要定义的项目级次,假设本例采用系统默认值。

⑤ 单击"下一步",输入要修改的项目栏目,假设本例采用系统默认值。

⑥ 单击"完成",返回"项目档案"窗口。

(2) 指定核算科目

① 在"项目档案"窗口中单击"核算科目"选项。

② "项目大类"选择 "生产成本核算"。

③ 单击"[>]"按钮,将"5001 生产成本"及其明细科目选为参加核算的科目,单击"确定"保存,如图 3.2.8 所示。

(3) 定义项目分类。

① 在"项目档案"窗口中单击"项目分类定义"选项。

② 单击右下角的"增加","分类编码"输入"01","分类名称"输入"桌子",单击"确定"。

③ 同理,定义"02 沙发椅子"(见图 3.2.9)、"03 柜子"项目分类。

(4) 定义项目目录。

① 在"项目档案"窗口中单击"项目目录"选项。

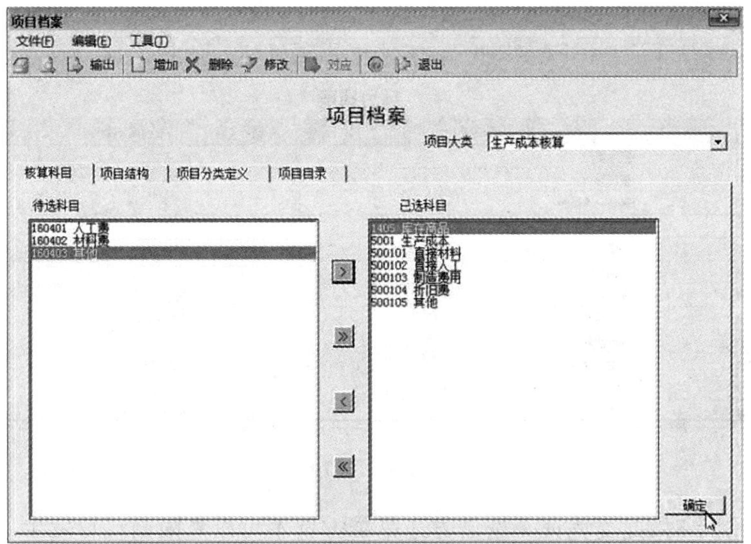

图 3.2.8

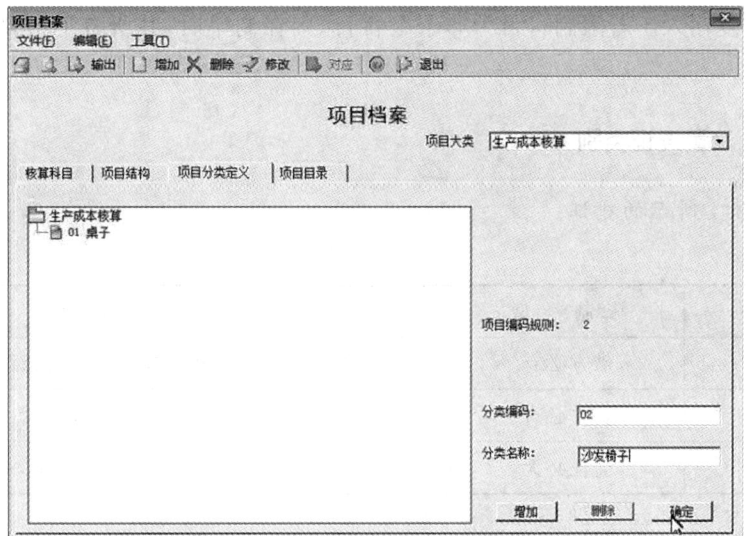

图 3.2.9

② 单击右下角的"维护",进入"项目目录维护"窗口。

③ 单击"增加","项目编号"输入"101","项目名称"输入"实木餐台","所属分类码"选择"01"。

④ 同理,继续增加其他的项目档案,最终生成图 3.2.10 所示的项目档案。

4. 设置凭证类别

设置凭证类别时,还可以根据凭证类别设置制单时对所使用科目的限制条件,以确保凭证内容与凭证类别相匹配,不发生错误。系统提供了五种限制类型供企业选择。

借方必有:制单时,此类凭证借方至少有一个限制科目发生。

贷方必有:制单时,此类凭证贷方至少有一个限制科目发生。

凭证必有:制单时,此类凭证无论借方还是贷方至少有一个限制科目发生。

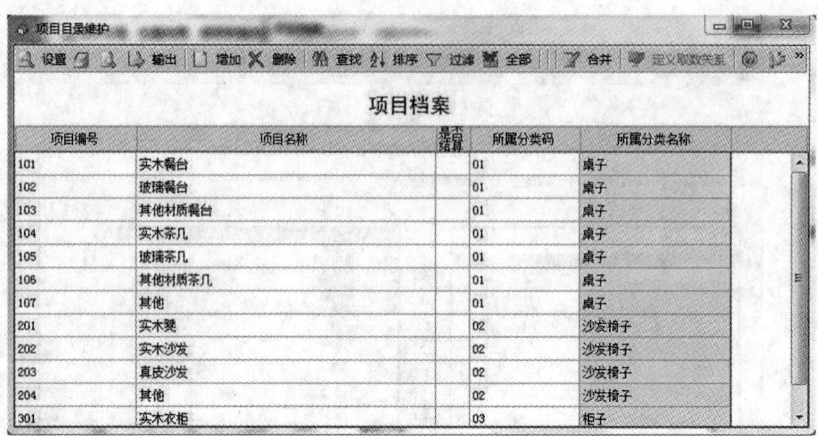

图 3.2.10

凭证必无:制单时,此类凭证无论借方还是贷方都不可以有限制科目发生。

无限制:制单时,此类凭证可使用所有合法的科目。

限制科目由用户输入,可以是任意级次的科目,科目之间用逗号分隔,数量不限;也可以参照输入,但不能重复输入。若限制科目为非末级科目,则在制单时,其所有下级科目都将受到同样的限制。

 案例8 设置凭证类别

设置表 3.2.4 所示的凭证。

表 3.2.4

凭证类别	限制类型	限制科目
收款凭证	借方必有	1001,100201,100202
付款凭证	贷方必有	1001,100201,100202
转账凭证	凭证必无	1001,100201,100202

操作流程:

(1) 在"企业应用平台"的"基础设置"选项中单击"基础档案"—"财务"—"凭证类别",打开"凭证类别预置"对话框,如图 3.2.11 所示。

(2) 选择"收款凭证 付款凭证 转账凭证"选项。

(3) 单击"确定",进入"凭证类别"窗口。

(4) 单击工具栏上的"修改"选项,双击"收款凭证"后的"限制类型",单击"限制类型"下方的三角形,选择"借方必有",在"限制科目"栏输入"1001,100201,100202"。

(5) 双击"付款凭证"后的"限制类型",单击"限制类型"下方的三角形,选择"贷方必有",在"限制科目"栏输入"1001,100201,100202"。

(6) 双击"转账凭证"后的"限制类型",单击"限制类型"下方的三角形,选择"凭证必无",在"限制科目"栏输入"1001,100201,100202"。

(7) 设置完成后,单击"退出",保存并退出凭证类别设置,如图 3.2.12 所示。

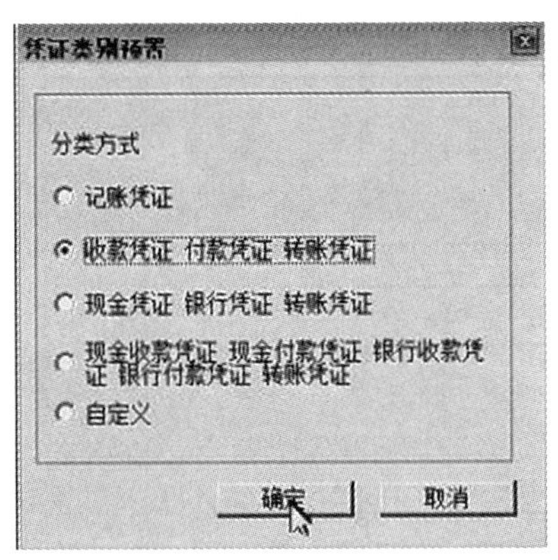

图 3.2.11

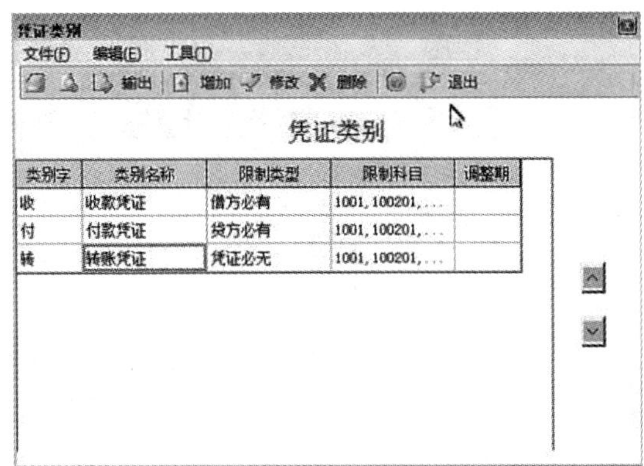

图 3.2.12

5. 设置结算方式

建立和管理企业在经营活动中所涉及的结算方式，即财务结算方式，如现金结算、支票结算等。

设置结算方式

设置表 3.2.5 所示的结算方式。

表 3.2.5

结算方式编码	结算方式名称	是否票据管理
1	现金结算	否
2	支票结算	否
201	现金支票	是
202	转账支票	是
3	其他	否

操作流程：

(1) 在“企业应用平台”的“基础设置”选项中单击“基础档案”—“收付结算”—“结算方式”，进入“结算方式”窗口。

(2) 单击“增加”，“结算方式编码”输入“1”，“结算方式名称”输入“现金结算”，单击“保存”，如图 3.2.13 所示。

(3) 依次输入其他结算方式。对于“现金支票”和“转账支票”，要选中“票据管理”标志。

(4) 设置完成后，单击“退出”按钮退出。

6. 定义常用凭证及常用摘要

1) 定义常用凭证

通过定义常用凭证功能，可以将企业经常发生的经济业务制作成常用凭证模板保存起来，以便日后发生相同或同类业务时直接调用。只需要对常用凭证稍做修改，便可保存为业务凭证，如此可以使生成业务凭证的工作更加快捷高效。

2) 定义常用摘要

日常工作中不难发现，每个会计期间企业所发生的业务有一定的相同性或类似性，将常见业

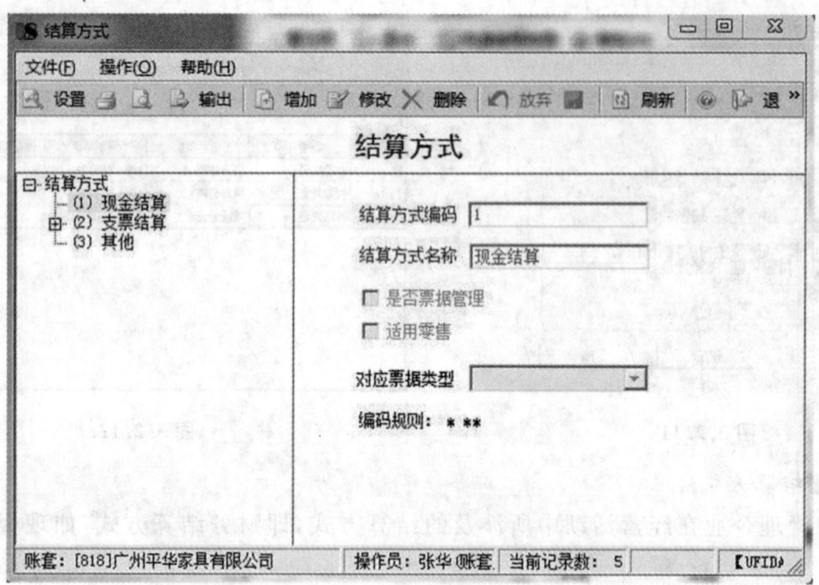

图 3.2.13

务的摘要内容作为常用摘要保存起来，便于在生成业务凭证时直接引用，以减少录入摘要的工作量，大大提高凭证处理的效率。

7. 设置明细权限

在项目 2 中介绍了对操作员授权，然而在系统管理中只能实现对操作员进行功能授权，即以系统功能为最小单位进行权限分配，但功能级的权限分配不能满足工作中一些细化的权限要求，故还需要进一步明细权限，进行数据级和金额级的权限分配。

3.2.3 输入期初余额

第一次启用总账管理系统时，要做好数据的衔接工作，把手工账的各账户余额过入电算化账，作为电算化账的期初余额。若企业建账时间刚好是年初 1 月 1 日，则各账户余额为年初数，此时期初余额即年初数；若企业建账时间并非年初 1 月 1 日，则各账户启用账套时点时的余额为期初余额，此时需要计算清楚各账户启用年度从 1 月 1 日到启用账套时点期间的借方累计数和贷方累计数，并根据余额计算公式推导出各账户年初数。

1. 输入末级账户期初余额

输入“100201 建行存款”账户期初余额

操作流程：

(1) 在总账管理系统中单击“设置”—“期初余额”，进入“期初余额录入”窗口。

(2) 直接输入末级科目(底色为白色)的期初余额，上级科目的累计发生额和期初余额自动填列，如图 3.2.14 所示。

2. 输入辅助核算账户期初余额

设置了辅助核算的科目底色显示为浅黄色，其累计发生额可直接输入，但期初余额的录入要到相应的辅助账中进行。

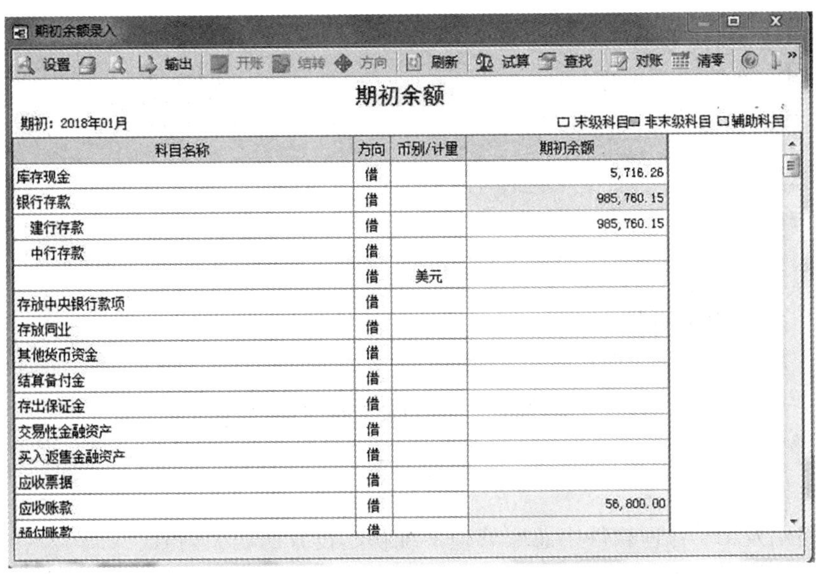

图 3.2.14

输入“1122 应收账款”期初余额

操作流程：

(1) 双击应收账款科目的“期初余额”，进入“辅助期初余额”窗口；单击“往来明细”，进入“期初往来明细”窗口；单击“增行”，按辅助账期初余额表输入每笔业务的金额，如图3.2.15所示；单击“汇总”，系统弹出“完成了往来明细到辅助期初表的汇总！”的提示信息，单击“确定”按钮返回，如图 3.2.16 所示。

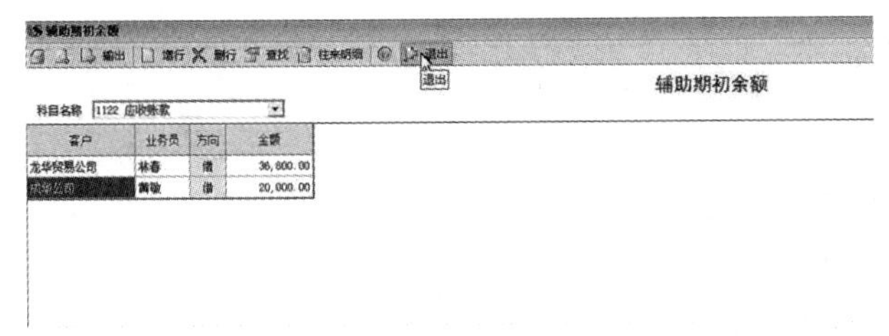

图 3.2.15

图 3.2.16

(2) 单击“退出”，返回到“辅助期初余额”界面。

(3) 单击“退出”，返回“期初余额录入”界面，应收账款科目期初余额录入完成。

3. 检查期初余额

期初数据输入完毕后，需利用试算平衡和对账功能来检查数据的正确性。

操作流程：

(1) 单击“试算”，打开“期初试算平衡表”对话框。若期初余额试算不平衡，则修改期初余额；若期初余额试算平衡，如图 3.2.17 所示，则单击“退出”。

(2) 单击“对账”，弹出“期初对账”对话框，单击“开始”，系统自动进行对账，对账完毕后显示对账结果，如图 3.2.18 所示。若对账不平，单击“对账错误”，显示错误信息。

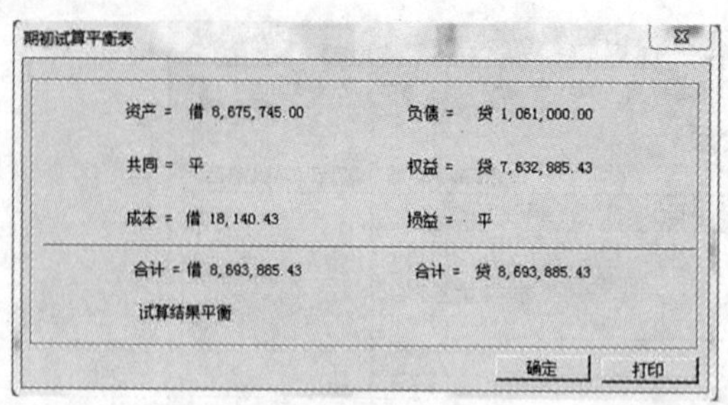

图 3.2.17

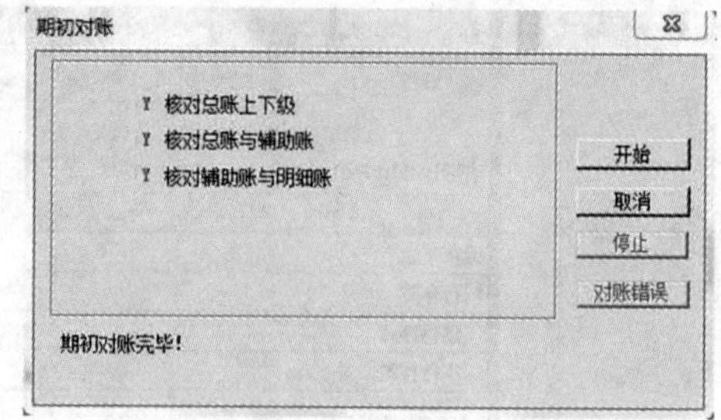

图 3.2.18

实验二　总账管理

实验目的

(1) 掌握用友 U8 管理软件中总账管理系统初始设置的相关内容。

(2) 理解总账管理系统初始设置的意义。

(3) 掌握总账管理系统初始设置的具体内容和操作方法。

实验内容

(1) 总账管理系统参数设置。

(2) 基础档案设置:会计科目、凭证类别、外币及汇率、结算方式、辅助核算档案等。

(3) 期初余额录入。

实验准备

引入实验一账套数据。

实验资料

1. 总账参数

选　项　卡	参 数 设 置
凭证	☑制单序时控制　☑支票控制　赤字控制:资金及往来科目　赤字控制方式:提示 可以使用应收、应付、存货受控科目 取消"现金流量科目必录现金流量项目"选项 凭证编号方式采用系统编号
账簿	账簿打印位数按软件的标准设定 明细账打印按年排页
凭证打印	打印凭证页脚姓名
预算控制	超出预算允许保存
权限	出纳凭证必须经由出纳签字 允许修改、作废他人填制的凭证 可查询他人凭证 明细账查询权限控制到科目
会计日历	会计日历为 1 月 1 日—12 月 31 日 数量小数单位和单价小数单位设置为 2 位

续表

选 项 卡	参 数 设 置
其他	外币核算采用固定汇率 部门、个人、项目按编码方式排序

2. 基础数据

(1) 外币及汇率：

币符：USD；币名：美元；固定汇率 1∶6.145（此汇率只供演示账套时使用）。

(2) 2018 年 1 月份会计科目及期初余额表。

科 目 名 称	辅 助 核 算	方 向	币 别 计 量	借方累计发生额/元	贷方累计发生额/元	期初余额/元
库存现金 1001	日记	借				5 716.26
银行存款 1002	日记银行	借				985 760.15
建行存款 100201	日记银行	借				985 760.15
中行存款 100202	日记银行	借	美元			
应收账款 1122	客户往来	借				56 800
预付账款 1123	供应商往来	借				
其他应收款 1221		借				5 700
应收单位款 122101	客户往来	借				
应收个人款 122102	个人往来	借				5 700
坏账准备 1231		贷				2 840
材料采购 1401		借				0
原材料 1403		借				1 250 900
实木 140301	数量核算	借	平方米			580 500
人造板 140302	数量核算	借	平方米			100 800
玻璃 140303	数量核算	借	吨			250 600
饰面材料 140304	数量核算	借	米			110 000
家具五金件 140305	数量核算	借	件			153 000
油漆 140306	数量核算	借	吨			56 000
材料成本差异 1404		借				
库存商品 1405		借				4 216 300
委托加工物资 1408		借				
周转材料 1411		借				
固定资产 1601		借				2 579 000
累计折旧 1602		贷				496 591.41
在建工程 1604		借				

续表

科目名称	辅助核算	方向	币别计量	借方累计发生额/元	贷方累计发生额/元	期初余额/元
人工费 160401	项目核算	借				
材料费 160402	项目核算	借				
其他 160403	项目核算	借				
无形资产 1701		借				75 000
长期待摊费用 1801		借				
大修理费用 180101		借				
待处理财产损益 1901		借				
待处理流动资产损益 190101		借				
待处理固定资产损益 190102		借				
短期借款 2001		贷				500 000
应付账款 2202	供应商往来	贷				567 200
预收账款 2203	客户往来	贷				
应付职工薪酬 2211		贷				5 600
职工工资 221101		贷				
职工福利费 221102		贷				5 600
其他 221103		贷				
应交税费 2221		贷				−15 000
应交增值税 222101		贷				−49 000
进项税额 22210101		贷				−67 000
销项税额 22210102		贷				18 000
应交个人所得税 222102		贷				34 000
应付利息 2231		贷				
借款利息 223101		贷				
其他应付款 2241		贷				3 200
应付单位款 224101	客户往来					
应付个人款 224102	个人往来					3 200
实收资本 4001		贷				5 575 218
盈余公积						608 923.59
本年利润 4103		贷				1 500 600
利润分配 4104		贷				−51 856.16
未分配利润 410401		贷				−51 856.16
生产成本 5001	项目核算	借				18 140.43

续表

科目名称	辅助核算	方向	币别计量	借方累计发生额/元	贷方累计发生额/元	期初余额/元
直接材料 500101	项目核算	借				7 720.35
直接人工 500102	项目核算	借				5 621.64
制造费用 500103	项目核算	借				3 500.23
折旧费 500104	项目核算	借				1 298.21
其他 500105	项目核算	借				
制造费用 5101		借				
工资 510101		借				
折旧费 510102		借				
其他 510103						
主营业务收入 6001		贷				
其他业务收入 6051		贷				
主营业务成本 6401		借				
其他业务成本 6402		借				
营业税金及附加 6403		借				
销售费用 6601		借				
管理费用 6602		借				
薪资 660201	部门核算	借				
福利费 660202	部门核算	借				
办公费 660203	部门核算	借				
差旅费 660204	部门核算	借				
招待费 660205	部门核算	借				
折旧费 660206	部门核算	借				
其他 660207	部门核算	借				
财务费用 6603		借				
利息支出 660301		借				

说明：1. 在“编辑”菜单下将“库存现金 1001”科目指定为现金总账科目，将“银行存款 1002”科目指定为银行总账科目，将“库存现金 1001、建行存款 100201、中行存款 100202”科目指定为现金流量科目。

2. 部门核算期初数据均假设为总经理办公室。

3. 建议不删除系统中存在而上表中没有的其他会计科目。

(3) 凭证类别。

凭证类别	限制类型	限制科目
收款凭证	借方必有	1001,100201,100202
付款凭证	贷方必有	1001,100201,100202
转账凭证	凭证必无	1001,100201,100202

(4) 结算方式。

结算方式编码	结算方式名称	是否票据管理
1	现金结算	否
2	支票结算	否
201	现金支票	是
202	转账支票	是
3	其他	否

(5) 项目目录。

项目大类:生产成本核算。

核算科目:生产成本及其下级所有明细科目。

项目分类:01 桌子、02 沙发椅子、03 柜子。

项目名称:101 实木餐台、102 玻璃餐台、103 其他材质餐台、104 实木茶几、105 玻璃茶几、106 其他材质茶几、107 其他,所属分类码为 01;201 实木凳、202 实木沙发、203 真皮沙发、204 其他,所属分类码为 02;301 实木衣柜、302 其他材质衣柜,所属分类码为 03。

(6) 数据权限分配(此部分主要让大家掌握明细权限的设置方法):

操作员余虹只具有应收账款、预付账款、应付账款、预收账款、其他应收款 5 个科目的明细账查询权限,具有所有部门的查询和录入权限;其余人员也应做相应设置,否则无法查账。

3. 期初数据

(1) 总账期初余额表:见“2018 年 1 月份会计科目及期初余额表”。

(2) 辅助账期初余额表:在“期初往来明细”窗口录入。

会计科目:1122　　应收账款　　期初余额:借 56 800 元

日　期	凭证号	客　户	业务员	摘　要	方　向	期初余额/元	票　号	票据日期
2017-12-27	转-212	华龙贸易公司	林春	销售商品	借	36 800	P213	2017-12-27
2017-12-28	转-219	成华公司	黄敏	销售商品	借	20 000	Z123	2017-12-28

会计科目:122102　　其他应收款—应收个人款　　期初余额:借 5 700 元

日　期	凭证号	部　门	个　人	摘　要	方　向	期初余额/元
2017-12-26	付-125	总经理办公室	杨凤	借差旅费	借	3 700
2017-12-27	付-170	销售部	林春	借差旅费	借	2 000

会计科目: 2202　　应付账款　　期初余额 :贷 567 200 元

日　期	凭证号	供应商	业务员	摘　要	方　向	期初余额/元	票　号	票据日期
2017-12-20	转-150	青春公司	毛梅	购买原材料	贷	360 200	C100	2017-12-20
2017-12-22	转-175	朝阳公司	王力	购买原材料	贷	207 000	C151	2017-12-22

会计科目:122102　　其他应付款—应收个人款　　期初余额:借 3 200 元

日　期	凭证号	部　门	个　人	摘　要	方　向	期初余额/元
2017-12-25	收-125	销售部	林春	代收房租	借	3 200

会计科目:5001　　　　生产成本　　　　期初余额:借 18 140.43 元

科目名称	实木餐台/元	玻璃餐台/元	合计/元
直接材料 500101	4 720.35	3 000	7 720.35
直接人工 500102	3 021	2 600.64	5 621.64
制造费用 500103	2 500.23	1 000	3 500.23
折旧费 500104	898.21	400	1 298.21
合计	11 139.79	7 000.64	18 140.43

实验要求

以账套主管"01 张华"的身份进行总账初始设置。

3.3　总账管理系统日常业务处理

总账管理系统主要负责账务核算,账务处理流程简而言之就是"填制凭证—审核凭证—记账"。在完成总账管理系统的初始化设置后,便可以进入日常业务处理阶段了。总账管理系统的日常业务处理功能包括凭证管理、出纳管理、账簿管理等。

3.3.1　凭证管理

记账凭证是登记账簿的依据,是总账管理系统唯一的数据源。凭证管理的内容包括凭证填制、凭证审核、凭证汇总、凭证记账等。

1. 凭证填制

在工作中,可以根据审核无误的原始凭证直接在总账管理系统内填制记账凭证(即前台处理),也可以由人工制单后集中输入(即后台处理),企业无论采用哪种方式,都应根据自身实际情况决定。一般来说,业务量不多或基础较好或使用网络版的企业可以采用前台处理方式,而第一年使用或人机并行阶段则比较适合采用后台处理方式。

1)增加凭证

记账凭证的内容一般包括两个部分:一是凭证头部分,二是凭证正文部分。如果输入的会计科目有辅助核算要求,则应输入辅助核算内容;如果一个科目同时建有多种辅助核算,则要求同时输入各种辅助核算的有关内容。

凭证头部分的内容如下:

★ 凭证类别:按照初始设置时所确定的凭证类别,结合经济业务内容进行选择。

★ 凭证编号:可采用系统自动编号或者手工编号的方式,按顺序给凭证编号。

★ 制单日期:填制凭证的时间,如果总账参数设置了"制单序时控制",那么填制凭证时必须按照时间的先后顺序。

★ 附单据数:记账凭证所反映的经济业务原始凭证的数量。

★ 凭证自定义项目:由用户自定义的凭证补充信息。用户根据需要自行定义和输入,系统对这些信息不进行校验,只进行保存。

凭证正文部分的内容如下:

★ 摘要:输入经济业务的说明,要求简明扼要,不能为空。

★ 科目：必须输入末级科目，可以直接输入科目编码、科目名称或助记码，也可单击“ ”键连接到科目列表选择会计科目。

★ 辅助信息：对于要进行辅助核算的科目，系统提示输入相应的辅助核算信息。辅助核算信息包括客户往来、供应商往来、个人往来、部门核算、项目核算。如果需要对所输入的辅助项进行修改，可双击需要修改的项，系统显示辅助信息录入窗口，可进行修改。

★ 金额：该笔分录的借方或贷方本币发生额。金额不能为零，但可以是红字，红字金额以负数形式录入，在数字前输入“-”即可。

如果使用了应收款管理系统来管理所有客户往来业务，那么所有与客户发生的业务都应在应收款管理系统中生成相应的凭证，而不能在总账管理系统中的“填制凭证”中制单。同理，如果使用了应付款管理系统来管理所有供应商往来业务，那么所有与供应商发生的业务都应在应付款管理系统中生成相应的凭证，而不能在总账管理系统中的“填制凭证”中制单。

案例12

发生经济业务一笔，总经理办公室冯红购买了350元的办公用品，以现金支付，据以填制记账凭证。

操作流程：

(1) 在总账管理系统中单击“凭证”—“填制凭证”，进入“填制凭证”窗口。

(2) 单击“增加”，增加一张空白凭证，如图3.3.1所示。

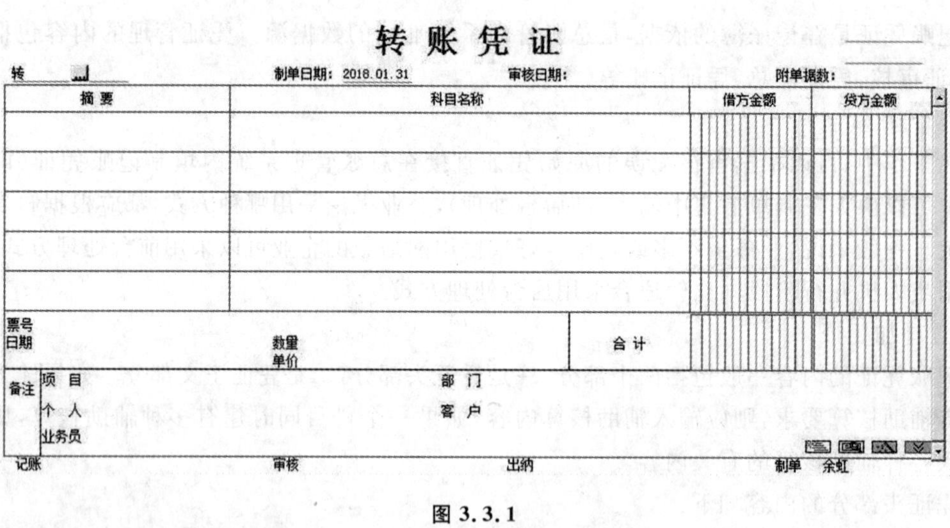

转账凭证

转 制单日期：2018.01.31 审核日期： 附单据数：

摘要	科目名称		借方金额	贷方金额
票号 日期	数量 单价	合计		
备注 项目 个人 业务员	部门 客户			

记账 审核 出纳 制单 余虹

图3.3.1

(3) “凭证类别”选择“转账凭证”，输入制单日期、附单据数。

(4) 输入摘要，先输入借方分录科目名称、借方金额，单击Enter键，自动转入下一行，并自动将摘要复制到下一行，再输入贷方分录科目名称、贷方金额，录入完毕后，检查借贷方金额是否相等，最后单击“保存”，系统弹出“凭证已成功保存！”的信息提示框，单击“确定”。

注意：

★ 采用序时控制时，凭证日期需要按照时间先后填制，不可颠倒时间顺序，也不能超过系统日期。

★ 凭证一旦保存，其凭证类别、凭证编号不能修改。

★ 凭证中不同行的摘要可以相同,也可以不同,但不能为空。每行摘要将随相应的会计科目在明细账、日记账中出现。

★ 科目编码必须是末级的科目编码。科目可以采用输入科目代码、从列表中选择、输入科目名称、输入科目助记码等方式输入。

★ 金额不能为零,红字金额用“－”表示。

★ 可按“＝”键,取当前凭证中借贷方金额的差额到当前光标位置。

在凭证填制过程中,若某科目为银行账科目,外币科目,数量科目,部门核算、客户往来、供应商往来、个人往来、项目核算辅助核算科目,输入科目名称(可单击“ ”键,连接到科目列表,选中需要使用的会计科目)后,须继续输入该会计科目的辅助核算信息。

辅助核算科目——银行科目

操作流程:

(1) 在填制凭证过程中,若输入“银行科目”,将会弹出“辅助项”对话框。

(2) 输入结算方式、票号、发生日期,如图 3.3.2 所示,然后单击“确定”。

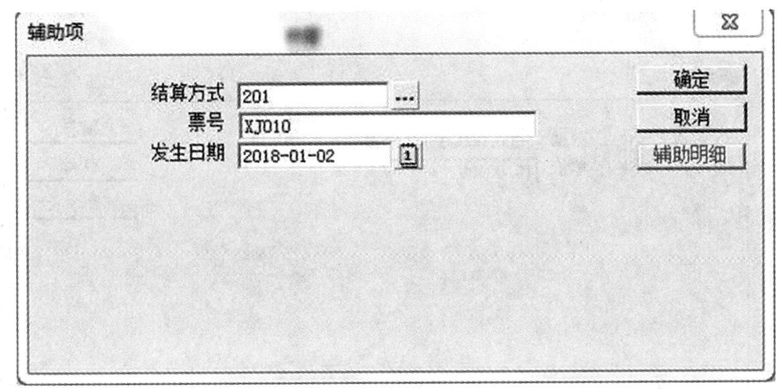

图 3.3.2

(3) 输入完成后,单击“保存”。若此业务涉及使用支票支付款项,而所使用的支票尚未登记,则系统会弹出“此支票尚未登记,是否登记?”的信息提示框。

(4) 单击“是”,弹出“票号登记”对话框。

(5) 输入领用日期、领用部门等相关支票领用登记信息,填完后单击“确定”。

辅助核算科目——外币科目

操作流程:

(1) 在填制凭证过程中,若输入“外币科目”,金额栏将多出外币金额栏,并且自动显示外币科目的外币符号和外币汇率。在外币金额栏输入外币原币值,系统自动折算本位币金额并显示在外币科目对应的借方或贷方金额栏,如图 3.3.3 所示。

(2) 全部输入完成后,单击“保存”。

注意:

汇率栏中的内容是固定的,不能输入或修改,需要在“外币设置”里输入。

辅助核算科目——数量科目

操作流程:

(1) 在填制凭证过程中,若输入“数量科目”,弹出“辅助项”对话框。

收款凭证

收 字 0001 制单日期：2018.01.03 审核日期： 附单据数：6

摘要	科目名称	外币	借方金额	贷方金额
收到投资款	100202	2000000 USD 6.14500	12290000	
收到投资款	实收资本			12290000
票号 202 - ZZW001 日期 2018.01.03	数量 单价	合计	12290000	12290000

备注 项目 部门
个人 客户
业务员

记账 审核 出纳 制单 余虹

图 3.3.3

(2) 输入数量、单价，如图 3.3.4 所示，单击“确定”，返回到凭证界面，系统自动计算出金额并显示在数量科目对应的金额栏。

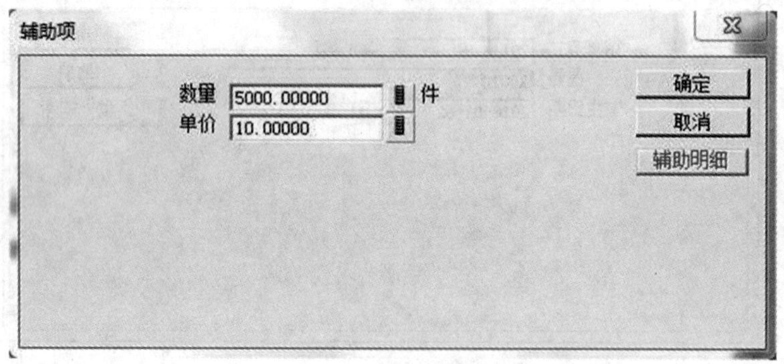

图 3.3.4

辅助核算科目——客户往来

操作流程：

(1) 在填制凭证过程中，若输入“客户往来”科目，弹出“辅助项”对话框。

(2) 输入客户、业务员、发生日期，如图 3.3.5 所示。

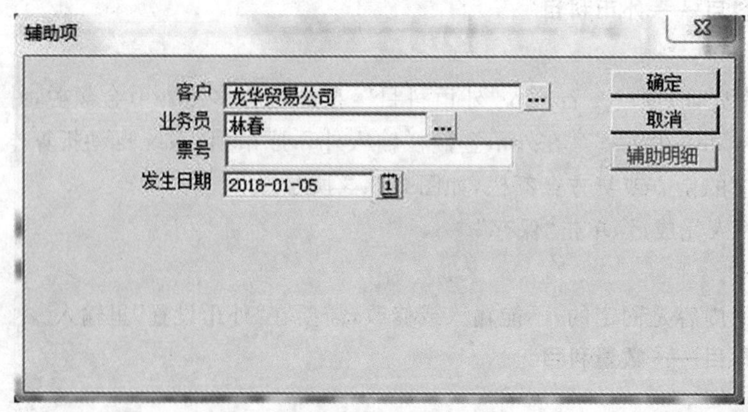

图 3.3.5

(3) 单击“确定”保存。

辅助核算科目——供应商往来

操作流程：

(1) 在填制凭证过程中，若输入“供应商往来”科目，弹出“辅助项”对话框。

(2) 输入供应商、业务员、发生日期，如图 3.3.6 所示。

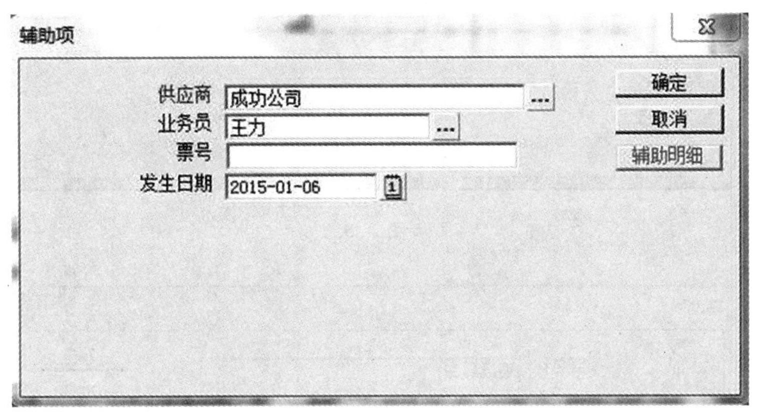

图 3.3.6

(3) 单击“确定”保存。

辅助核算科目——部门核算

操作流程：

(1) 在填制凭证过程中，若输入“部门核算”科目，弹出“辅助项”对话框。

(2) 选择部门，如图 3.3.7 所示，单击“确定”保存。

图 3.3.7

辅助核算科目——个人往来

操作流程：

(1) 在填制凭证过程中，若输入“个人往来”科目，弹出“辅助项”对话框。

(2) 输入部门、个人、发生日期，如图 3.3.8 所示，单击“确定”保存。

辅助核算科目——项目核算

操作流程：

(1) 在填制凭证过程中，若输入“项目核算”科目，弹出“辅助项”对话框。

(2) 选择或输入项目名称，如图 3.3.9 所示，单击“确定”保存。

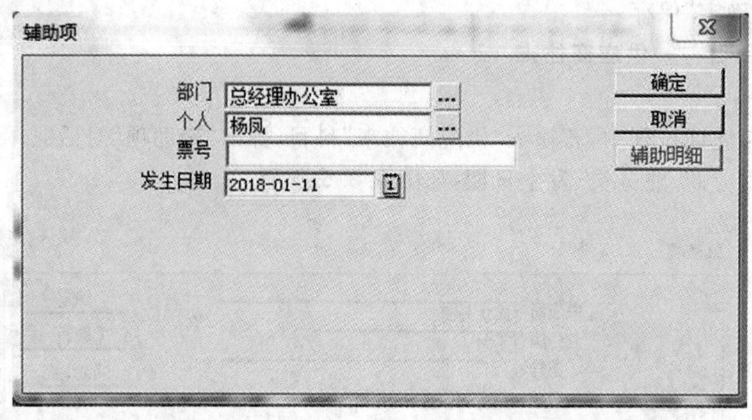

图 3.3.8

图 3.3.9

2）生成和调用常用凭证

可以将某些经常发生的业务制作成常用凭证保存，日后发生同样的业务时，可直接调用常用凭证，稍做修改后保存为业务凭证，如此可以提高填制记账凭证的效率。

3）修改凭证

录入凭证后，如果发现凭证有误，可以对凭证进行修改，只要在“填制凭证”中找到需要修改的凭证，然后对其相关内容进行修改，然后保存即可。但注意，只有未经过审核、签字、记账的凭证才可以修改，已审核、签字、记账的凭证不可修改，必须先取消记账、审核、签字，方可修改。

由总账管理系统以外的系统生成的凭证不可在总账管理系统中进行修改，必须返回到生成该凭证的系统中才可以修改。

操作流程：

(1) 单击“凭证”—“填制凭证”，打开“填制凭证”窗口。

(2) 单击“查询”，输入查询条件，或者通过翻页键找到要修改的凭证。

(3) 对于凭证的一般信息，将光标放在要修改的地方，直接修改；如需修改凭证的辅助信息，先选中辅助核算科目所在行，然后将光标移动到备注栏相应的辅助信息栏，待光标图形变为铅笔头时，双击辅助信息栏，弹出“辅助项”对话框，在对话框中修改相关信息。

(4) 单击“保存”。

注意：

★ 只有未经审核、记账的凭证才可以通过填制凭证功能直接修改，若凭证已经审核、签字、记账的话，必须先依次取消审核、签字、记账，方可进行修改。

★ 若已采用制单序时控制，则在修改制单日期时，制单日期不能在上一张凭证的制单日期之前。

★ 若选择“不允许修改或作废他人填制的凭证”权限控制，则不能修改或作废他人填制的凭证，只能由制单人本人进行修改。

★ 由总账管理系统以外的系统生成的记账凭证不可在总账管理系统中修改，必须返回生成该凭证的系统中进行修改。

4）作废/恢复凭证

录入凭证后，若发现凭证有误或者重复填制凭证，可以对该凭证进行作废删除处理。

在系统内彻底删除凭证需要经过两个步骤：一是作废，二是整理。在填制凭证处找到需要作废的凭证，单击“作废/恢复”，凭证上将显示“作废”字样，表示该凭证已作废，作废凭证仍然保留在系统中。已作废的凭证可以恢复，只要在填制凭证处对已作废凭证再次单击“作废/恢复”，便可将作废凭证恢复为有效凭证，同时“作废”字样也会消除。

操作流程：

（1）找到要作废的凭证，方法参考修改凭证。

（2）在“填制凭证”窗口中单击“作废/恢复”。

（3）凭证的左上角显示“作废”字样，表示该凭证已作废，如图 3.3.10 所示。

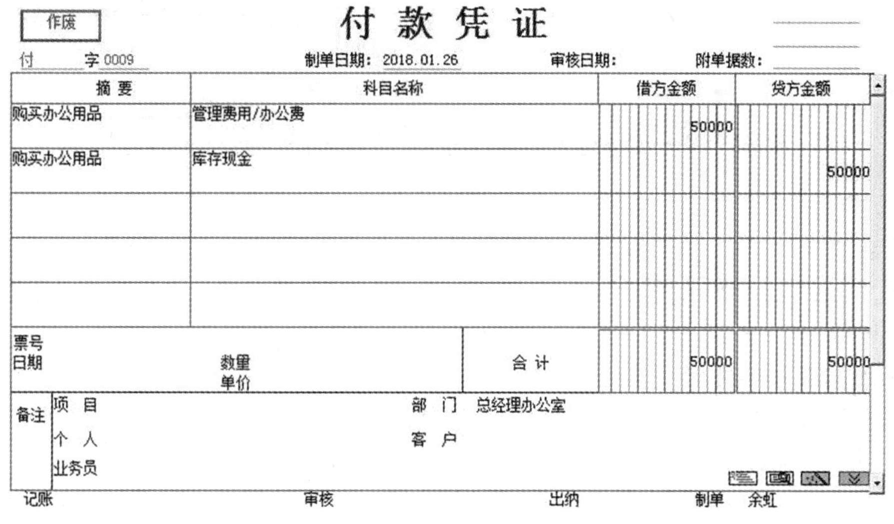

图 3.3.10

注意：

★ 作废凭证可恢复，恢复方法是在“填制凭证”窗口中单击“作废/恢复”，即可取消作废标记，恢复凭证。

★ 作废凭证不能修改，不能审核。

★ 作废凭证仍保留凭证内容及编号，只显示“作废”字样。

★ 记账时，已作废凭证参与记账，否则月末无法结账，但不对作废凭证做数据处理，作废凭证相当于一张空白凭证，查询账簿时查不到作废凭证的数据。

★ 只能作废未经审核、签字、记账的凭证。

5）整理凭证

如果想彻底删除凭证，需对已经作废的凭证做进一步处理，即整理凭证，并对未记账凭证重新编号。作废凭证整理后将从系统中删掉，不可再恢复。

注意：

所整理的作废凭证也必须是未经审核、签字、记账的凭证。

操作流程：

(1) 在“填制凭证”窗口中单击“整理凭证”，打开“选择凭证期间”对话框。

(2) 选择要整理凭证的月份。

(3) 单击“确定”，打开“作废凭证表”对话框，选择要彻底删除的已作废凭证，单击“确定”，将凭证彻底删除，如图 3.3.11 所示。

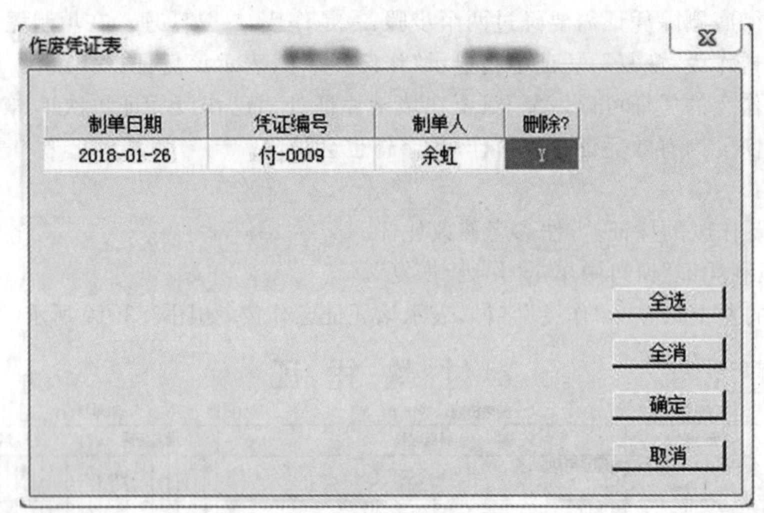

图 3.3.11

注意：

整理凭证后，已作废的凭证将被彻底删除，不可再恢复，并对未记账凭证进行重新编号，从而自动填补断号。

6) 制作红字冲销凭证

如果发现已记账凭证有误，可以使用红字冲销法予以纠正。可利用冲销凭证功能制作红字冲销凭证，抵消错误凭证。红字冲销凭证同正常凭证一样进行保存管理。

操作流程：

(1) 在“填制凭证”窗口中单击“冲销凭证”，打开“冲销凭证”对话框。

(2) 选择月份和凭证类别，输入凭证号等信息，如图 3.3.12 所示，单击“确定”保存，或者修改红字金额后保存，系统将自动生成一张红字冲销凭证。

注意：

★ 冲销凭证功能只适用于已记账凭证，与手工账中运用的红字冲销法同理。

★ 利用冲销凭证功能生成的红字冲销凭证应视同正常凭证，同样需要进行审核、签字、记账。

7) 查看凭证

总账管理系统的填制凭证功能不仅是各账簿数据的输入口，同时也提供了强大的信息查询功能。可通过查询功能，查询已成功保存的凭证信息。

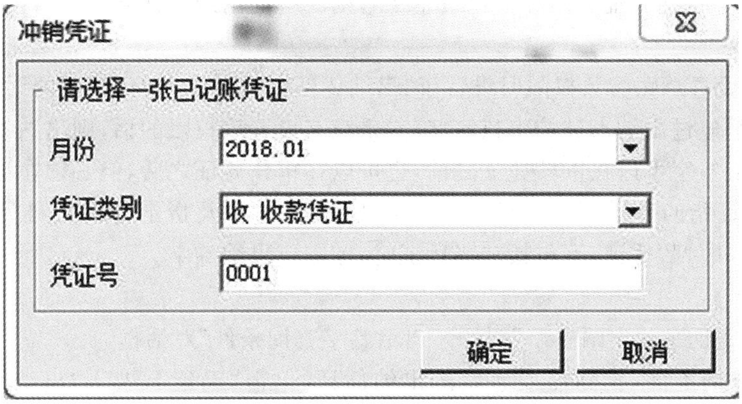

冲销凭证

请选择一张已记账凭证

月份　2018.01

凭证类别　收 收款凭证

凭证号　0001

确定　取消

图 3.3.12

案例13

查看2018年1月份填制的凭证。

操作流程：

（1）单击“凭证”—“查询凭证”，打开“凭证查询”对话框。

（2）输入查询条件，单击“辅助条件”，可输入更多查询条件，如图3.3.13所示。

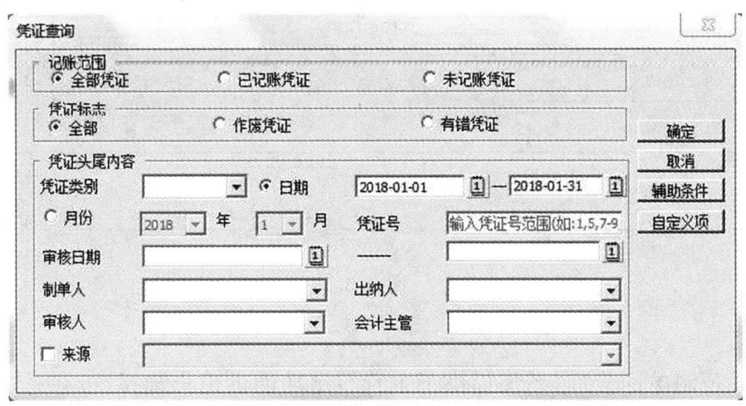

图 3.3.13

（3）单击“确定”，进入“查询凭证”窗口。

（4）双击某一凭证行，则可弹出该凭证。

2. 凭证审核

为确保登记到账簿的每一笔经济业务的准确性和可靠性，制单员填制的每一张凭证都必须经过审核员的审核，方可据以记账。审核凭证主要包括：出纳签字、主管签字和审核凭证。根据会计制度规定，审核与制单不能为同一人。

1）出纳签字

出纳签字审核的对象主要是出纳凭证，即收款凭证和付款凭证。由于收付款凭证业务涉及收付款业务，应该加强管理，故需要出纳人员对凭证进行审核。凭证中出现现金银行科目的凭证，系统将自动辨别为出纳凭证。出纳签字主要核对出纳凭证的出纳科目金额是否正确。可在总账参数中选择“出纳凭证必须经由出纳签字”，则所有的出纳凭证必须经过出纳签字方可记账。

注意：

★ 如果在设置总账参数权限时设置了“出纳凭证必须经由出纳签字”的话，则所有的出纳凭证在记账前必须经过出纳人员的审核签字，如果没有设置该权限的话，则出纳签字并非记账前的必经环节。出纳签字可以在审核凭证之前，也可以在审核凭证之后，但必须在记账之前完成。

★ 出纳凭证指的是所有涉及货币资金收支的凭证，涉及指定为现金科目和银行科目的凭证，即收款凭证和付款凭证，不包括转账凭证时，才需要出纳签字。

操作流程：

(1) 单击“凭证”—“出纳签字”，打开“出纳签字查询条件”对话框。

(2) 输入查询条件，找到需要签字的出纳凭证，单击“确定”，进入“出纳签字”的凭证列表窗口。

(3) 双击凭证行，弹出凭证，单击“签字”，凭证底部的“出纳”位置上将自动出现出纳人员的名字，可通过翻页键翻开其他凭证，按此方法进行出纳签字，也可通过单击“批处理”，选择批量签字，即可同时完成对多张出纳凭证的审核签字，如图 3.3.14 所示。

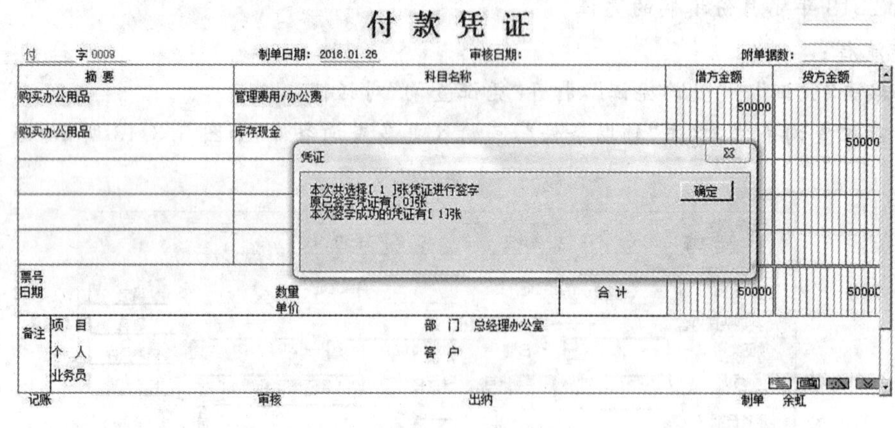

图 3.3.14

2) 主管签字

为加强对凭证制单的管理，系统提供了主管签字功能供用户选择，可在总账参数中选择该功能，会计凭证必须经过主管签字才能记账。

主管签字是指以会计主管的身份对凭证进行审核签字。

操作流程：

(1) 单击“凭证”—“主管签字”，打开“主管签字查询条件”对话框。

(2) 输入查询条件，单击“确定”，进入“主管签字”的凭证列表窗口，找到需要主管签字的凭证。

(3) 双击要审核的凭证，进入“主管签字”的审核窗口。

(4) 检查要审核的凭证，确定无误后，单击“签字”，凭证右上角自动出现会计主管的签名，如图 3.3.15 所示。通过翻页键翻到下一张需要主管签字的凭证，进行相同的操作，或者单击“批处理”，单击“成批签字”，可同时完成多张凭证的审核签字工作。

3) 审核凭证

审核凭证是指审核员按照财会制度对制单员填制的记账凭证进行检查核对，主要审核记账凭证是否与原始凭证相符、会计分录是否正确等。审查认为错误或有异议的凭证，应交予填制人

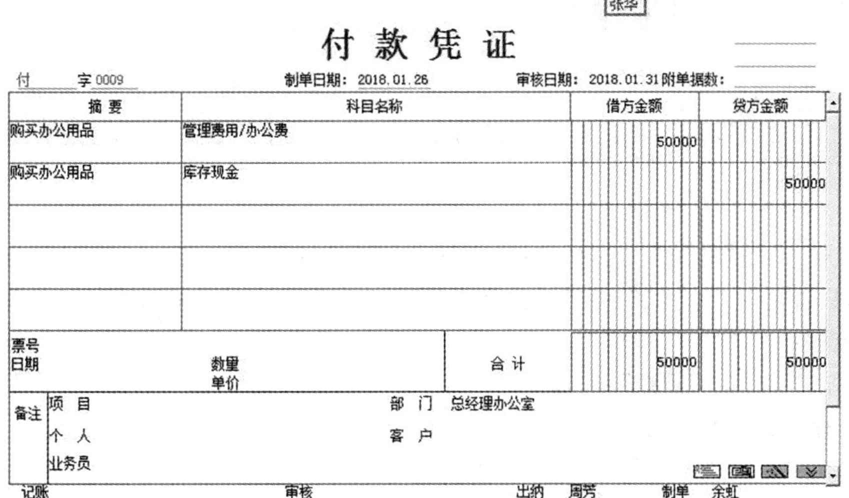

图 3.3.15

员修改后再审核。

操作流程：

（1）单击“凭证”—“审核凭证”，打开“凭证审核查询条件”对话框。

（2）输入查询条件，单击“确定”，进入“凭证审核”的凭证列表窗口，找到需要审核的凭证。

（3）双击要审核的凭证，进入“凭证审核”的审核窗口。

（4）检查要审核的凭证，确定无误后，单击“审核”，凭证底部的“审核”处自动出现审核人的签名，如图 3.3.16 所示。通过翻页键翻到下一张需要审核的凭证，进行相同的操作，或者单击“批处理”，单击“成批审核凭证”，可同时完成多张凭证的审核工作。

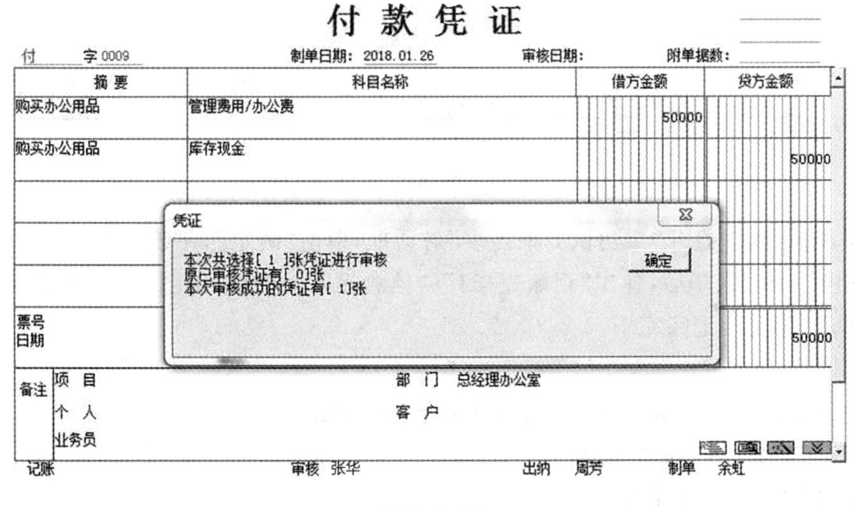

图 3.3.16

注意：

★ 审核时如果发现凭证错误，可单击“标错”，根据提示填写凭证错误原因，以便制单人按照提示改正错误。

★ 作废凭证不能被审核，也不能被标错。

★ 审核人和制单人不能是同一个人。

3. 凭证汇总

凭证汇总是指按条件对记账凭证进行汇总，并生成一张凭证汇总表。进行汇总的凭证可以是已记账凭证，也可以是未记账凭证，因此财务人员可在凭证未全部记账前，随时查看企业目前的经营状况等信息。

4. 凭证记账

会计凭证经过审核、签字后，便可据以登记账簿。记账工作在系统内可以自动完成，不需要人工登记，只需要单击"记账"，便可瞬间完成总账、明细账、日记账、辅助账及备查账的登记。

操作流程：

(1) 单击"凭证"—"记账"，进入"记账"窗口。

(2) 选择需要记账的凭证范围，如图 3.3.17 所示。

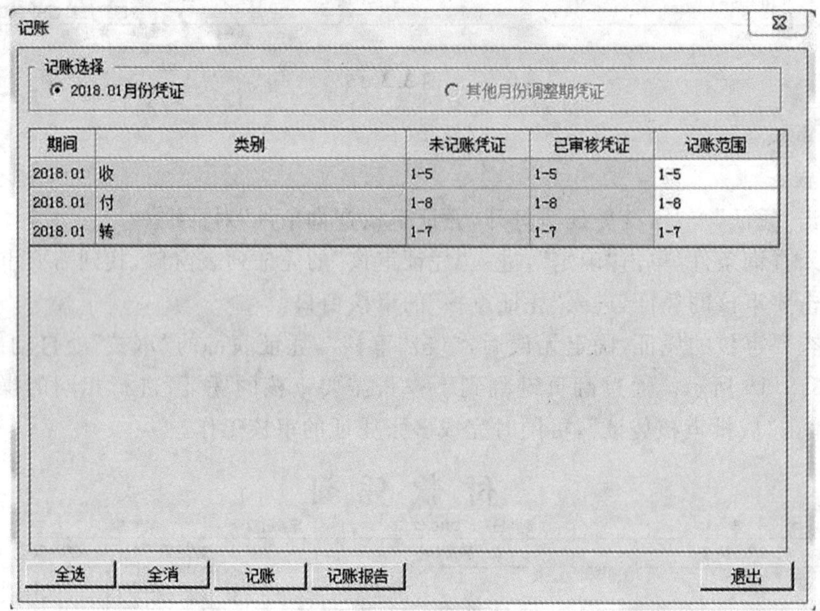

图 3.3.17

(3) 单击"记账"，打开"期初试算平衡表"对话框，单击"确定"，系统开始登记相关的总账、明细账和辅助账，登记完毕后，弹出"记账完毕！"的信息提示对话框，如图 3.3.18 所示。

(4) 单击"确定"，记账完毕。

注意：

★ 第一次记账时，若期初余额试算不平衡，不能记账。

★ 上月未记账，本月不能记账。

★ 未审核的凭证不能记账。

★ 作废凭证不需要审核，可直接记账。

★ 记账过程中一旦断电或因其他原因造成中断后，系统将自动调用恢复记账前状态功能来恢复数据，然后重新记账。

5. 取消凭证记账

操作流程：

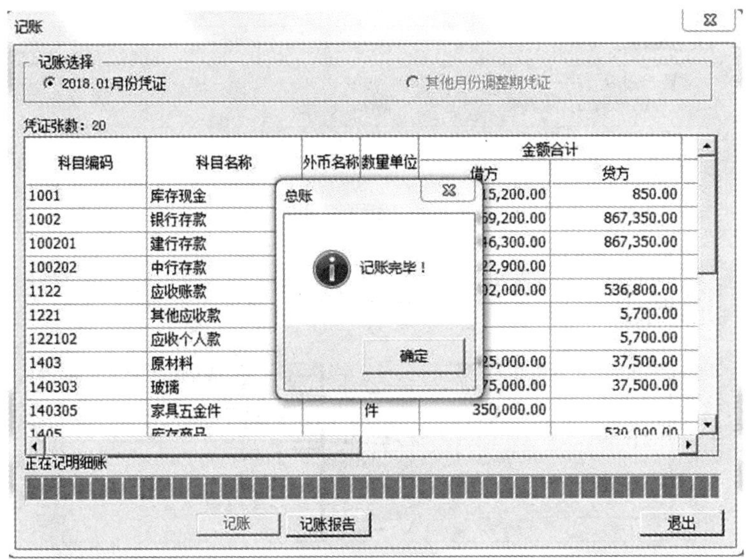

图 3.3.18

（1）单击“总账”—“期末”—“对账”，进入“对账”窗口。

（2）同时按 Ctrl＋H 键，系统弹出“恢复记账前状态功能已被激活。”的信息提示对话框，如图 3.3.19 所示，同时在“凭证”菜单目录栏中将显示恢复记账前状态功能，该功能平时是隐藏起来的，单击“确定”，再单击工具栏上的“退出”按钮退出。

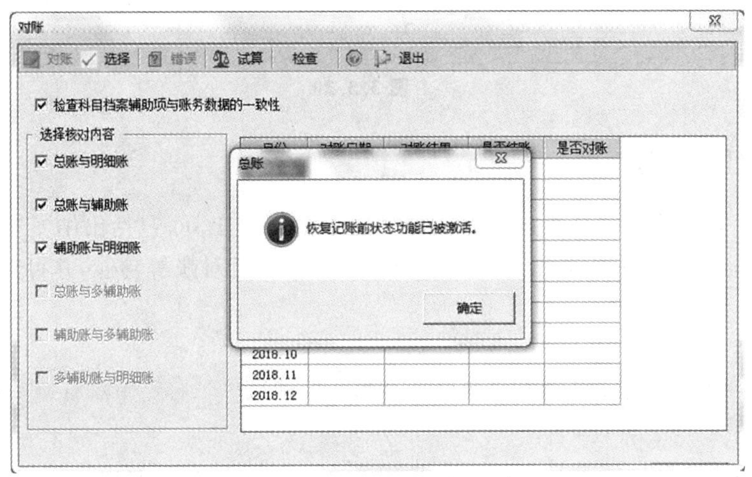

图 3.3.19

（3）单击“凭证”—“恢复记账前状态”，打开“恢复记账前状态”对话框，如图 3.3.20 所示。

（4）选择恢复记账的方法，单击“确定”，系统弹出“请输入主管口令。”的信息对话框，输入主管口令，单击“确定”，系统弹出“恢复记账完毕！”的信息提示对话框，单击“确定”。

注意：

★ 如果退出系统后又重新进入系统，或在“对账”中再次按下 Ctrl＋H 键，将重新隐藏恢复记账前状态功能。

★ 已结账月份的数据不能取消记账，必须取消结账后才可以取消记账。

★ 取消记账后，一定要重新记账，否则期末不能结账。

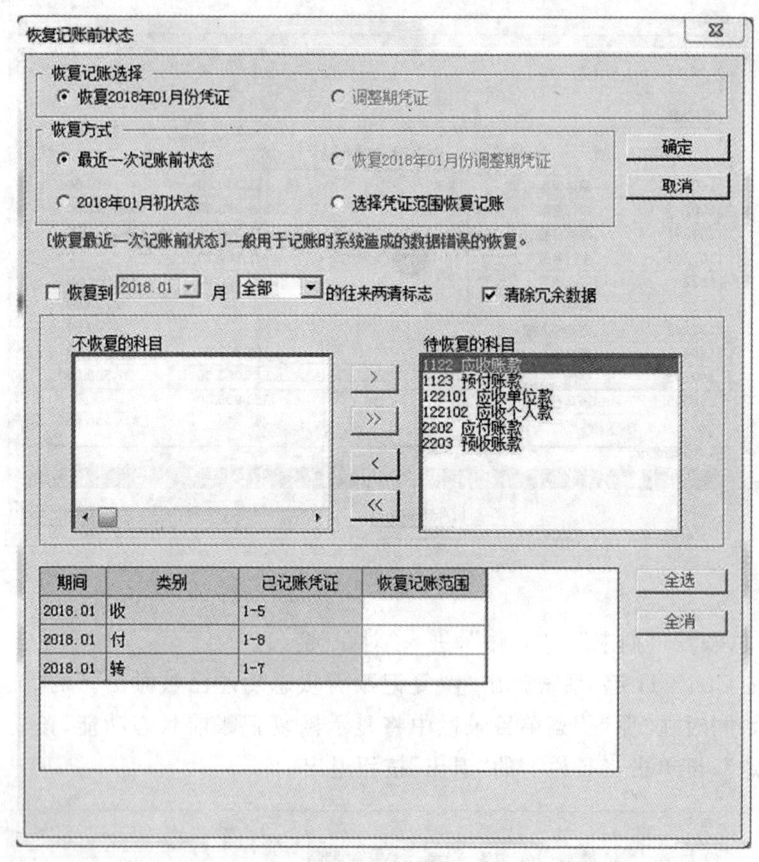

图 3.3.20

3.3.2 出纳管理

出纳管理是总账管理系统为出纳人员提供的一套管理工具，包括出纳签字，现金、银行存款日记账的输出，资金日报表的输出，支票登记管理，以及银行对账等功能，并可对银行长期未达账提供审计报告。

1. 出纳签字

在介绍凭证审核的内容时已经介绍过该功能。

2. 日记账及资金日报表

日记账是指现金和银行存款日记账。日记账在会计凭证记账时由计算机自动登记，故日记账功能只具有查询和输出的作用。在建立会计科目时选中“日记账”前的复选框，即表明该科目要登记日记账。

1）现金日记账

现金日记账是按时间的先后顺序逐笔记录现金收支业务的账簿。查询现金日记账，核对现金收支，必须将“库存现金”科目指定为“现金”科目。

操作流程：

(1) 单击“出纳”—“现金日记账”，打开“现金日记账查询条件”对话框。

(2)“科目”选择“1001 库存现金”，月份默认为“2018-01-31”，如图 3.3.21 所示，单击“确定”，进入“现金日记账”窗口。

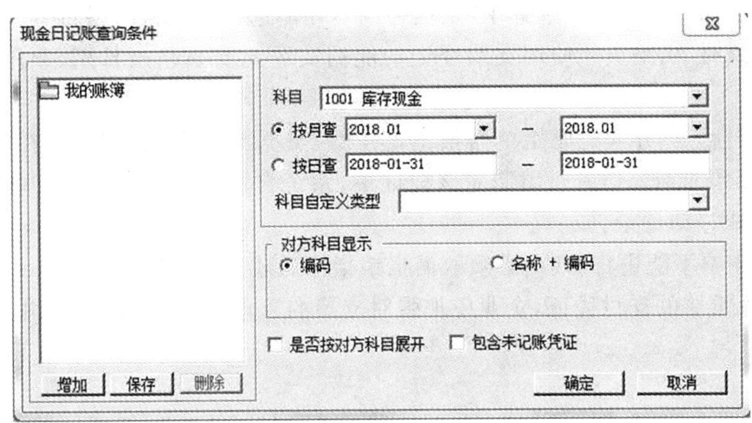

图 3.3.21

(3) 双击某行或将光标放置在某行，然后单击“凭证”，可查看相应的凭证。

注意：

★ 如果在选项中设置了“明细账查询权限控制到科目”，那么账套主管应赋予出纳员(02 周芳)“库存现金”和“银行存款”科目的查询权限。

★ 如果允许出纳查询凭证和总账，则需要在系统管理中赋予出纳查询凭证和查询总账的权限。

2) 银行日记账

与现金日记账相似，银行日记账是按时间的先后顺序逐笔记录银行存款收支业务的账簿。查询银行存款日记账，根据银行对账单核对银行存款的收支，必须将“银行存款”科目指定为“银行”科目。

银行日记账查询与现金日记账查询的操作方法基本相同，所不同的只是银行日记账设置了“结算号”栏，主要是在对账时用。

3) 资金日报表

资金日报表是反映现金、银行存款的日发生额及余额情况的报表。手工账方式下，资金日报表由出纳员逐日填写，反映当天营业终止时现金、银行存款的收支情况及余额；电算化方式下，资金日报表主要用于查询、输出或打印资金日报表，提供当日借、贷金额合计和余额，以及发生的业务量等信息。

操作流程：

(1) 单击“出纳”—“资金日报表”，打开“资金日报表查询条件”对话框。

(2) 输入查询日期，选中“有余额无发生额也显示”复选框。

(3) 单击“确定”，进入“资金日报表”窗口，再单击“退出”按钮退出。

注意：

查看所输入的查询日期有无货币资金收支业务发生，若无，资金日报表上只有余额，无业务记录。

3. 支票登记簿

在手工账方式下，出纳员通常利用支票登记簿来记录支票领用情况，为此总账管理系统特为出纳员提供了支票登记簿功能，以便详细记录支票领用信息。

注意：

★ 只有在会计科目中设置了银行账的科目，才能使用支票登记簿。

★ 只有在结算方式设置中选择了“票据控制”，才能选择登记银行科目。

★ 领用支票时，出纳员须使用支票登记功能据实登记支票领用日期、领用部门、领用人、支票号、备注等。

★ 支票支出后，经办人持原始单据报销，会计人员据此填制记账凭证，在录入该凭证时，系统要求录入该支票的结算信息。填制完该凭证后，系统自动在支票登记簿中将支票写上报销日期，该支票即完成报销记录。

★ 已报销支票不能进行修改，必须取消报销指标后才可进行修改。

支票是企业重要的支付凭证，企业应加强对支票的管理，无论是购买、领用还是报销，都需要一一登记。

操作流程：

(1) 单击“出纳”—“支票登记簿”，打开“银行科目选择”对话框。

(2) 选择银行存款科目，单击“确定”，进入“支票登记”窗口，单击“增加”，输入领用日期、领用部门、领用人、支票号、预计金额、用途等支票领用信息，单击“保存”，再单击“退出”按钮退出。支票登记簿如图 3.3.22 所示。

支票登记簿

科目：建行存款(100201)　　支票张数：6(其中：已报5 未报

领用日期	领用部门	领用人	支票号	预计金额	用途	收款人
2018.01.02	财务部		XJ010	15,000.00	提现备用	广州平华家具有限公司
2018.01.02	财务部		ZZR001	1,500.00	购买办公用品	
2018.01.04	采购部	毛梅	ZZR002	87,750.00	采购材料	
2018.01.12	总经理办公室		ZZR004	2,600.00	支付业务招待费	
2018.01.13			ZZR005	702,000.00	购买生产设备	
2018.01.27	采购部	毛梅	ZZR233	7,000.00		

图 3.3.22

注意：

★ 只有在结算方式设置中选择了“票据管理”，才能在此选择登记。

★ 领用日期和支票号必须输入，其他内容可输入，也可不输入。

★ 报销日期必须在领用日期之后。

★ 已报销的支票可删除。

4. 银行对账

银行对账是出纳管理的一项非常重要的工作。此项工作一般在期末进行，因此将银行对账功能放在期末处理里介绍。

3.3.3 账簿管理

总账管理系统的账务处理流程主要是制单、审核、记账，在完成记账后便形成了各种账簿记录，包括总账、明细账、辅助账等。总账管理系统提供的主要是账簿的查询和输出功能。

1. 总账的查询及打印

总账查询不但可以查询总账各科目的年初余额、各期发生额合计及期末余额，还能联查所有明细科目的年初余额、各期发生额合计和期末余额。单击“账表”—“科目账”—“总账”，可以查询总账。

2. 余额表的查询及打印

发生额及余额表用于集中查询和统计各科目的本月发生额、累计发生额和余额等，可输出某月或某几个月的所有总账科目或明细科目的期初余额、本期发生额、累计发生额、期末余额。单击“账表”—“科目账”—“余额表”,可以查询余额表。

3. 明细账的查询及打印

明细账查询用于平时查询各账户的明细发生情况,以及按任意条件组合查询明细账。在查询的过程中可以包含未记账凭证。单击“账表”—“科目账”—“明细账”,可以查询明细账。

4. 序时账的查询及打印

序时账实际就是以时间先后顺序逐笔记录某类经济业务的账簿,除了指定为现金科目和银行科目的库存现金与银行存款外,企业可按需将某些科目设置为序时账科目。

5. 多栏账的查询及打印

多栏账查询用于查询多栏明细账。在查询多栏账之前,必须先定义查询格式。多栏账栏目定义有两种方式:自动编制栏目和手动编制栏目。一般先进行自动编制,再进行手动调整,这样可提高录入效率。

6. 辅助账的查询

辅助核算账簿包括个人往来、部门核算、项目核算账簿的总账、明细账查询和输出,以及部门收支分析和项目统计表的查询和输出。当供应商往来和客户往来采用总账管理系统核算时,其核算账簿的管理在总账管理系统中进行,否则应在应收款、应付款管理系统中进行。

下面以部门核算辅助账为例来介绍辅助账的查询。

1) 查询部门总账

操作流程:

(1) 单击“账表”—“部门辅助账”—“部门总账”,进入“部门三栏总账条件”窗口。

(2) “科目”输入“660203 办公费”,“部门”选择“总经理办公室”。

(3) 单击“确定”,显示查询结果。

(4) 将光标置于总账的某笔业务上,单击“明细”,可以联查部门明细账。

2) 查询部门明细账

操作流程:

(1) 单击“账表”—“部门辅助账”—“部门明细账”—“部门多栏式明细账”,进入“部门多栏式明细账条件”窗口。

(2) “科目”选择“6602”,“部门”选择“总经理办公室”,“月份范围”为“2018.01-2018.01”,“分析方式”为“金额分析”,单击“确定”,显示查询结果。

(3) 将光标置于多栏账的某笔业务上,单击“凭证”,可以联查该笔业务的凭证。

3) 查询部门收支分析

操作流程:

(1) 单击“账表”—“部门辅助账”—“部门收支分析”,进入“部门收支分析条件”窗口。

(2) 选择所有的部门核算科目,单击“下一步”,选择所有的部门,单击“下一步”。

(3) “起止月份”为“2018.01-2018.01”,单击“完成”,显示查询结果。

7. 现金流量表的查询

现金流量表的查询可以查询到现金流量明细表和现金流量统计表。现金流量明细表可以按月份查询,也可以按日期查询,还可以按现金流量项目查询。现金流量统计表针对现金流量项目分类进行查询,可以按月份查询,也可以按日期查询。

实验三　总账管理系统日常业务处理

实验目的

（1）掌握用友 ERP-U8 管理软件中总账管理系统日常业务处理的相关内容。

（2）熟悉总账管理系统日常业务处理的各种操作。

（3）掌握凭证管理、出纳管理和账簿管理的具体内容和操作方法。

实验内容

（1）凭证管理：填制凭证、审核凭证、凭证记账的操作方法。

（2）出纳管理：出纳签字、库存现金、银行存款日记账和资金日报表的查询。

（3）账簿管理：总账、科目余额表、明细账、辅助账的查询方法。

实验准备

引入实验二账套数据。

实验资料

1. 凭证管理

2018 年 1 月份企业发生的经济业务如下。

（1）1 月 2 日，总经理办公室冯红购买了 350 元的办公用品，以现金支付。

广东增值税电子普通发票

机器编号：771214284531

发票代码：067321004122
发票号码：63537931
开票日期：2018年1月2日
校验码：96095 36137 35352 01332

购买方　名　称：广州平华家具有限公司
纳税人识别号：124400004558861295
地址、电话：广州市白云区钟落潭66号020-37676512
开户行及账号：建设银行钟落潭分行86955338

密码区
3064-+5812+//5003-/+0*654-*
<84558054+<25>31>*56+0-/0->
9957<//+->*5<4+0/078--*644<
-7-895*9+<<068++8-49121<31+

货物或应税劳务、服务名称	规格型号	单位	数量	单价	金额	税率	税额
办公用品		批	1	339.81	339.81	3%	10.19
合计					¥339.81		¥10.19
价税合计（大写）	ⓧ叁佰伍拾元整				（小写）¥350.00		

销售方　名　称：广州晨光有限公司
纳税人识别号：91510103066786687H
地址、电话：广东高新区科园三路4号1栋020-66289750
开户行及账号：中行沙太南路支行155678830

备注

收款人：谭小林　复核：吴丹　开票人：谢玲　销售方：（章）

借：管理费用——办公费（660203）　350 元

贷：库存现金（1001）　350 元

（2）1 月 2 日，财务部周芳从建设银行提取现金 15 000 元作为备用金，现金支票号码 XJ010。

建设银行

现金支票存根

支票号码XJ010

附加信息

签发日期：2018年1月2日

收款人：广州平华家具有限公司

金　额：15 000.00

用　途：备用金

单位主管　会计

借：库存现金(1001)　15 000 元

贷：银行存款——建行存款(100201)　15 000 元

(3) 1 月 2 日，财务部余虹购买了 1 500 元的会计凭证、明细账簿等用品，以转账支票支付，转账支票号码 ZZR001。

广东增值税电子普通发票

机器编号：771214284541

发票代码：067321004123
发票号码：63537931
开票日期：2018年1月2日
校验码：96095 36137 35352 01332

购买方	名　称：广州平华家具有限公司 纳税人识别号：124400004558861295 地址、电话：广州市白云区钟落潭66号020-37676512 开户行及账号：建设银行钟落潭分行86955338	密码区	3064-+5812+//5003-/+0*654-* <84558054+<25>31>*56+0-/0-> 9957<//+->*5<4+0/078--*644< -7-895*9+<<068++8-49121<31+

货物或应税劳务、服务名称	规格型号	单位	数量	单价	金额	税率	税额
凭证账簿等		本	50	29.1262	1456.3107	3%	43.69
合计					¥1,456.31		¥43.69
价税合计（大写）	⊗壹仟伍佰元整				（小写）¥1,500.00		

销售方	名　称：广州晨光有限公司 纳税人识别号：91510103066786687H 地址、电话：广东高新区科园三路4号1栋020-66289750 开户行及账号：中行沙太南路支行155678830	备注	

收款人：谭小林　　复核：吴丹　　开票人：谢玲　　销售方：（章）

建设银行

转账支票存根

支票号码ZZR001

附加信息

签发日期：2018年1月2日

收款人：广州晨光有限公司

金　额：1 500.00

用　途：购凭证、账簿等

单位主管　　会计

借：管理费用——办公费(660203)　1 500 元

贷：银行存款——建行存款(100201)　1 500 元

(4) 1 月 3 日，收到珍宝集团公司投资资金 20 000 美元，汇率 1：6.145，转账支票号码 ZZW001。

Jewel group company　　ZZW001
9870Fir Street　　01/03/2018
This Town,CA 98834　　DATE
PAY TO THE
ORDER OF　Guangzhou Pinghua Furniture Co., Ltd.　$20,000.00
Twenty Thousand and 00/100　　dollars

FOR　Investment　　John Smith
1122-765687　007 652-567

建设银行进账单（收账通知）

2018年1月3日

付款人	全　称	珍宝集团公司	收款人	全　称	广州平华家具有限公司
	账　号	1789654679		账　号	86955338
	开户银行	汇丰银行		开户银行	建设银行钟落潭分行
金额	人民币（大写）	壹拾贰万贰仟玖佰元整		亿千百十万千百十元角分	¥ 1 2 2 9 0 0 0 0
票据种类	转账支票	票据张数	壹张		
票据号码	ZZW001	款项来源	转款		
	复核	记账		收款人开户银行签章	建设银行钟落潭分行 2018.01.0 转账 转讫

借:银行存款——中行存款(100202)　122 900 元

贷:实收资本(4001)　122 900 元

(5) 1 月 4 日,采购部毛梅采购玻璃 10 吨,不含税单价为 7 500 元,材料已验收入库,货款以银行存款支付,转账支票号码 ZZR002,适用税率 17%,附单据 5 张。

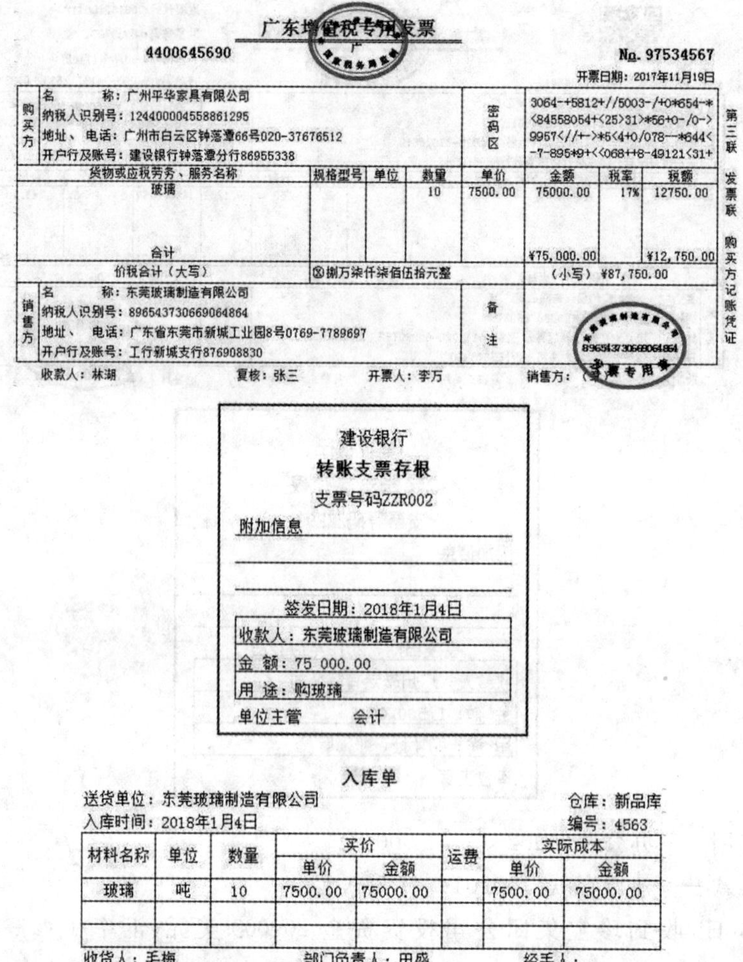

广东增值税专用发票

4400645690　　No. 97534567

开票日期:2017年11月19日

购买方	名　　称:广州平华家具有限公司 纳税人识别号:124400004558861295 地址、电话:广州市白云区钟落潭66号020-37676512 开户行及账号:建设银行钟落潭分行86955338				密码区	3064-+5812+//5003-/+0*654-* <84558054+<25>31>*56+0-/0-> 9957<//+->*5<4+0/078--*644< -7-895*9+<<068++8-49121<31+		
货物或应税劳务、服务名称		规格型号	单位	数量	单价	金额	税率	税额
玻璃				10	7500.00	75000.00	17%	12750.00
合计						¥75,000.00		¥12,750.00
价税合计(大写)		⊗捌万柒仟柒佰伍拾元整				(小写)¥87,750.00		
销售方	名　　称:东莞玻璃制造有限公司 纳税人识别号:896543730669064864 地址、电话:广东省东莞市新城工业园8号0769-7789697 开户行及账号:工行新城支行876908830				备注			

第三联 发票联 购买方记账凭证

收款人:林湖　　复核:张三　　开票人:李万　　销售方:(章)

建设银行

转账支票存根

支票号码ZZR002

附加信息

签发日期:2018年1月4日

收款人:东莞玻璃制造有限公司

金　额:75 000.00

用　途:购玻璃

单位主管　　会计

入库单

送货单位:东莞玻璃制造有限公司　　仓库:新品库

入库时间:2018年1月4日　　编号:4563

材料名称	单位	数量	买价		运费	实际成本	
			单价	金额		单价	金额
玻璃	吨	10	7500.00	75000.00		7500.00	75000.00

收货人:毛梅　　部门负责人:田盛　　经手人:

借:原材料——玻璃(140303)　75 000 元

　　应交税费——应交增值税——进项税额(22210101)　12 750 元

贷:银行存款——建行存款(100201)　87 750 元

(6) 1 月 5 日,销售部林春收到华龙贸易公司转来的一张转账支票,金额 36 800 元,用以偿还前欠货款,转账支票号码 ZZR003。

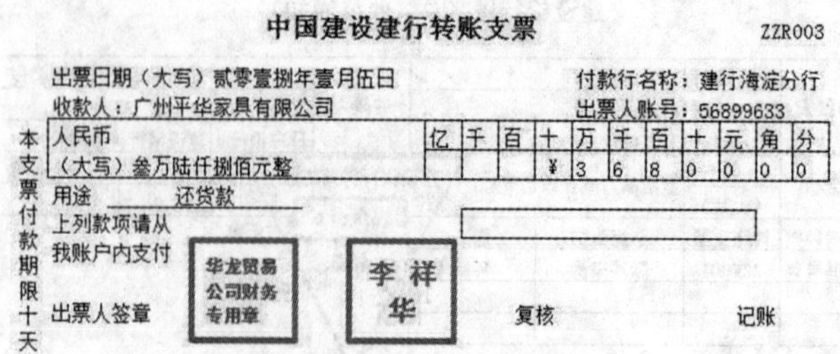

中国建设建行转账支票　　ZZR003

出票日期(大写)贰零壹捌年壹月伍日　　付款行名称:建行海淀分行

收款人:广州平华家具有限公司　　出票人账号:56899633

本支票付款期限十天

人民币(大写)叁万陆仟捌佰元整	亿	千	百	十	万	千	百	十	元	角	分
				¥	3	6	8	0	0	0	0

用途　还货款

上列款项请从我账户内支付

出票人签章　华龙贸易公司财务专用章　李祥华　　复核　　记账

借:银行存款——建行存款(100201)　36 800元

贷:应收账款(1122)　36 800元

(7) 1月6日,采购部王力从成功公司购入家具五金件5 000件,不含税单价10元,货税款暂欠,材料已验收入库,适用税率17%。

广东增值税专用发票

4400645680　　No.97534568

开票日期:2018年1月6日

购买方	名　　称:广州平华家具有限公司 纳税人识别号:124400004558861295 地址、电话:广州市白云区钟落潭66号020-37676512 开户行及账号:建设银行钟落潭分行86955338				密码区	3064-+5812+//5003-/+0*654-* <84558054+<25>31>*56+0-/0-> 9957<//+->*5<4+0/078--*644< -7-895*9+<<068++8-49121<31+		
货物或应税劳务、服务名称		规格型号	单位	数量	单价	金额	税率	税额
家具五金			件	5000	10.00	50000.00	17%	8500.00
合计						¥50,000.00		¥8,500.00
价税合计(大写)		⊗伍万捌仟伍佰元整				(小写)¥58,500.00		
销售方	名　　称:成功公司 纳税人识别号:853433448947564868 地址、电话:江西萍乡路8号0791-879754 开户行及账号:农业银行81264971				备注			

第三联 发票联 购买方记账凭证

收款人:谭小林　复核:吴丹　开票人:谢玲　销售方:(章)

入库单

送货单位:成功公司　　仓库:新品库

入库时间:2018年1月6日　　编号:4564

材料名称	单位	数量	买价		运费	实际成本	
			单价	金额		单价	金额
家具五金件	件	5000	10.00	50000.00		5000.00	50000.00

收货人:王力　部门负责人:田盛　经手人:

借:原材料——家具五金件(140305)　50 000元

　应交税费——应交增值税——进项税额(22210101)　8 500元

贷:应付账款(2202)　58 500元

(8) 1月8日,采购部毛梅从阳光公司购入半成品实木桌200张,不含税单价1 500元,货税款暂欠,商品已验收入库,适用税率17%。

广东增值税专用发票

4400645670　　No.97534569

开票日期:2018年1月8日

购买方	名　　称:广州平华家具有限公司 纳税人识别号:124400004558861295 地址、电话:广州市白云区钟落潭66号020-37676512 开户行及账号:建设银行钟落潭分行86955338				密码区	3064-+5812+//5003-/+0*654-* <84558054+<25>31>*56+0-/0-> 9957<//+->*5<4+0/078--*644< -7-895*9+<<068++8-49121<31+		
货物或应税劳务、服务名称		规格型号	单位	数量	单价	金额	税率	税额
实木桌			件	200	1500.00	300000.00	17%	51000.00
合计						¥300,000.00		¥51,000.00
价税合计(大写)		⊗叁拾伍万壹仟元整				(小写)¥351,000.00		
销售方	名　　称:阳光公司 纳税人识别号:562377885612459798 地址、电话:河南凤天路5号0370-75368 开户行及账号:中国银行62398214				备注			

第三联 发票联 购买方记账凭证

收款人:谭小林　复核:吴丹　开票人:谢玲　销售方:(章)

入库单

送货单位：阳光公司　　　　　　　　　　　　　仓库：新品库

入库时间：2018年1月8日　　　　　　　　　　　编号：4565

材料名称	单位	数量	买价		运费	实际成本	
			单价	金额		单价	金额
实木桌	张	200	1500.00	300000.00		1500.00	300000.00

收货人：毛梅　　　　部门负责人：田盛　　　　经手人：

借：库存商品——桌子(140501)　300 000 元

　　应交税费——应交增值税——进项税额(22210101)　51 000 元

贷：应付账款(2202)　351 000 元

(9) 1 月 11 日，总经理办公室杨凤到财务部报销住宿、交通等差旅费 3 500 元，交回现金 200 元。

差旅费报销单

部门：总经理办公室　　　　　　　　　　报销日期：2018年1月11日

姓名	杨凤	出差事由	业务交流	出差时间	自2018年1月2日 至2018年1月10日	共8天

起止时间及地点						车船费		住宿费		伙食补助		其他	
月	日	起	月	日	至	类别	金额	标准	金额	标准	金额	内容摘要	金额
1	2	广州	1	2	武汉	高铁	550	300	2400				
1	10	武汉	1	10	广州	高铁	550						
小计							1100		2400		0	小计	0
总计金额	¥3,500.00									预支 3700 元　实报 3500 元			
（大写）	叁仟伍佰元整									退款 200 元　或补付　元			

财务主管：张华　　部门负责人：李平　　审核：余虹　　填报人：杨凤

6700439068　　**广东增值税普通发票**

发票联

6700439068

97534567

开票日期：2018年1月10日

购买方	名　　称：广州平华家具有限公司 纳税人识别号：124400004558861295 地址、电话：广州市白云区钟落潭66号020-37676512 开户行及账号：建设银行钟落潭分行86955338				密码区	3064-+5812+//5003-/+0*654-* <84558054+<25>31>*56+0-/0-> 9957<//+->*5<4+0/078--*644< -7-895*9+<<068++8-49121<31+		
货物或应税劳务、服务名称		规格型号	单位	数量	单价	金额	税率	税额
住宿费			个	8	291.262	2330.096	3%	69.90288
合计						¥2,330.10		¥69.90
价税合计（大写）		⊗贰仟肆佰元整				（小写）¥2,400.00		
销售方	名　　称：武汉阳光酒店 纳税人识别号：67545674452G 地址、电话：湖北武汉经三路45号027-456782 开户行及账号：民生银行沙阳光支行8765954				备注			

收款人：高梅　　复核：王文　　开票人：王丹　　销售方：（章）

D876098
广州东站　D5604　武汉站
Guangzhoudong　Wuhan
2018年01月02日07:25开　04车05D号
¥550元　二等座
限乘当日当次车
3367788995****4320杨凤
买票请到12306 发货请到95306
中国铁路祝您旅途愉快
37911003087 2984D876098 广州东

F567893
武汉站　D5712　广州东站
Wuhan　Guangzhoudong
2018年01月10日16:30开　12车07F号
¥550元　二等座
限乘当日当次车
3367788995****4320杨凤
买票请到12306 发货请到95306
中国铁路祝您旅途愉快
568378432572984F567893 武汉

收　　据

NO3711986

2018年1月11日

今收到	杨凤
交　来	差旅费余款
人民币	（大写）贰佰元整
	¥200

第三联　记账

交款人：杨凤　　会计：　　收款人：杨凤　　收款单位（盖章）

借：管理费用——差旅费(660204)　3 500 元

　　库存现金(1001)　200 元

贷：其他应收款(122102)　3 700 元

(10) 1 月 12 日，总经理办公室支付业务招待费 2 600 元，转账支票号码 ZZR004。

5600439065　　**广东增值税普通发票**

发票联

5600439065

9678934

开票日期：2018年1月11日

购买方	名　　称：广州平华家具有限公司 纳税人识别号：124400004558861295 地址、电话：广州市白云区钟落潭66号020-37676512 开户行及账号：建设银行钟落潭分行86955338				密码区	3064-+5812+//5003-/+0*654-* <84558054+<25>31>*56+0-/0-> 9957<//+->*5<4+0/078--*644< -7-895*9+<<068++8-49121<31+		
货物或应税劳务、服务名称		规格型号	单位	数量	单价	金额	税率	税额
餐费			项	1	2524.27	2524.27	3%	75.7281
合计						¥2,524.27		¥75.73
价税合计（大写）		⊗贰仟陆佰元整				（小写）¥2,600.00		
销售方	名　　称：威盛餐饮有限公司 纳税人识别号：7654398G 地址、电话：广东广州天河北临隆路45号020-3657890 开户行及账号：工商银行大道中支行5678345				备注			

收款人：王潇　　复核：李达　　开票人：李生　　销售方：（章）

建设银行

转账支票存根

支票号码ZZR004

附加信息

签发日期：2018年1月12日

收款人：	威盛餐饮有限公司
金　额：	2 600.00
用　途：	付业务招待费

单位主管　　会计

借：管理费用——招待费(660205)　2 600 元

贷：银行存款——建行存款(100201)　2 600 元

(11) 1 月 13 日，公司购入一台不需安装的生产设备，增值税专用发票上注明设备价款 600 000 元，增值税税额 102 000 元，以上款项均通过银行转账支付。

广东增值税专用发票

7788965650　　　　No. 89076567

验码：96095 36137 35352 013　　　　开票日期：2018年1月13日

购买方	名　　称：广州平华家具有限公司 纳税人识别号：124400004558861295 地址、电话：广州市白云区钟落潭66号020-37676512 开户行及账号：建设银行钟落潭分行86955338				密码区	3064-+5812+//5003-/+0*654-* <84558054+<25>31>*56+0-/0-> 9957<//+->*5<4+0/078--*644< -7-895*9+<<068++8-49121<31+		
货物或应税劳务、服务名称		规格型号	单位	数量	单价	金额	税率	税额
生产设备			台	1	####	600000.00	17%	102000.00
合计						¥600,000.00		¥102,000.00
价税合计（大写）		⊗柒拾万贰仟元整				（小写）¥702,000.00		
销售方	名　　称：先行设备生产公司 纳税人识别号：7689986578655D 地址、电话：广东茂名林业路54号6786567 开户行及账号：华夏银行789666765				备注			

收款人：王东　　复核：陈燕　　开票人：李牧　　销售方：（章）

第三联　发票联　购买方记账凭证

建设银行

转账支票存根

支票号码ZZR005

附加信息

签发日期：2018年1月13日

收款人：先行设备生产公司

金　额：702 000.00

用　途：购生产设备

单位主管　　会计

借：固定资产(1601)

　　应交税费——应交增值税——进项税额(22210101)　102 000 元

贷：银行存款——建行存款(100201)　702 000 元

(12) 1 月 14 日，一车间领用玻璃 5 吨，单价 7 500 元，用于生产玻璃餐台，附单据 2 张。

领料单

领料部门：一车间　　　　编号：101

用途：生产玻璃餐台　　　　仓库：材料库

材料名称	单位	数量	数量		实际成本	
			请领	实发	单价	实际成本
玻璃	吨	5	5.00	5.00	7500.00	37500.00

收货人：张三　　部门负责人：陈数　　经手人：

借:生产成本/直接材料(500101)　37 500 元

贷:原材料——玻璃(140303)　37 500 元

(13) 1 月 16 日,销售部林春销售给华龙贸易公司实木餐台 100 张,不含税单价 4 000 元,实木餐椅 400 张,不含税单价 500 元,货款未收到,适用税率 17%。

广东增值税专用发票

4400645771　　No. 97534581

开票日期:2018年1月16日

购买方	名　　称:华龙贸易公司 纳税人识别号:253212346387496268 地址、电话:北京市海淀区前进路3号010-87898612 开户行及账号:建行海淀分行56899633	密码区	3064-+5812+//5003-/+0*654-* <84558054+<25>31>*56+0-/0-> 9957<//+->*5<4+0/078--*644< -7-895*9+<<068++8-49121<46-

货物或应税劳务、服务名称	规格型号	单位	数量	单价	金额	税率	税额
实木餐台		张	100	4000.00	400000.00	17%	68000.00
实木餐椅		张	400	500.00	200000.00	17%	34000.00
合计					¥600,000.00		¥102,000.00
价税合计(大写)	⊗柒拾万贰仟元整				(小写)¥702,000.00		

销售方	名　　称:广州平华家具有限公司 纳税人识别号:124400004558861295 地址、电话:广州市白云区钟落潭66号020-37676512 开户行及账号:建设银行钟落潭分行86955338	备注	

收款人:周芳　　复核:余虹　　开票人:周芳　　销售方:(章)

第一联 发票联 销售方记账凭证

出库单

编号:1001　　仓　库:成品库

客户:华龙贸易公司　　2018年1月16日　　出库类别:销售

名称	单位	数量	合计
实木餐台	张	100	
实木餐椅	张	400	
合计			

发货人:林春　　部门负责人:　　经手人:

借:应收账款(1122)　702 000 元

贷:主营业务收入(6001)　400 000 元

　主营业务收入(6001)　200 000 元

　应交税费——应交增值税——销项税额(22210102)　102 000 元

(14) 1 月 20 日,销售部黄敏销售给贵为公司玻璃餐台 100 张,不含税单价 1 500 元,实木餐椅 400 张,不含税单价 500 元,货款已收到,存入建设银行,转账支票号码 ZZR006,适用税率 17%。

广东增值税专用发票

4400645772　　No. 97534582

开票日期:2018年1月20日

购买方	名　　称:贵为公司 纳税人识别号:263475668994861286 地址、电话:福建福州海珠路8号0591-35676545 开户行及账号:中行海珠分行36542234	密码区	3064-+5812+//5003-/+0*654-* <84558054+<25>31>*56+0-/0-> 9957<//+->*5<4+0/078--*644< -7-895*9+<<068++8-49121<35>

货物或应税劳务、服务名称	规格型号	单位	数量	单价	金额	税率	税额
玻璃餐台		张	100	1500.00	150000.00	17%	25500.00
实木餐椅		张	400	500.00	200000.00	17%	34000.00
合计					¥350,000.00		¥59,500.00
价税合计(大写)	⊗肆拾万玖仟伍佰元整				(小写)¥409,500.00		

销售方	名　　称:广州平华家具有限公司 纳税人识别号:124400004558861295 地址、电话:广州市白云区钟落潭66号020-37676512 开户行及账号:建设银行钟落潭分行86955338	备注	

收款人:周芳　　复核:余虹　　开票人:周芳　　销售方:(章)

第一联 发票联 销售方记账凭证

出库单

编号：1002　　　　　　　　　　　　　　　　　仓　　库：成品库

客户：贵为公司　　　2018年1月20日　　　　　出库类别：销售

名称	单位	数量	合计
玻璃餐台	张	100	
实木餐椅	张	400	
合计			

发货人：黄敏　　　　部门负责人：　　　　经手人：

建设银行进账单（收账通知）

2018年1月20日

付款人	全称	贵为公司	收款人	全称	广州平华家具有限公司
	账号	36542234		账号	86955338
	开户银行	中行海珠分行		开户银行	建设银行钟落潭分行
金额	人民币（大写）	肆拾万玖仟伍佰元整			千百十万千百十元角分：¥ 4 0 9 5 0 0 0 0
票据种类	转账支票	票据张数	壹张		
票据号码	ZZR006	款项来源	转款		
	复核		记账		银行签章

建设银行钟落潭分行　2018.01.20　转账　转讫

借：银行存款——建行存款(100201)　409 500 元

贷：主营业务收入(6001)　150 000 元

主营业务收入(6001)　200 000 元

应交税费——应交增值税——销项税额(22210102)　59 500 元

(15) 1 月 25 日，公司财务部开出一张建设银行转账支票 58 500 元，用于支付欠成功公司货款，转账支票号码 ZZR007。

建设银行

转账支票存根

支票号码ZZR007

附加信息

签发日期：2018年1月25日

收款人：成功公司

金　额：58 500.00

用　途：付货款

单位主管　　　会计

借：应付账款(2202)　58 500 元

贷：银行存款——建行存款(100201)　58 500 元

(16) 1 月 25 日，公司收到一张华龙贸易公司转账支票 500 000 元，用于支付前欠货款，转账支票号码 ZZR008。

建设银行进账单（收账通知）

2018年1月25日

付款人	全　　称	华龙贸易公司	收款人	全　　称	广州平华家具有限公司
	账　　号	56899633		账　　号	86955338
	开户银行	建行海淀分行		开户银行	建设银行钟落潭分行
金额	人民币（大写）	伍拾万元整		千 百 十 万 千 百 十 元 角 分	¥ 5 0 0 0 0 0 0 0
票据种类	转账支票	票据张数	壹张		
票据号码	ZZR008	款项来源	转款		
				开户银行签章	
	复核	记账			

建设银行钟落潭分行
2018.01.20
转账
转讫

借：银行存款——建行存款(100201)　500 000 元

贷：应收账款(1122)　500 000 元

(17) 1 月 26 日，销售部林春到财务部报销住宿、交通等差旅费 2 500 元，支付现金 500 元。

差旅费报销单

部门：销售部　　　　报销日期：2018年1月26日

姓名	林春					出差事由	业务谈判	出差时间	自2018年1月22日至2018年1月25日			共3天	
起止时间及地点						车船费		住宿费		伙食补助		其他	
月	日	起	月	日	至	类别	金额	标准	金额	标准	金额	内容摘要	金额
1	22	广州	1	22	贵阳	高铁	477.5	515	1545				
1	25	贵阳	1	25	广州	高铁	477.5						
小计							955		1545		0	小计	0
总计金额	¥2,500.00								预支 2000 元　实报 2500 元				
（大写）	贰仟伍佰元整								退款　元　或补付 500 元				

财务主管：张华　　部门负责人：李平　　审核：余虹　　填报人：林春

领款人签名：林春

5700439034　　**广东增值税普通发票**

发票联

5700439034
56534589
开票日期：2018年1月26日

购买方	名　　称：广州平华家具有限公司 纳税人识别号：124400004558861295 地址、电话：广州市白云区钟落潭66号020-37676512 开户行及账号：建设银行钟落潭分行86955338					密码区	3064-+5812+//5003-/+0*654-* <84558054+<25>31>*56+0-/0-> 9957<//+->*5<4+0/078--*644< -7-895*9+<<068++8-49121+<58		
	货物或应税劳务、服务名称	规格型号	单位	数量	单价		金额	税率	税额
	住宿费		个	3	500		1500	3%	45
	合计						¥1,500.00		¥45.00
	价税合计（大写）	⊗壹仟伍佰肆拾伍元整					（小写）¥1,545.00		
销售方	名　　称：贵阳好来酒店 纳税人识别号：678952309H 地址、电话：贵州省贵阳五八大街9号0851-785439 开户行及账号：招商银行贵福路支行64376098					备注			

收款人：周斌　　复核：于巧　　开票人：周斌　　销售方：（章）

贵州好来酒店
678952309H
发票专用章

F345783
广州南站　D5604　贵阳站
Guangzhounan　Guiyang
2018年01月22日10:30开　03车01F号
¥477.5元　二等座
限乘当日当次车
3367788995****5670林春
买票请到12306 发货请到95306
中国铁路祝您旅途愉快
37911003087298 4D876098 广州东

借:销售费用(6601)　2 500 元

贷:库存现金(1001)　500 元

其他应收款(122102)　2 000 元

(18) 1 月 31 日,公司结转本月销售产品主营业务成本,实木餐台成本为 250 000 元,玻璃餐台成本为 80 000 元,实木餐椅成本为 200 000 元。

销售产品成本计算单

编制单位:广州平华家具有限公司　　2018年1月31日

产品名称	期初成本			本期入库			发出成本		库存成本	
	数量	单价	金额	数量	单价	金额	数量	金额	数量	金额
实木餐台	4	2784.9475	11139.79	101	2488.71495	251360.21	100	250000	5	12500
玻璃餐台	8	875.08	7000.64	100	794	79400	100	80000	8	6400.64
实木餐椅	0	0	0	800	250	200000	800	200000	0	0
合计										

制单:毛梅　　审核:

借:主营业务成本(6401)　330 000 元

主营业务成本(6401)　200 000 元

贷:库存商品(1405)　330 000 元

库存商品(1405)　200 000 元

2. 出纳管理

1 月 27 日,采购部毛梅借转账支票一张,票号 233,预计金额 7 000 元。

实验要求

(1) 以总账会计(03 余虹)的身份进行凭证填制、凭证查询操作。

(2) 以出纳(02 周芳)的身份进行出纳签字,现金、银行存款日记账和资金日报表查询,支票登记操作。

(3) 以账套主管(01 张华)的身份进行审核、记账、账簿查询操作。

3.4　总账管理系统期末处理

期末处理主要包括:银行对账、期末转账业务、对账、月末处理及年末处理。与日常业务相比,期末处理数量不多,但业务种类繁杂且时间紧迫,有一定的延续性和规律性。在电算化环境下处理这些有规律的业务,不但可以减少会计人员的工作量,还可以提高效率并加强财务核算的规范性。

3.4.1　银行对账

银行对账工作的步骤如下:首先输入银行对账期初数据,然后录入银行对账单,接着进行银行对账,最后生成银行存款余额调节表。

1. 输入银行对账期初数据

输入上一次对账的银行日记账和银行对账单的调整前余额,若二者不相等,则需调整上一次对账时的未达账项,最终使得银行日记账期初余额与银行对账单期初余额相等。

平华公司银行账的启用日期为 2018-01-01，建设银行人民币户企业日记账调整前余额为 985 760.15 元，银行对账单调整前余额为 929 348 150.00 元，未达账项一笔，为 2017 年 12 月 30 日银行已付企业未付款 56 412 元。

操作流程：

(1) 在总账管理系统中单击“出纳”—“银行对账”—“银行对账期初录入”，打开“银行科目选择”对话框。

(2) 选择“建行存款(100201)”科目，单击“确定”，进入“银行对账期初”窗口。

(3) 单击右上方的“对账单余额方向”，将对账单余额方向切换为贷方。

(4) “单位日记账”中的“调整前余额”输入“985,760.15”，“银行对账单”中的“调整前余额”输入“929,348,150.00”，如图 3.4.1 所示。

(5) 单击“对账单期初未达项”，进入“银行方期初”窗口。

(6) 单击“增加”，“日期”输入“2017-12-30”，借方金额为 56 412 元，单击“保存”，再单击“退出”，保存并退出“银行方期初”窗口，返回“银行对账期初”窗口，未达账项金额将显示在单位日记账调整项“银行已付，企业未付”中，最后单位日记账和银行对账单调整后的余额相等。

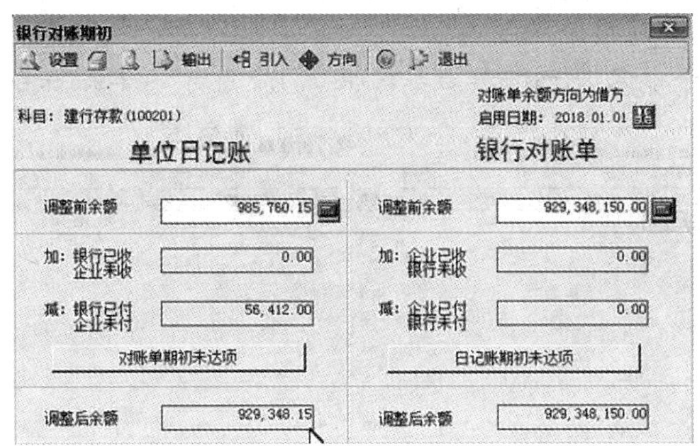

图 3.4.1

注意：

★ 第一次使用银行对账功能前，系统要求录入日记账及对账单未达账项。

★ 在录入完单位日记账、银行对账单期初未达账项后，请不要随意调整启用日期，尤其是向前调，这样可能会造成启用日期后的期初数据不能再参与对账。

2. 录入银行对账单

银行对账单是银行方面对企业银行存款收支变化的记录，对企业来说属于外来的记录，其数据需要在每次对账前输入出纳的银行对账系统，以便与企业的银行日记账进行核对。

输入表 3.4.1 所示的平华公司 2018 年 1 月份银行对账单。

表 3.4.1

日　期	结算方式	票　号	收入/元	支出/元	余额/元
2018-01-01					929 348.15
2018-01-02	201	XJ010		15 000	914 348.15
2018-01-02	202	ZZR001		1 500	912 848.15
2018-01-04	202	ZZR002		87 750	825 098.15
2018-01-05	202	ZZR003	36 800		861 898.15
2018-01-12	202	ZZR004		2 600	859 298.15
2018-01-13	202	ZZR005		702 000	157 298.15
2018-01-20	202	ZZR006	409 500		566 798.15
2018-01-25	202	ZZR007		58 500	508 298.15
2018-01-25	202	ZZR008	500 000		1 008 298.15

操作流程：

(1) 单击“出纳”—“银行对账”—“银行对账单”，打开“银行科目选择”对话框。

(2) 选择“建行存款(100201)”科目，“月份”为“2018.01-2018.01”，单击“确定”，进入“银行对账单”窗口。

(3) 单击“增加”，输入银行对账单数据，如图 3.4.2 所示，再单击“保存”。

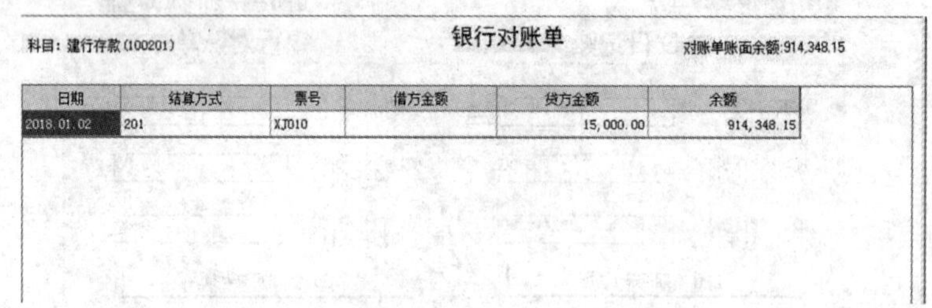

图 3.4.2

3. 银行对账

在登记银行日记账、输入银行对账单数据之后，确定对账截止日期，便可以根据银行日记账和银行对账单进行逐笔勾对。勾对的条件有结算方式、结算号、记账方向及金额相符等，满足条件的账项即为已达账项，将已达账项标记上记号，否则为未达账项，不标上记号。对账的方法有自动对账和人工对账。采用自动对账，需要提前设置好对账条件，再由系统自行勾对，自动标记；采用人工对账，需要对账人员根据对账条件进行判断，并手动标记。

自动对账操作流程：

(1) 单击“出纳”—“银行对账”—“银行科目选择”，打开“银行科目选择”对话框。

(2) “科目”选择“建行存款(100201)”，“月份”为“2018.01-2018.01”，如图 3.4.3 所示，单击“确定”，进入“银行对账”窗口。

(3) 单击“对账”，打开“自动对账”对话框，如图 3.4.4 所示。

(4) “截止日期”选择“2018-01-31”，默认系统提供的其他对账条件。

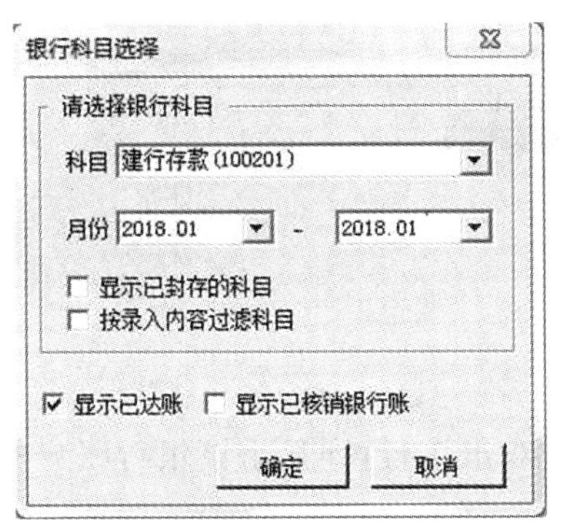

图 3.4.3

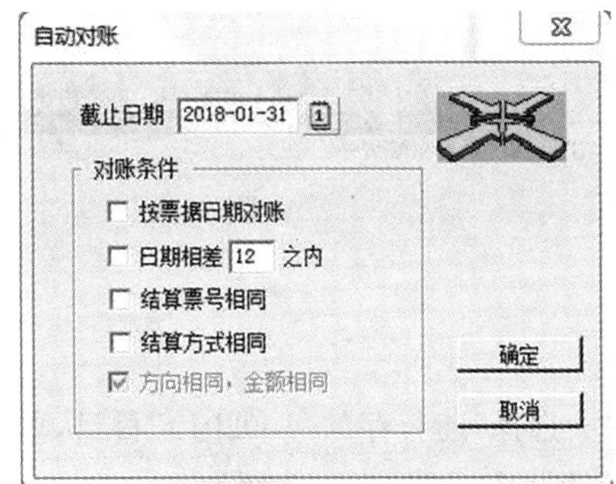

图 3.4.4

（5）单击“确定”，显示自动对账结果，如图 3.4.5 所示。

科目：100201(建行存款)

单位日记账

票据日期	结算方式	票号	方向	金额	两清	凭证号数
2018.01.05	202	ZZR003	借	36,800.00	○	收-0002
2018.01.20	202	ZZR006	借	409,500.00	○	收-0004
2018.01.20	202	ZZR008	借	500,000.00	○	收-0005
2018.01.02	201	XJ010	贷	15,000.00	○	付-0002
2018.01.02	202	ZZR001	贷	1,500.00	○	付-0003
2018.01.04	202	ZZR002	贷	87,750.00	○	付-0004
2018.01.12	202	ZZR004	贷	2,600.00	○	付-0005
2018.01.13	202	ZZR005	贷	702,000.00	○	付-0006
			贷	58,500.00	○	付-0007

银行对账单

日期	结算方式	票号	方向	金额	两清
2018.01.02	201	XJ010	贷	15,000.00	○
2018.01.02	202	ZZR001	贷	1,500.00	○
2018.01.04	202	ZZR002	贷	87,750.00	○
2018.01.05	202	ZZR003	借	36,800.00	○
2018.01.12	202	ZZR004	贷	2,600.00	○
2018.01.13	202	ZZR005	贷	702,000.00	○
2018.01.20	202	ZZR006	借	409,500.00	○
2018.01.25	202	ZZR007	贷	58,500.00	○
2018.01.25	202	ZZR008	借	500,000.00	○

图 3.4.5

注意：

★“对账条件”中的“方向相同，金额相同”是必选条件。

★ 对于已达账项，系统自动在银行存款日记账和银行对账单双方的“两清”栏中打上圆圈标志。

人工对账操作流程：

（1）在“银行对账”窗口中，对于一些应勾对而未勾对的账项，可分别双击“两清”栏，直接进行手动调整。人工对账的标志是“Y”，以区别于自动对账。

（2）对账完毕后，单击“检查”，检查结果平衡，单击“确定”，再单击“保存”。

注意：

在自动对账不能完全对上的情况下，可采用人工对账。

4. 余额调节表的查询与输出

银行对账完毕后，系统将自动生成银行存款余额调节表。可通过查询银行存款余额调节表，以检查对账是否正确。如果银行存款余额调节表显示的银行日记账和银行对账单调整后余额不平衡，应查看银行对账期初余额是否平衡、银行对账单录入数据是否正确、对账时勾对账项是否有错漏，找到原因，调整后使其达到平衡。

操作流程：

（1）单击“出纳”—“银行对账”—“余额调节表查询”，进入“银行存款余额调节表”窗口，如图3.4.6所示。

银行存款余额调节表

银行科目（账户）	对账截止日期	单位账账面余额	对账单账面余额	调整后存款余额
建行存款(100201)	2018.01.31	1,064,710.15	1,008,298.15	1,008,298.15
中行存款(100202)		20,000.00	0.00	20,000.00

图 3.4.6

（2）选择“建行存款(100201)”科目，单击“查看”或者双击该行，即显示该银行账户的银行存款余额调节表，如图 3.4.7 所示。

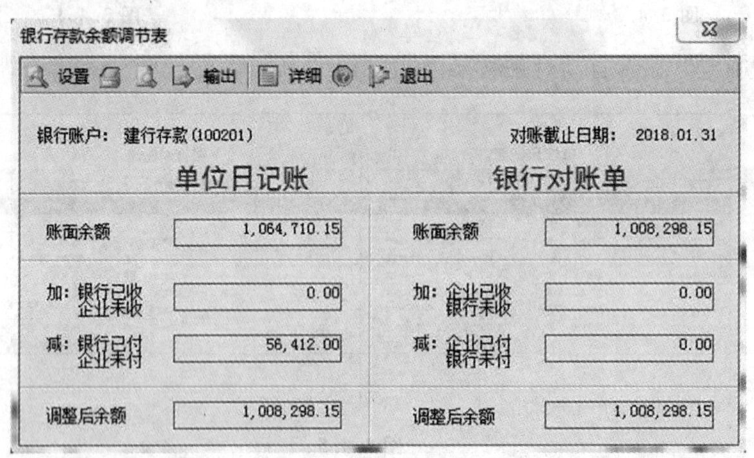

图 3.4.7

（3）单击“打印”，即可打印银行存款余额调节表。

5. 对账结果查询

对账结果查询功能主要用于查询单位日记账和银行对账单的对账结果。这个功能是对银行存款余额调节表的补充，可进一步了解对账后对账单上勾对的明细情况，进一步查询对账结果。检查无误后，可以通过核销银行账来核销已达账。银行对账不平衡时，不能使用核销功能。核销不影响银行日记账的查询和打印。核销错误时可以进行反核销。

3.4.2 自动转账

在总账管理系统里把某个或某几个会计科目中的余额或本期发生额结转到一个或多个会计科目中，可借助自动转账功能。自动转账包括定义转账和生成转账凭证两个部分。

1. 定义转账

定义转账主要包括自定义转账、对应结转、销售成本结转、汇兑损益结转、期间损益结转。

1）自定义转账设置

自定义转账功能可以完成的转账业务主要有以下几项：

★“费用分配”的结转，如工资费用的分配等。

★“费用分摊”的结转，如制造费用的分摊等。

★“税费计算”的结转，如增值税的结转等。

★“计提各项费用”的结转，如计提利息费用等。

★各项辅助核算的结转。

如果使用应收款、应付款管理系统，则在总账管理系统中不能按客户、供应商辅助项进行结转，只能按科目总数进行结转。

按短期借款期末余额的0.5%计提短期借款利息。

借：财务费用/利息支出(660301)　　　　QM(2001，月)×0.005

贷：应付利息(223101)JG()

操作流程：

(1) 在总账管理系统中单击“期末”—“转账定义”—“自定义转账”，进入“自定义转账设置”窗口。

(2) 单击“增加”，打开“转账目录设置”对话框，“转账序号”输入“0001”，“转账说明”为“计提短期借款利息”，“凭证类别”选择“转账凭证”，单击“确定”，继续定义转账凭证分录信息。

(3) 单击“增行”，“科目编码”输入“660301”，“方向”为“借”，双击金额公式栏，单击“参照”，打开“公式向导”对话框，选择“期末余额”函数，单击“下一步”，继续定义公式，“科目”选择“2001”，其他项为系统默认，单击“完成”，如图3.4.8所示，返回“自定义转账设置”窗口，将光标移至公式末尾，输入“*0.005”，按Enter键确认，如图3.4.9所示。

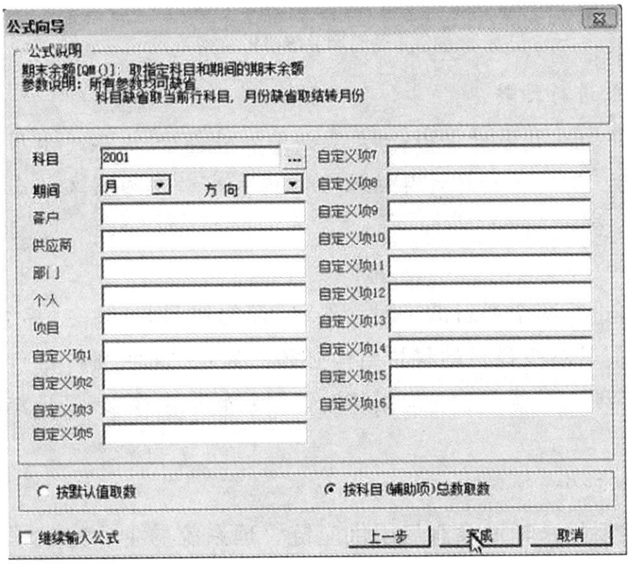

图3.4.8

(4) 单击“增行”，确定分录的贷方信息，“科目代码”选择“2231”，“方向”为“贷”，选择或输入金额公式“JG()”，单击“保存”，如图3.4.10所示。

注意：

★ 转账科目可以为非末级科目，部门可为空，表示所有部门。

★ 如果使用应收款、应付款管理系统，则在总账管理系统中不能按客户、供应商辅助项进行

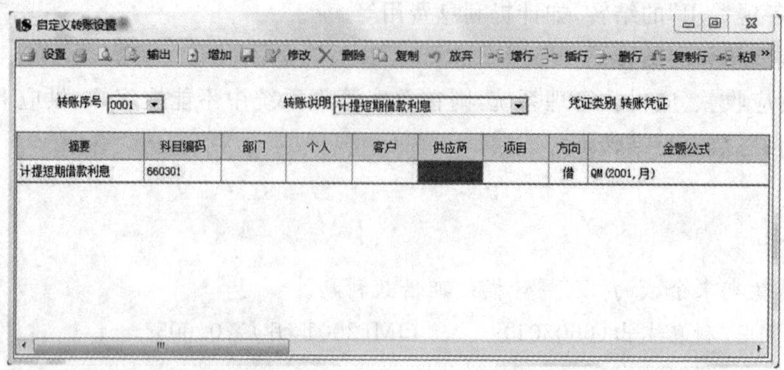

图 3.4.9

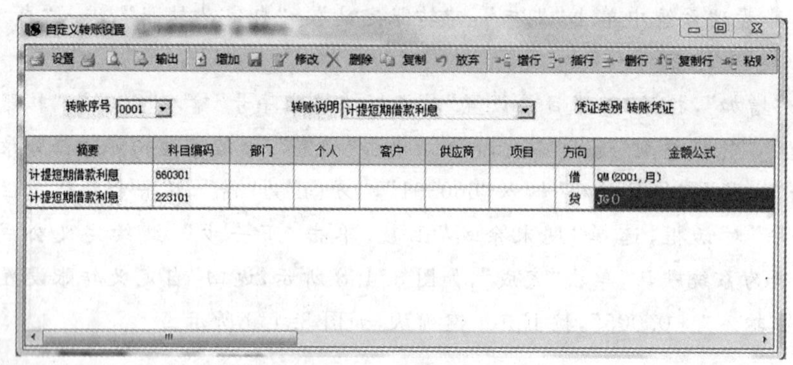

图 3.4.10

结转，只能按科目总数进行结转。

★ 输入转账计算公式有两种方法：一是直接输入计算公式，二是采用引导方式录入公式。

★ JG()的含义为“取对方科目计算结果”，其中“()”必须为英文状态下的符号，否则系统提示“金额公式不合法：未知函数名！”。

2）对应结转设置

对应结转不仅可进行两个科目的一对一结转，还提供科目的一对多结转功能。对应结转的科目可为上级科目，但其下级科目的科目结构必须一致（相同明细科目），如有辅助核算，则两个科目的辅助账类也必须一一对应。对应结转功能只结转期末余额，若要结转发生额，需在自定义结转中设置。

3）销售成本结转设置

销售成本结转主要用来辅助没有启用供应链管理系统的企业完成销售成本的计算和结转。销售成本结转有两种方法：全月平均法和售价（计划价）法。

4）汇兑损益结转设置

汇兑损益结转用于外币账户期末调汇，并自动生成汇兑损益转账凭证。在进行汇兑损益结转之前，要先录入外币的期末汇率，当期末汇率与记账汇率不相等时产生汇兑损益。为了保证汇兑损益计算正确，在进行汇兑损益结转前还必须将本月的所有未记账凭证先记账。

汇兑损益入账科目不能是辅助账科目或有数量外币核算的科目。若启用了应收款、应付款管理系统，则计算汇兑损益的外币科目不能是带客户或供应商往来核算的科目。

5）期间损益结转设置

在会计期间终了时，需要结计本期利润，反映企业的经营成果。期间损益结转主要是将损益类账户的本期发生额结转到本年利润账户。若损益类科目与本年利润科目都有辅助核算，则辅助账类型必须相同。损益类科目结转表中的“本年利润”必须为末级科目，且为本年利润入账科目的下级科目。

操作流程：

（1）单击“期末”—“转账定义”—“期间损益”，弹出“期间损益结转设置”对话框。

（2）“凭证类别”选择“转账凭证”，“本年利润科目”选择“4103”，单击“确定”，如图 3.4.11 所示。

期间损益结转设置

凭证类别　转账凭证　　本年利润科目　4103

损益科目编号	损益科目名称	损益科目账类	本年利润科目编码	本年利润科目名称	本年利润科目账类
6001	主营业务收入		4103	本年利润	
6011	利息收入		4103	本年利润	
6021	手续费及佣金收入		4103	本年利润	
6031	保费收入		4103	本年利润	
6041	租赁收入		4103	本年利润	
6051	其他业务收入		4103	本年利润	
6061	汇兑损益		4103	本年利润	
6101	公允价值变动损益		4103	本年利润	
6111	投资收益		4103	本年利润	
6201	摊回保险责任准备金		4103	本年利润	
6202	摊回赔付支出		4103	本年利润	
6203	摊回分保费用		4103	本年利润	
6301	营业外收入		4103	本年利润	
6401	主营业务成本		4103	本年利润	

每个损益科目的期末余额将结转到与其同一行的本年利润科目中。若损益科目与之对应的本年利润科目都有辅助核算，那么两个科目的辅助账类必须相同　。损益科目为空的期间损益结转将不参与

打印　预览　确定　取消

图 3.4.11

2. 生成转账凭证

定义完转账凭证模板后，在期末处理相关转账业务时，可调用转账凭证模板，生成业务凭证。由于转账凭证中定义的公式基本取自账簿，因此，在进行期末转账之前，必须将所有未记账凭证登记入账，以确保转账数据完整、准确。特别是对于一组相关转账业务，必须按顺序依次进行转账、审核、记账。

如果启用了应收款、应付款管理系统，则在总账管理系统中不能按客户、供应商进行结转。

根据需要选择生成结转方式、结转月份及需要结转的转账凭证，系统在进行结转计算后显示将要生成的凭证，确认无误后，将生成的凭证追加到未记账凭证中。

结转月份为当期月份，且每月只结转一次。生成转账凭证时，要注意操作日期，一般在月末进行结转。

若转账科目有辅助核算，但未定义具体的转账辅助项，则可以选择“按所有辅助项结转”或“按有发生的辅助项结转”选项。

★ 按所有辅助项结转：转账科目的每一个辅助项生成一笔分录。

★ 按有发生的辅助项结转：按转账科目下每一个有发生的辅助项生成一笔分录。

案例17

利用自定义转账凭证生成期末计提短期借款利息凭证。

操作流程：

(1) 单击“期末”—“转账生成”，弹出“转账生成”对话框。

(2) 单击“自定义转账”，再单击“全选”，最后单击“确定”，生成转账凭证。

(3) 单击“保存”，凭证左上角显示“已生成”字样，如图 3.4.12 所示，系统自动将当前凭证追加到未记账凭证中。

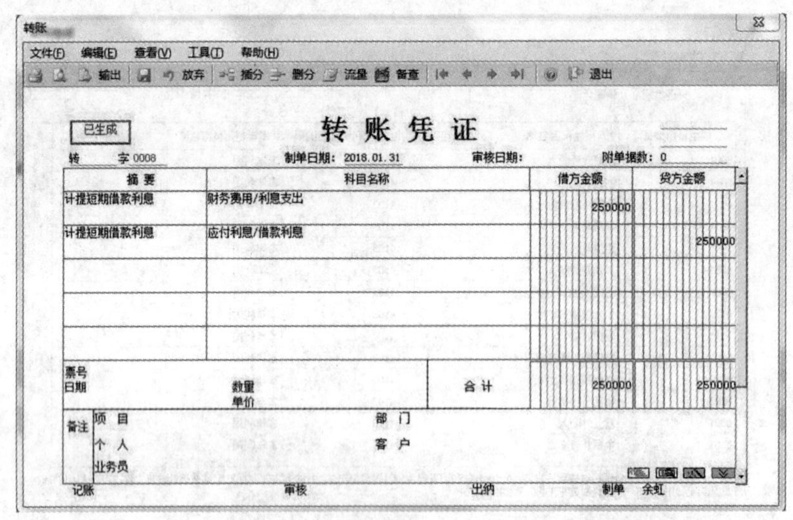

图 3.4.12

注意：

★ 转账生成之前，注意转账月份应为当前会计月份。

★ 转账生成之前，先将相关经济业务的记账凭证登记入账。

★ 转账凭证每月只生成一次。

★ 若使用应收款、应付款管理系统，则在总账管理系统中不能按客户、供应商进行结转。

★ 生成的转账凭证仍需审核才能记账。

案例18

利用期间损益转账生成 2018 年 1 月份期间损益凭证。

操作流程：

(1) 单击“期末”—“转账生成”，弹出“转账生成”对话框。

(2) 单击“期间损益结转”，再单击“全选”，最后单击“确定”，生成转账凭证。

(3) 单击“保存”，凭证左上角显示“已生成”字样，如图 3.4.13 所示，系统自动将当前凭证追加到未记账凭证中。

注意：

以账套主管“01 张华”的身份对所生成的自动转账凭证进行审核、记账。

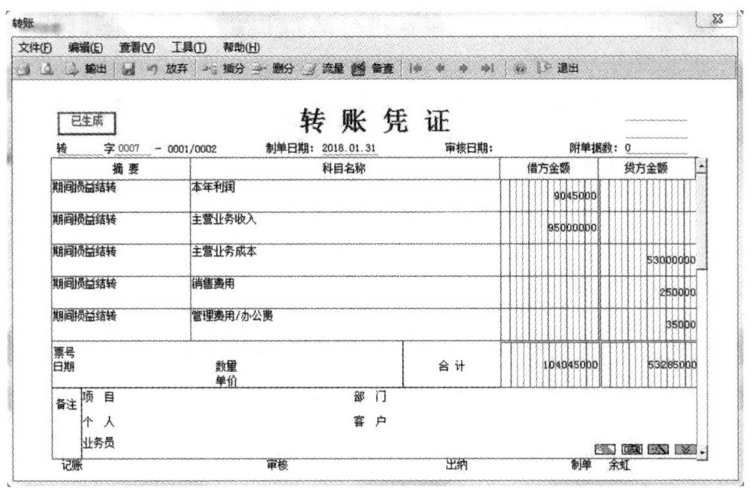

图 3.4.13

3.4.3　对账

对账是指对账簿数据进行核对，以检查记账是否正确，以及账簿是否平衡。对账的形式主要有总账与明细账核对、总账与辅助账核对、明细账与辅助账核对。

试算平衡是指按照账户的借贷平衡关系来检验账簿数据的正确性。由于电算化环境下，本期记账工作是由计算机自动完成的，所以一般不会出现错记或漏记的情况，若试算不平衡的话，可检查所录入的期初数据是否平衡，或者是否存在非法操作或计算机病毒等原因。为了保证账证相符、账账相符，应经常使用对账功能进行对账，至少一个月一次，一般可在月末结账前进行。

如果使用了应收款、应付款管理系统，则在总账管理系统中不能对客户往来账、供应商往来账进行对账。

操作流程：

(1) 单击"期末"—"对账"，弹出"对账"对话框。

(2) 将光标置于要进行对账的月份"2018.01"处，单击"选择"。

(3) 单击"对账"，开始自动对账，并显示对账结果，如图 3.4.14 所示。

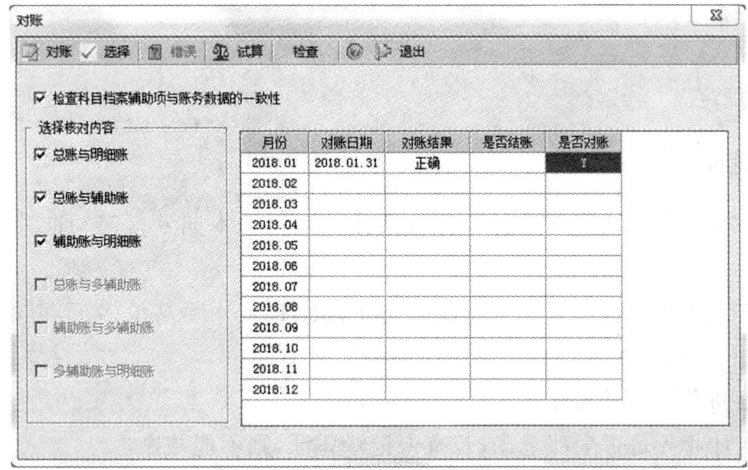

图 3.4.14

(4) 单击“试算”,可以对各科目类别余额进行试算平衡,试算结果如图 3.4.15 所示。

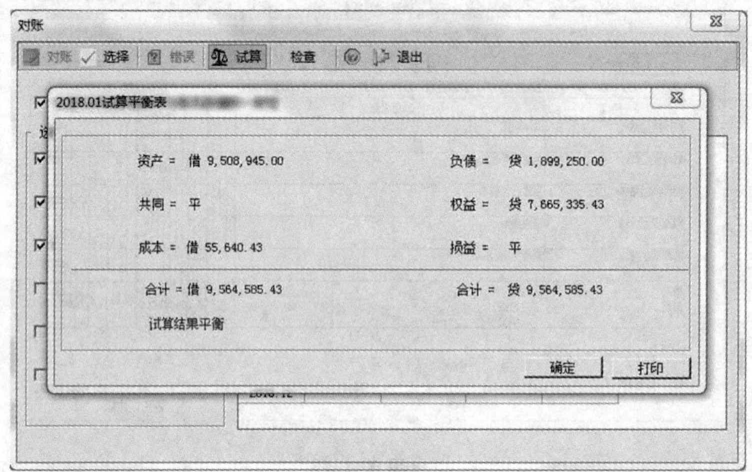

图 3.4.15

(5) 单击“检查”,可以检查总账、辅助账、多辅助账、凭证数据的正确性,检查结果如图 3.4.16 所示。

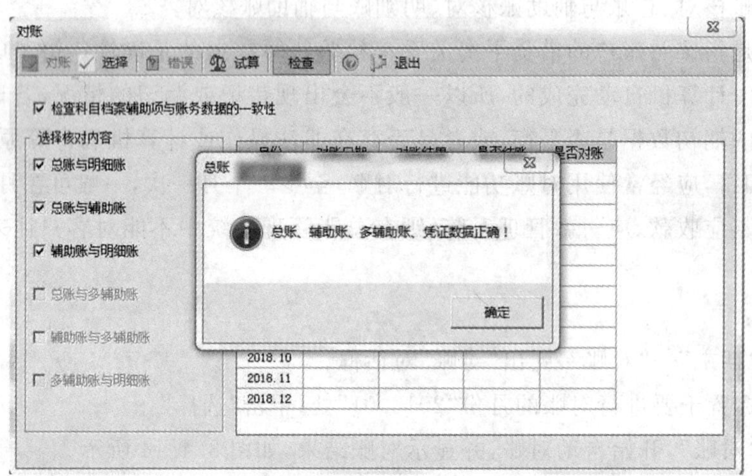

图 3.4.16

(6) 单击“确定”。

3.4.4 结账

每月月底都要进行结账处理。结账是指结计各账户的本期发生额和期末余额,并结束本期的账务处理工作。

在电算化环境下的结账工作比手工账环境下的结账工作要简单多了,可由计算机进行成批数据处理,每月只结账一次。

在结账前要进行下列检查工作:

(1) 检查本月业务是否全部记账,若有未记账凭证,则不能结账。

(2) 月末结转必须全部生成并记账,否则本月不能结账。

（3）检查上月是否已结账，若上月未结账，则本月不能结账。

（4）核对总账与明细账、主体账与辅助账、总账管理系统与其他子系统数据是否一致，若不一致，则不能结账。

（5）损益类账户是否全部结转完毕，若未全部结转完毕，则本月不能结账。

（6）若和其他子系统联合使用，其他子系统要先结账，然后总账管理系统才能结账。

结账前要进行数据备份，结账后不得再录入本月凭证，并终止各账户的记账工作。计算本月各账户发生额合计和本月账户期末余额，并将余额结转到下月月初。

如果结账以后发现错误，需要使用反结账功能，取消结账，再进行修正，修正完后重新结账。

1. 结账

操作流程：

（1）单击“期末”—“结账”，弹出“结账”对话框。

（2）选择要结账的月份为“2018.01”，单击“下一步”。

（3）单击“对账”，系统对要结账的月份进行账账核对。

（4）单击“下一步”，系统显示“2018年01月工作报告”，如图3.4.17所示。

图 3.4.17

（5）查看工作报告后，单击“下一步”，再单击“结账”，若符合结账要求，系统将进行结账，如图3.4.18所示，否则不予结账。

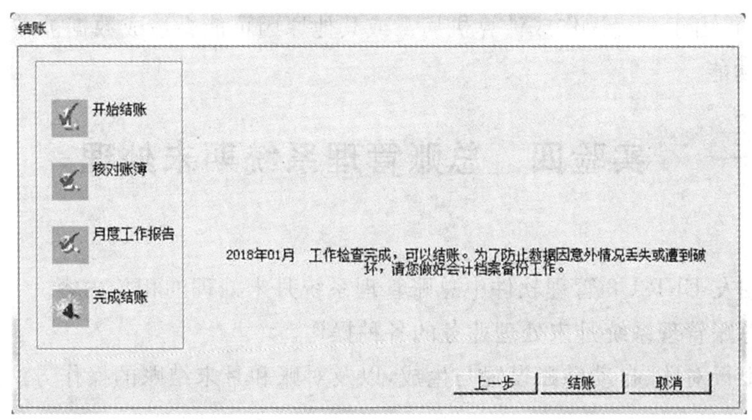

图 3.4.18

注意：

★ 结账只能由有结账权限的人进行。

★ 若本月还有未记账凭证，则本月不能结账。

★ 结账必须按月连续进行，若上月未结账，则本月不能结账。

★ 若总账与明细账对账不符，则不能结账。

★ 月度工作报告分五个方面列出与结账相关的事项，如果无法结账，可以从月度工作报告中查找未能结账的原因。

★ 如果与其他子系统联合使用，其他子系统未全部结账，则本月不能结账。

★ 结账前要进行数据备份。

2. 取消结账

操作流程：

(1) 单击“期末”—“结账”，弹出“结账”对话框。

(2) 选择要取消结账的月份为“2018.01”。

(3) 按 Ctrl＋Shift＋F6 键，激活取消结账功能，如图 3.4.19 所示。

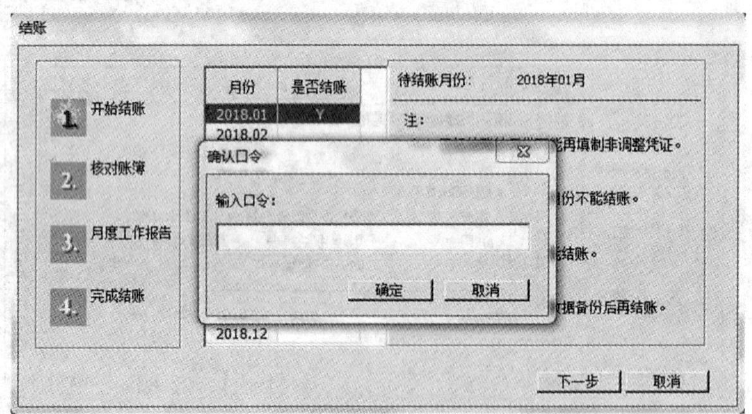

图 3.4.19

(4) 输入主管口令，单击“确定”，取消结账标志。

注意：

在结完账后，由于非法操作或计算机病毒或其他原因可能会造成数据被破坏，这时可以在此使用取消结账功能。

实验四　总账管理系统期末处理

实验目的

(1) 掌握用友 ERP-U8 管理软件中总账管理系统月末处理的相关内容。

(2) 熟悉总账管理系统月末处理业务的各种操作。

(3) 掌握银行对账、自动转账设置与生成，以及对账和月末结账的操作方法。

实验内容

(1) 银行对账。

（2）自动转账。

（3）对账。

（4）结账。

实验准备

引入实验三账套数据。

实验资料

1. 银行对账

（1）银行对账期初。

平华公司银行账的启用日期为 2018-01-01，建设银行人民币户企业日记账调整前余额为 985 760.15元，银行对账单调整前余额为 929 348 150.00 元，未达账项一笔，为 2017 年 12 月 30 日银行已付企业未付款 56 412 元。

（2）建设银行对账单。

2018 年 1 月份银行对账单：

日　　期	结算方式	票　　号	收入/元	支出/元	余额/元
2018-01-01					929 348.15
2018-01-02	201	XJ010		15 000	914 348.15
2018-01-02	202	ZZR001		1 500	912 848.15
2018-01-04	202	ZZR002		87 750	825 098.15
2018-01-05	202	ZZR003	36 800		861 898.15
2018-01-12	202	ZZR004		2 600	859 298.15
2018-01-13	202	ZZR005		702 000	157 298.15
2018-01-20	202	ZZR006	409 500		566 798.15
2018-01-25	202	ZZR007		58 500	508 298.15
2018-01-25	202	ZZR008	500 000		1 008 298.15

2. 自动转账定义及生成

（1）自定义结转。

按短期借款期末余额的 0.5%计提短期借款利息。

借：财务费用/利息支出（660301）　　　QM(2001，月)×0.005

贷：应付利息（223101）JG()

（2）期间损益结转。

见操作指导。

实验要求

（1）以总账会计（03 余虹）的身份进行银行对账、输出银行存款余额调节表操作。

（2）以总账会计（03 余虹）的身份进行自动转账操作。

（3）以账套主管（01 张华）的身份进行审核、记账、对账、结账操作。

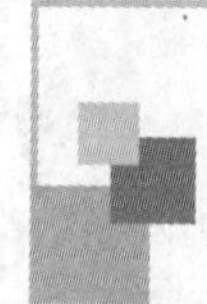

项目4 报表管理

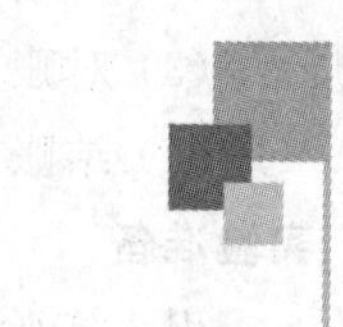

知识目标

1. 了解报表管理系统的主要功能。
2. 熟悉制作财务报表的操作流程。

技能目标

1. 掌握用友报表系统的格式设计与公式设计。
2. 掌握利用报表模板生成会计报表的方法。
3. 了解利用图标进行数据分析的方法。

4.1 系统概述

会计期间终了时，本期发生的所有业务的账务处理完毕，对账、结账工作结束后，财务人员要编制会计报表，以反映企业的财务状况和经营成果。除此以外，为满足日常的业务管理需求，常常需要设计一些表格，以便搜集、整理和分析数据。用友 U8V10.1 系统的 UFO 报表管理系统内置了多个行业的报表模板，并提供了报表格式设计、公式定义、图表制作与分析、数据处理与分析等功能，可满足企业生成报表、处理数据的要求。UFO 报表管理系统与账务系统及其他业务系统有完善的接口，可独立运行，亦可协同运行。

4.1.1 功能概述

UFO 报表管理系统的主要功能包括文件管理、格式设计、公式设计、数据处理、图表、打印、二次开发等功能。

1. 文件管理功能

UFO 报表管理系统的文件管理功能，除了满足一般文件管理的需求外，还可以将报表文件转换为多种文件格式，如文本文件、MDB 文件、XLS 文件等。此外，还有文件导入和导出功能，可以实现与其他财务软件系统之间的数据交换。

2. 格式设计功能

UFO 报表管理系统内置了多个套用格式和行业的标准财务报表模板，方便用户制作标准报表。此外，用户还可以利用用友 U8V10.1 系统提供的格式设计功能，自行定义企业内部的日常管理报表。报表尺寸、单元格设置、表格线、字体和颜色、显示比例等都可以按需设置。

在 UFO 报表管理系统中，报表的行数为 1～999，系统默认值为 50 行；列数为 1～255，系统默认值为 7 列；行高 0～160 毫米，系统默认值为 5 毫米；列宽 0～220 毫米，系统默认值为 26 毫米；表页数为 1～99 999，系统默认值为 1 页。

3. 公式设计功能

UFO 报表管理系统的公式设计功能，可以在单元格中设置计算公式、审核公式和舍位公式。用户可以根据报表项目的计算原理设置计算公式，计算公式可以是简单的单元格运算公式；或者利用 UFO 报表管理系统函数向导功能来设置运算公式，该系统提供了种类丰富的函数供用户选用。审核公式可根据用户设置的审核条件对报表数据进行审核，并对不符合条件的数据进行提示。舍位公式可以使报表数在数据位数调整后依然保持平衡。

4. 数据处理功能

UFO 报表管理系统可以固定的格式管理具有大量数据的不同表页，并在每张表页之间建立有机的联系。此外，UFO 报表管理系统还提供了表页的排序、查询、审核、舍位平衡及汇总功能。

5. 图表功能

UFO 报表管理系统能够对数据进行图形处理和分析，制作包括直方图、立体图、圆饼图、折线图等多种分析图表，并能编辑图表的位置、大小、标题、字体、颜色和打印输出。

6. 打印功能

UFO 报表管理系统提供打印功能，可以随时查看报表或图形的打印效果，可以打印报表格式，也可以打印报表数据，可以设置表头和表尾，并且可以在 0.3～3 倍之间缩放打印，还可以横向或纵向打印等。

7. 二次开发功能

UFO 报表管理系统提供了批命令和自定义菜单功能，利用该功能可以开发出适合企业的专用系统。

4.1.2　UFO 报表管理系统与其他系统的关系

在 UFO 报表管理系统中编制报表时所需的数据取自其他系统，例如总账管理系统，薪资管理系统，固定资产管理系统，应收款、应付款管理系统，供应链管理系统，财务分析系统等，均可向 UFO 报表管理系统传递数据。

4.1.3　UFO 报表管理系统的业务处理流程

UFO 报表管理系统的业务处理流程如图 4.1.1 所示。

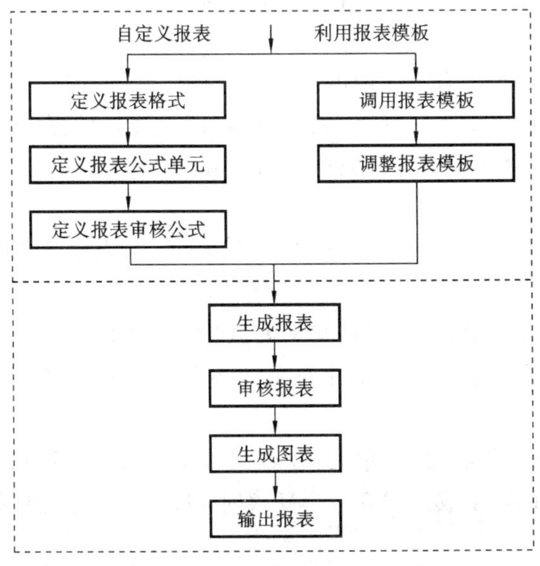

图 4.1.1

4.1.4 UFO 报表管理系统的基本概念

1. 报表的基本结构

报表一般由标题、表头、表体、表尾四部分组成，如表 4.1.1 所示。

表 4.1.1

编制单位： 年 月 日 单位：元

项 目	行 次	期 初 数	期 末 数
库存现金	1		
银行存款	2		
合计	3		

制表人：

(1) 标题：报表的名称。

(2) 表头：报表的编制单位、编制时间、计量单位等内容。

(3) 表体：报表的核心内容，报表的数据区域即报表的主体，由表行、表列组成。表行、表列交叉的区域，称为单元格。单元格可以用坐标表示，如(X,Y)表示表体的第 X 行和第 Y 列交叉形成的单元格。

(4) 表尾：表体下进行辅助说明的区域，如编制部门、编制人、审核人等内容都是表尾的内容。

2. 报表的状态

报表的制作分为两个部分：设计表格、公式和数据处理。这两个部分的工作是在不同的报表状态下完成的，分别是格式状态和数据状态。

1) 格式状态

设计表格、公式是在报表的格式状态下完成的。报表的状态见报表系统的左下角，显示"格式"，即为格式状态。格式状态下只能看到报表的格式，不能进行数据录入、计算等，报表数据是隐藏的，但所设置的报表格式对本报表所有的表页都产生作用。

2) 数据状态

报表数据处理是在数据状态下完成的。报表的状态见报表系统的左下角，显示"数据"，即为数据状态。数据状态下可以录入关键字，输入数据，进行表页计算，生成报表数据，审核报表，舍位平衡，制作图形，汇总、合并报表等。数据状态下可以看到报表的格式和数据，但不能对格式进行修改。

格式状态和数据状态可以来回切换，只需要单击一下报表左下角的"格式/数据"按钮即可。

3. 单元

单元是组成报表的最小单位，是行列交叉的区域，名称由所在行、列标识。例如，D5 表示第 4 列第 5 行的单元。单元分为数值单元、字符单元和表样单元 3 种。

1) 数值单元

数值单元是用于存放报表数据的单元，在数据状态下录入。数值单元的内容可以直接输入或由单元中的单元公式计算生成。建立一个新表时，所有单元的类型默认为数值型。

2) 字符单元

字符单元也是报表的数据，也在数据状态下输入。字符单元的内容可以直接输入，也可由单元公式生成。

3）表样单元

表样单元是报表的格式，是定义一个没有数据的空表所需的所有文字、符号或数字。一旦单元被定义为表样，那么在其中输入的内容对所有表页都有效。表样单元只能在格式状态下输入或修改。

4. 关键字

关键字是一种特殊的单元，是将一个表页区别于其他表页的标志。一般可以将编制单位、编制时间作为关键字，以区别报表的主体及所属期间。关键字的设置是在格式状态下完成的，但录入关键字则需要在数据状态下进行。每个报表可以定义多个关键字。

5. 区域

区域由一张表页上的相邻单元组成，自起点单元至终点单元是一个完整的矩形矩阵。在报表中，区域是二维的，最大的区域是整个表页，最小的区域是一个单元。例如，A1:E8 表示从 A1 到 E8 的整个矩形区域。

6. 表页

UFO 报表最多可容纳 99 999 张表页，一个报表中的所有表页具有相同的格式，但其中的数据可能不同。表页在报表中的序号以标签的形式出现在表页的下方，成为页标。页标用“第 1 页”～“第 99 999 页”表示，当前表的第 2 页可以表示为@2。

7. 报表文件

在报表系统中使用报表文件来存储数据，报表文件则保存在磁性介质中，报表系统的打开、关闭、保存等命令都是针对报表文件进行处理的。每个报表文件都有一个名字，其命名方式是“名称. 扩展名”。名称可以由用户设置，扩展名则根据不同报表系统自动添加。例如，在 Excel 中，报表文件的扩展名为 XLS；在 UFO 报表管理系统中，报表文件的扩展名为 REP。

每个报表文件中又包括若干报表(表页)，如资产负债表文件中可以包含 1—12 月的十二张资产负债表，每一张报表都有一个名字，如“第 1 页”“第 2 页”等。如果将多个结构相同的二维表叠在一起，则可生成一个三维表。报表文件实际上就是一个三维表。在报表文件中确定一个数据的要素为＜表页名或表页号＞、＜列＞和＜行＞。

4.2　报表管理

4.2.1　自定义报表

企业内部管理活动需要搜集、整理、分析数据，制作内部管理报表，可以利用 UFO 报表管理系统的报表设计功能定义内部报表，满足需求。报表设计实际上就是定义报表的基本格式、报表公式、关键字等。

1. 报表格式定义

在 UFO 报表管理系统的格式状态下，根据需要设计报表格式。

(1) 设置表尺寸，即设定报表的行数和列数。

(2) 组合单元，即把若干个单元合并成一个单元使用。

(3) 画表格线。

(4) 输入报表项目，包括标题、表头、表体和表尾(关键字除外)的相关内容。在格式状态下定义单元内容的自动默认为表样型，定义为表样型的单元在数据状态下不允许修改和删除。

(5) 定义行高、列宽。

(6) 设置单元风格和属性，包括设置单元的字体、字号、颜色、图案、折行显示等，把需要输入数字的单元定义为数值单元，把需要输入字符的单元定义为字符单元。

(7) 设置关键字。

为广州平华家具有限公司设置货币资金表，格式如表 4.2.1 所示。

表 4.2.1

编制单位：　　　　　年　月　日　　　　单位:元

项　目	行　次	期 初 数	期 末 数
库存现金	1		
银行存款	2		
合计	3		

制表人：

要求：

表头：标题“货币资金表”设置为黑体、14 号，居中；编制单位、年、月、日设置为关键字。

表体：标题中文字设置为楷体、12 号，居中。

表尾：“制表人：”设置为宋体、10 号，右对齐第 4 栏。

第 1 行行高 12 毫米，第 2～7 行行高 6 毫米。

操作流程：

(1) 登录报表系统。

① 以操作员 01 张华的身份登录企业应用平台，登录时间为 2018 年 1 月 1 日。

② 双击“业务工作”—“财务会计”—“UFO 报表”，进入 UFO 报表管理系统。

(2) 单击“文件”菜单中的“新建”或者单击工具栏上的“新建”图标，进入空白报表，如图 4.2.1和图 4.2.2 所示。

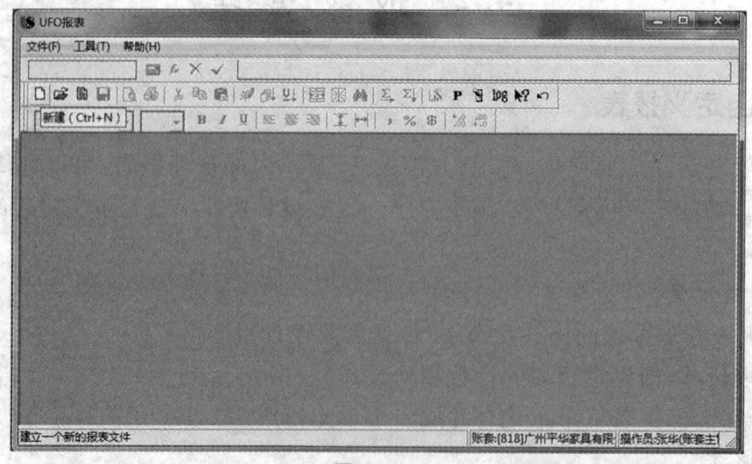

图 4.2.1

图 4.2.2

注意：

★ 新建的 UFO 报表名称系统默认为 report1.rep。

★ 空白报表建立后，系统默认状态为格式状态，所有单元的类型默认为数值单元。

(3) 设置表样。

① 设置表尺寸。

单击“格式”菜单中的“表尺寸”，打开“表尺寸”对话框，“行数”输入“7”，“列数”输入“4”，如图 4.2.3 所示，单击“确认”，完成表尺寸设置，裁出大小合适的表格，如图 4.2.4 所示。

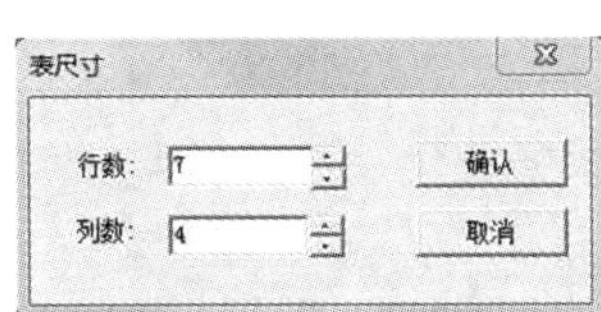

图 4.2.3

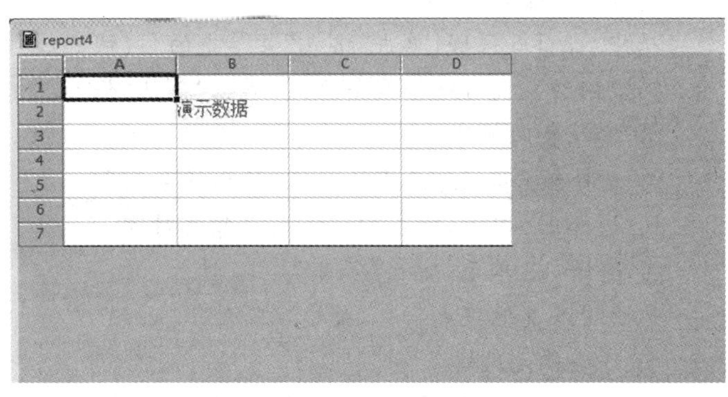

图 4.2.4

② 组合单元。

选中 A1:E1 区域的单元，单击“格式”菜单中的“组合单元”，弹出“组合单元”对话框，如图 4.2.5 所示，单击“按行组合”按钮，完成单元的组合。

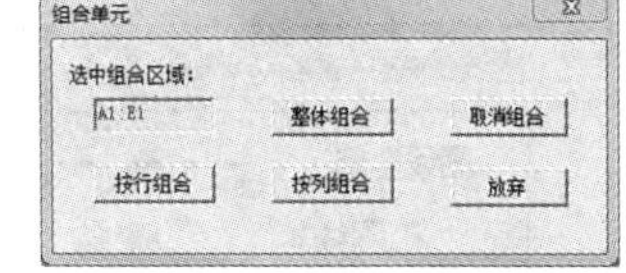

图 4.2.5

③ 设置关键字。

a. 将“编制单位”设置成关键字。选中 A2 单元，单击“数据”菜单中的“关键字”—“设置”，弹出“设置关键字”对话框，如图 4.2.6 所示，勾选“自定义关键字”，“类型”设置为“字符型”，“名称”为“编制单位”，单击“确定”保存。

b. 将报表编制时间设置为关键字。货币资金表是一张时点报表，编制时间为年、月、日，关键字一次只能设置一个。选中 B2 单元，单击“数据”菜单中的“关键字”—“设置”，弹出“设置关键字”对话框，勾选“年”，单击“确定”保存。关键字“月”和“日”的设置步骤与“年”的设置步骤一样。

注意：

一个单元只能设置一个关键字，否则生成数据时关键字会发生重叠，导致只能显示其中一个关键字数据，其他的关键字数据会被覆盖。故选择 C2 单元设置关键字“月”，选择 D2 单元设置关键字“日”。

④ 关键字偏移。

单击“数据”菜单中的“关键字”—“偏移”，弹出“定义关键字偏移”对话框，如图 4.2.7 所示，单击“确定”保存。

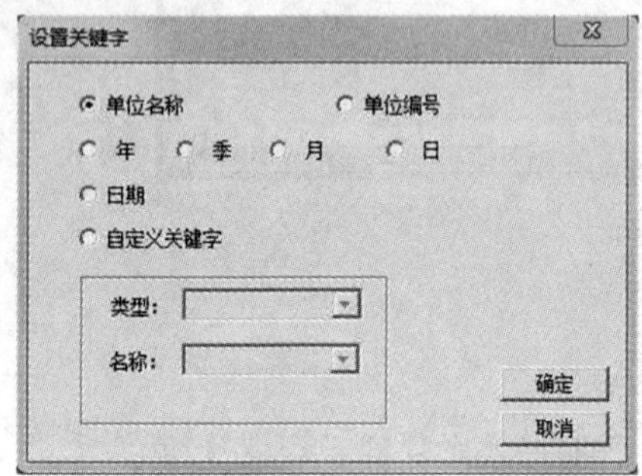

图 4.2.6

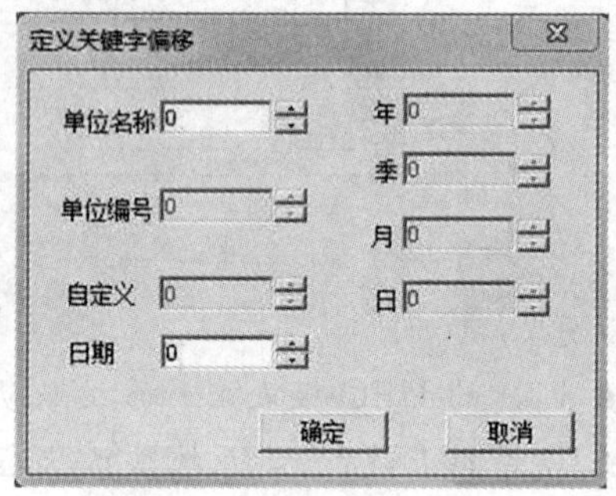

图 4.2.7

注意：

关键字偏移时，若向左移，则输入负数值；若向右移，则输入正数值。

⑤ 画表格线。

选中 A3:D6 区域，单击“格式”菜单中的“区域画线”，弹出“区域画线”对话框，如图 4.2.8 所示，勾选“网线”，同时选择线条样式，单击“确认”保存。

⑥ 输入表间项目。

a. 选择组合单元 A1:D1，输入“货币资金表”。

b. 选择 E2 单元，输入“单位：元”，靠左对齐。

c. 选择 A3 单元，输入“项目”。

依次输入其他报表项目，关键字除外。

⑦ 设置单元风格。

选中单元，单击“格式”菜单中的“单元格属性”，或者单击鼠标右键，选择“单元格属性”，弹出“单元格属性”对话框，如图 4.2.9 所示，设置字体、字号、对齐方式等，单击“确定”保存。

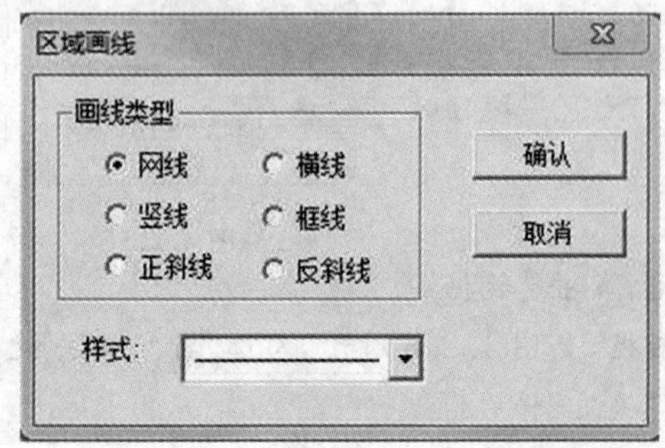

图 4.2.8

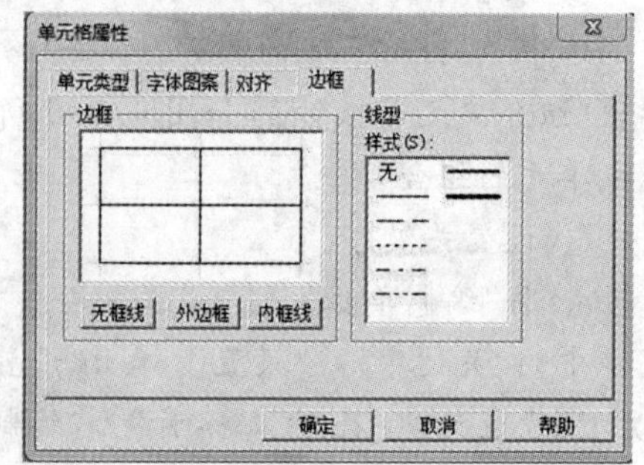

图 4.2.9

2. 报表公式定义

公式的定义在格式状态下进行。报表公式包括以下几个：

(1) 单元公式：也就是计算公式，根据报表项目的运算关系定义单元公式，可以通过单元公式取数，计算出报表数。

单元公式的设置一般通过函数实现。UFO 报表管理系统中的函数按取数来源分类，企业常用的财务报表数据一般取自账务系统的账簿数据，或者本报表的表页，又或者其他报表的表页，所以设置单元公式时常常使用账务函数、自本表表页取数函数和自本表其他表页取数函数。

① 账务函数。

账务函数主要有期初额函数、期末额函数、发生额函数、累计发生额函数、对方科目发生额函数、净额函数、汇率函数等，如表 4.2.2 所示。

表 4.2.2

账务函数	金额式	数量式	外币式
期初额函数	QC()	sQC()	wQC ()
期末额函数	QM()	sQM()	wQM()
发生额函数	FS()	sFS()	wFS()
累计发生额函数	LFS()	sLFS()	wLFS()
条件发生额函数	TFS()	sTFS()	wTFS()
对方科目发生额函数	DFS()	sDFS()	wDFS()
净额函数	JE()	sJE()	wJE()
汇率函数	HL()		

② 自本表表页取数函数。

自本表表页取数函数如表 4.2.3 所示。

表 4.2.3

数据合计	PTOTAL()
平均值	PAVG()
最大值	PMAX()
最小值	PMIN()

③ 自本表其他表页取数函数。

对于取自本表其他表页的数据，可以利用某个关键字作为表页定位的依据，或者直接以页标号作为定位依据，指定取某张表页的数据。可以使用 SELECT()函数从本表其他表页取数。例如：

B1 单元取自上个月的 B2 单元的数据，可以设置函数：B1＝SELECT(B2,月@＝月＋1)。

B1 单元取自第 2 张表页的 B2 单元的数据，可以设置函数：B1＝B2@2。

④ 自其他报表取数函数。

对于取自其他报表的数据，可以使用“报表[.REP]－>单元”格式指定要取数的某张报表的单元。

案例2

设置广州平华家具有限公司货币资金表的计算公式。

说明：

库存现金期初数：C4＝QC(“1001”，月)

库存现金期末数：D4＝QM(“1001”，月)

银行存款期初数：C5＝QC(“1002”，月)

银行存款期末数：D5＝QM(“1002”，月)

C6＝C4＋C5

D6＝D4＋D5

操作流程：

(1) 选中C4单元，按键盘上的“＝”键，或单击工具栏上的“fx”按钮，或单击“数据”—“编辑公式”—“单元公式”，弹出“定义公式”对话框，如图4.2.10所示。

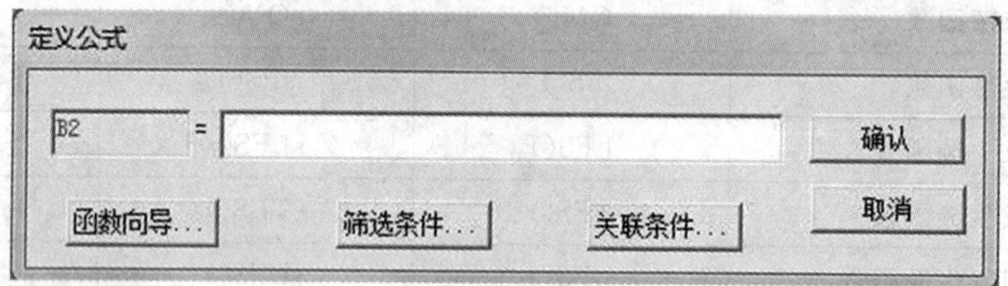

图 4.2.10

(2) 在“定义公式”对话框中单击“函数向导”，弹出“函数向导”对话框，如图4.2.11所示。

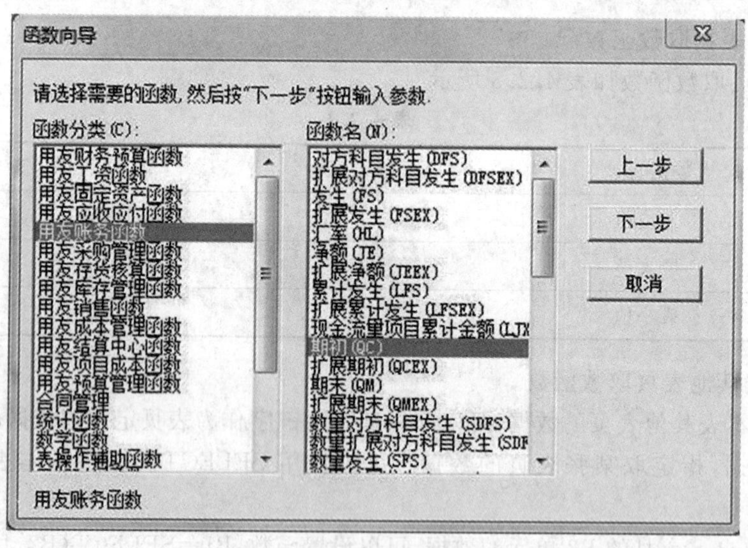

图 4.2.11

(3) 选择“用友账务函数”中的“期初(QC)”函数，双击该函数，弹出“用友账务函数”对话框，如图4.2.12所示。

(4) 单击“参照”，设置好函数的相关参数，如图4.2.13所示，单击“确定”保存，返回“用友账务函数”对话框，再单击“确定”返回“定义公式”对话框，最后单击“确定”保存公式设置，返回报表

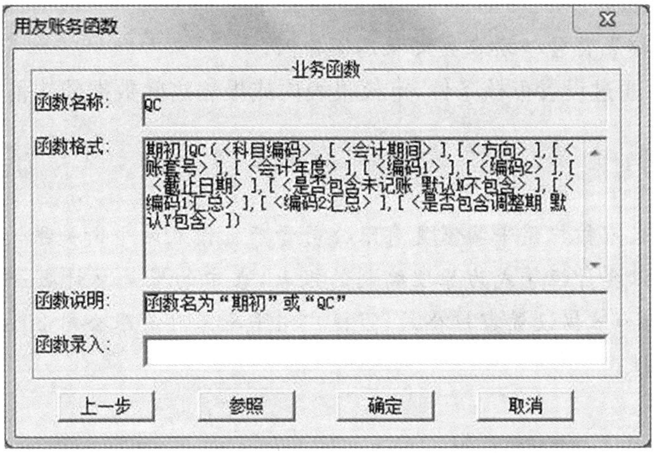

图 4.2.12

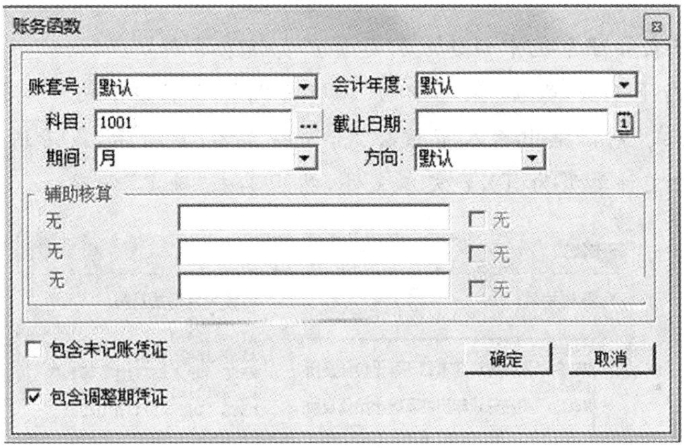

图 4.2.13

单元，报表单元显示为“公式单元”。

(5) D4、C5、D5 单元公式的设置参考 C4 单元公式的设置步骤。

(6) C6、D6 单元公式的设置，可在“定义公式”对话框中直接输入单元格运算公式，从而完成货币资金表的设置，如图 4.2.14 所示。

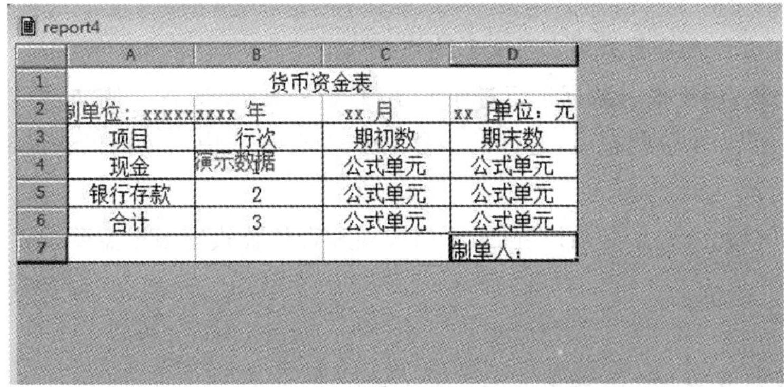

report4

	A	B	C	D
1		货币资金表		
2	制单位：xxxxxxxxxx	年	xx 月	xx 日　单位：元
3	项目	行次	期初数	期末数
4	现金	演示数据	公式单元	公式单元
5	银行存款	2	公式单元	公式单元
6	合计	3	公式单元	公式单元
7				制单人：

图 4.2.14

注意：

公式中所有的标点符号必须在英文状态下输入。

(2) 审核公式:通过设置审核条件,审核报表内或报表之间数据的钩稽关系是否正确。

案例3

设置审核公式来审核广州平华家具有限公司资产负债表的平衡关系。

资产负债表是以会计恒等式为原理编制的报表,表中的资产总计数一定等于负债和所有者权益的总计数,以此为依据设置审核公式,审核广州平华家具有限公司2018年1月31日的资产负债表数据的正确性。

设置审核条件：

C38＝G38　MESS"资产总计期末数不等于负债及所有者权益总计期末数"

D38＝H38　MESS"资产总计年初数不等于负债及所有者权益总计年初数"

操作流程：

(1) 在UFO报表管理系统中创建或打开资产负债表文件。

(2) 在格式状态下单击"数据"菜单中的"编辑公式"—"审核公式",弹出"审核公式"对话框。

(3) 在"审核公式"对话框中输入审核公式,如图4.2.15所示,或者通过导入文件功能导入审核公式,可导入的文件类型为TXT文本文件,然后单击"确定"保存。

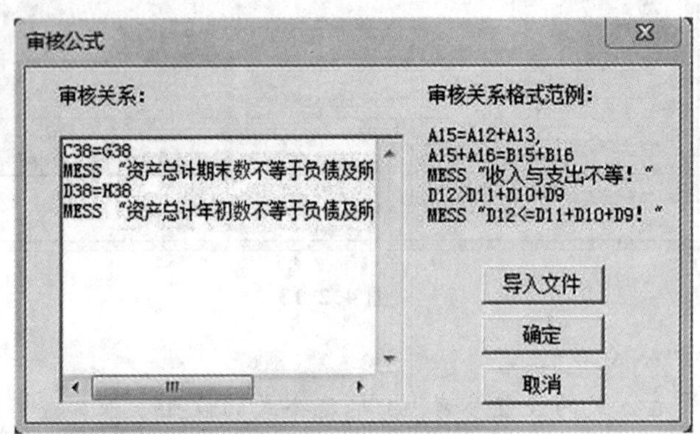

图 4.2.15

注意：

公式中所有的标点符号必须在英文状态下输入。

(3) 舍位公式:用于报表数据进行进位或小数取整时调整数据。例如,将以"元"为单位的报表换算为以"万元"为单位的报表,通过设置舍位公式,使得表中的数据仍然保持平衡关系。

注意:

一般情况下单元公式是必须设置的,审核公式和舍位公式则根据需要设置。

案例4

将广州平华家具有限公司的货币资金表的单位从"元"转换为"万元"。

操作流程：

(1) 单击“数据”菜单中的“编辑公式”—“舍位公式”，弹出“舍位平衡公式”对话框。

(2) “舍位表名”输入“SW1”，“舍位范围”输入“C4:D6”，“舍位位数”输入“4”，“平衡公式”输入“C6=C4+C5,D6=D4+D5”，如图 4.2.16 所示。

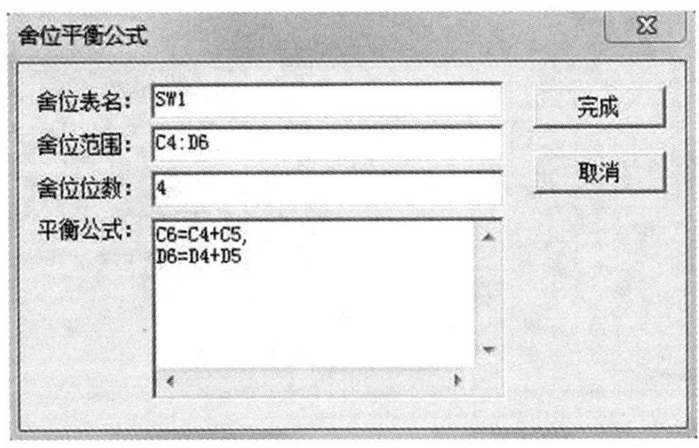

图 4.2.16

(3) 单击“完成”保存。

注意：

公式中所有的标点符号必须在英文状态下输入。

4.2.2 调用报表模板

UFO 报表管理系统除了提供个性化的自定义报表功能以外，还提供了 33 个行业的各种标准财务报表模板。行业标准财务报表模板，用户可以直接调用，或者仅需要对报表模板进行微调，使可以迅速建立一张符合需要的财务报表。此外，自定义的报表也可保存为报表模板供日后调用。

注意：

调用行业标准财务报表模板时，要和建账时设定的行业相匹配。

调用行业属性为“2007 年新会计制度科目”的资产负债表模板。

操作流程：

(1) 在 UFO 报表管理系统中单击工具栏中的“新建”图标，如图 4.2.17 所示，或者单击“文件”菜单中的“新建”，创建一张空白报表，如图 4.2.18 所示。

(2) 单击“格式”菜单中的“报表模板”，如图 4.2.19 所示，弹出“报表模板”对话框，“您所在的行业”选择“2007 年新会计制度科目”，“财务报表”选择“资产负债表”，如图 4.2.20 所示。

(3) 单击“确认”，弹出“模板格式将覆盖本表格式！是否继续?”的信息提示对话框，如图 4.2.21所示，单击“确定”，系统自动完成行业属性为“2007 年新会计制度科目”的资产负债表的标准模板格式的覆盖，如图 4.2.22 所示。

(4) 对报表模板中的内容和公式进行校验、修改，使之能符合本企业的实际情况。

(5) 单击“文件”菜单中的“另存为”，弹出“另存为”对话框，指定报表文件的保存路径，修改报表名称，文件类型为“.rep”，然后单击“另存为”，将调整后的报表文件保存下来。

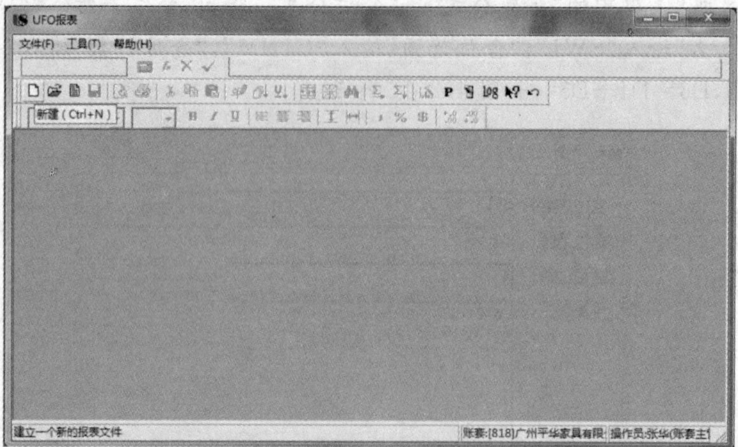

图 4.2.17

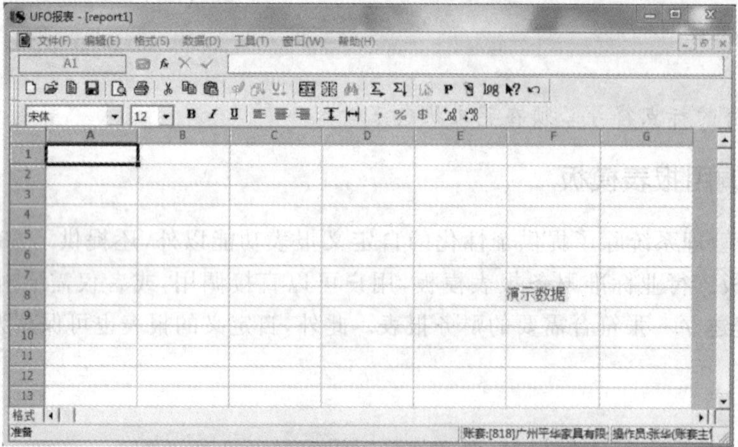

图 4.2.18

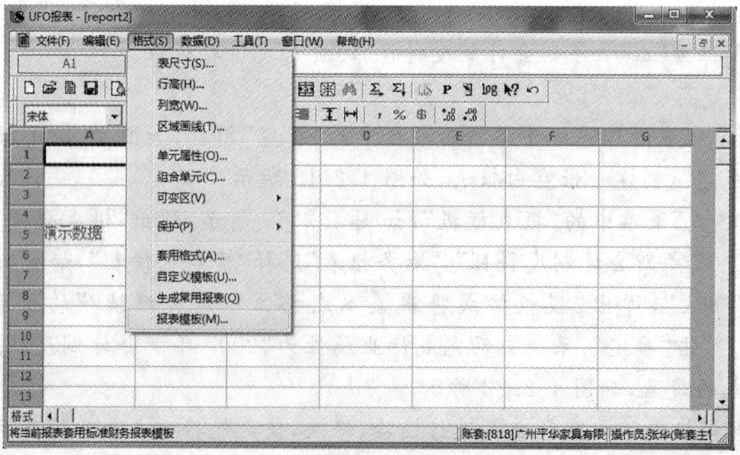

图 4.2.19

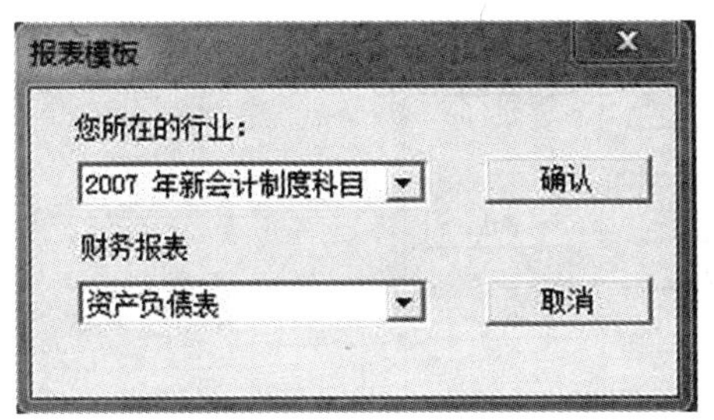

图 4.2.20

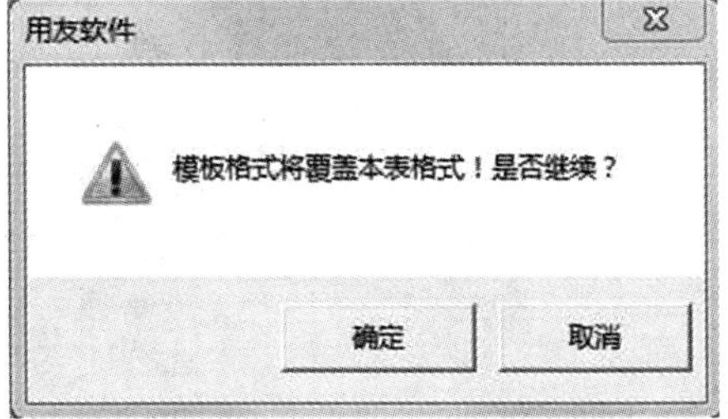

图 4.2.21

资　产	行次	期末余额	年初余额	负债和所有者权益（或股东权益）	行次	期末余额	年初余额
资产负债表							
							会企01表
编制单位:		xxxx 年	xx 月	xx 日			单位:元
流动资产:				流动负债:			
货币资金	1	公式单元	公式单元	短期借款	32	公式单元	公式单元
交易性金融资产	2	公式单元	公式单元	交易性金融负债	33	公式单元	公式单元
应收票据	3	公式单元	公式单元	应付票据	34	公式单元	公式单元
应收账款	4	公式单元	公式单元	应付账款	35	公式单元	公式单元
预付款项	5	公式单元	公式单元	预收款项	36	公式单元	公式单元
应收利息	6	公式单元	公式单元	应付职工薪酬	37	公式单元	公式单元
应收股利	7	公式单元	公式单元	应交税费	38	公式单元	公式单元
其他应收款	8	公式单元	公式单元	应付利息	39	公式单元	公式单元
存货	9	公式单元	公式单元	应付股利	40	公式单元	公式单元
一年内到期的非流动资产	10	演示数据		其他应付款	41	公式单元	公式单元

图 4.2.22

4.2.3　报表数据处理

报表数据处理主要包括生成报表数据、审核报表数据及对报表数据进行舍位平衡等工作。报表数据处理必须在数据状态下进行，处理时计算机会根据已定义的单元公式、审核公式和舍位公式自动进行取数、审核及舍位等操作。

报表数据处理一般是针对某一特定表页进行的，因此在数据处理时还涉及表页的操作，如增加、删除、插入、追加表页等。

报表的数据包括报表单元的数值、字符和关键字。首先录入关键字，然后输入或者进行表页计算，生成数值单元和字符单元数据。数值单元只能生成数字，而字符单元既能生成数字，又能生成字符。

1. 生成报表数据

续前例，生成广州平华家具有限公司 2018 年 1 月 31 日的货币资金表数据。

操作流程：

(1) 在 UFO 报表管理系统中打开货币资金表。

(2) 从格式状态切换到数据状态，单击“数据”菜单中的“关键字”—“录入”，弹出“录入关键字”对话框，“单位名称”输入“广州平华家具有限公司”，“年”输入“2018”，“月”输入“1”，“日”输入“31”，如图 4.2.23 所示。

(3) 单击“确认”，系统弹出“是否重算第一页？”的信息提示对话框，单击“是”，系统自动计算

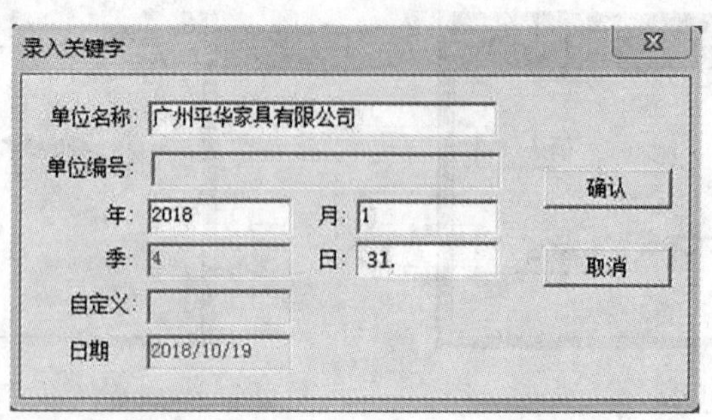

图 4.2.23

并显示出数据,如图 4.2.24 所示。

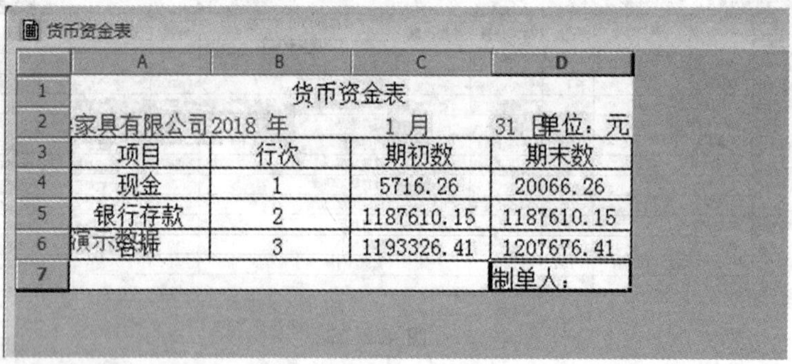

货币资金表

	A	B	C	D
1		货币资金表		
2	家具有限公司 2018 年		1 月	31 日 单位:元
3	项目	行次	期初数	期末数
4	现金	1	5716.26	20066.26
5	银行存款	2	1187610.15	1187610.15
6	合计 演示数据	3	1193326.41	1207676.41
7				制单人:

图 4.2.24

注意:

★ 报表数据除了可以由公式自动计算显示外,还可以直接输入,只需在数据状态下将光标移动到需要录入或修改的单元,输入相关数据即可。

★ 表样单元和公式单元不能录入新数据,数值单元只能录入数字,字符单元只能录入字符。

2. 审核报表数据

案例7

审核广州平华家具有限公司资产负债表的平衡关系。

操作流程:

(1) 在数据状态下生成资产负债表数据。

(2) 单击“数据”菜单中的“审核”,系统将自动根据审核公式对报表数据进行审核,并显示出审核结果。

3. 舍位平衡

对广州平华家具有限公司 2018 年 1 月 31 日的货币资金表进行舍位处理,将其转换成“万元”报表。

操作流程：

(1) 在UFO报表管理系统中打开货币资金表。

(2) 从格式状态切换到数据状态，单击“数据”菜单中的“舍位平衡”，系统自动按案例4所设置的舍位公式生成舍位平衡报表。

(3) 单击“文件”菜单中的“另存为”，保存舍位平衡报表。

4.2.4 表页管理及报表输出

报表的输出包括报表的屏幕输出和打印输出，输出时可以针对报表格式输出，也可以针对某一特定表页输出。输出报表格式须在格式状态下操作，输出格式时只有格式，不含数据；而输出表页须在数据状态下进行，输出表页时格式和数据一起输出。

输出表页数据时会涉及表页的相关操作，如表页排序、查找、透视等。屏幕输出时可以对报表的显示风格、显示比例加以设置。打印报表之前可以在预览窗口中进行预览，打印时还可以进行页面设置和打印设置等操作。

续前例，保存广州平华家具有限公司货币资金表数据。

操作流程：

单击“文件”菜单中的“另存为”，弹出“另存为”对话框，如图4.2.25所示，修改文件存储路径和文件名称，文件类型为“.xls”，单击“另存为”，完成报表数据的保存操作。

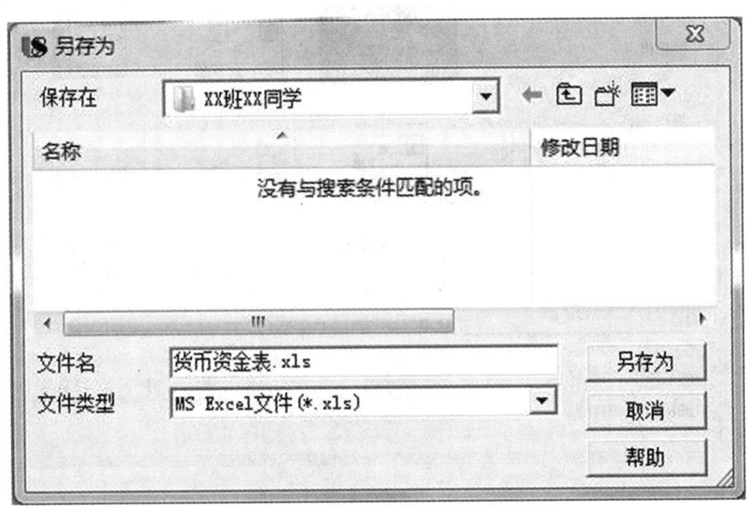

图4.2.25

4.2.5 图表功能

报表数据生成之后，为了对报表数据进行直观的分析和了解，方便对数据的对比、趋势和结构进行分析，可以利用图形对数据进行直观显示。UFO图表格式提供了直方图、圆饼图、折线图、面积图4大类共10种格式的图表。

图表是利用报表文件中的数据生成的，图表与报表数据存在密切的联系，报表数据发生变化时，图表也随之变化，报表数据删除后，图表也随之消失。

1. 追加图形显示区域

在管理图表图形时，由于图表对象需要占用一定的报表区域，而报表在格式设置时没有为图形预留空间，因此需要增加一个区域用于存放所增加的图形。

操作流程：

(1) 在 UFO 报表管理系统中打开报表文件，切换到数据状态。

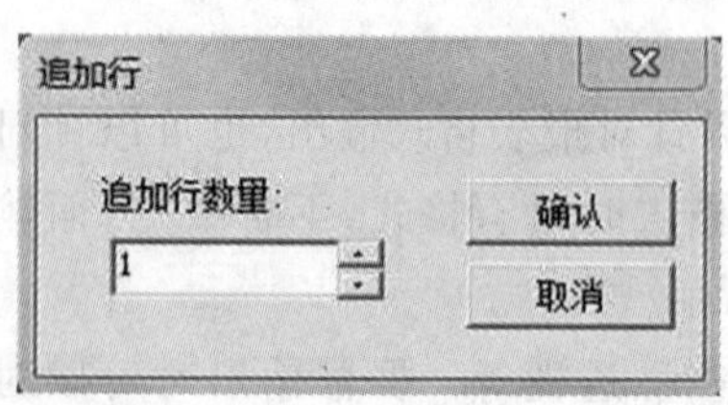

图 4.2.26

(2) 单击“编辑”菜单中的“追加”—“行”，弹出“追加行”对话框，如图 4.2.26 所示。

(3) 录入要追加的行的数目，单击“确认”，完成追加行的处理。

2. 选取数据区域

在进行图形处理时，在数据状态下用鼠标框选的方式选定报表中的数据区域。

3. 插入图标对象

操作流程：

(1) 在选定数据区域后，单击“工具”菜单中的“插入图表对象”。

(2) 选择图表类型、数据组类型，录入图表名称、图表标题、X 轴和 Y 轴标题，然后单击“确认”，插入图形，如图 4.2.27 所示。

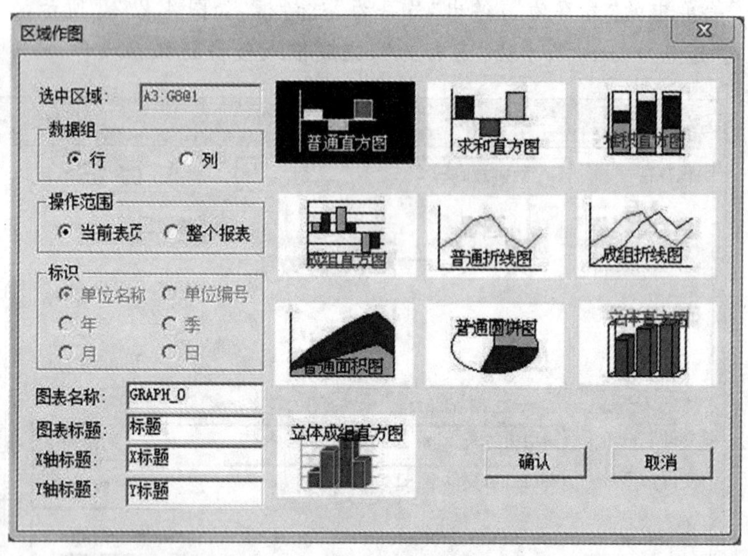

图 4.2.27

(3) 拖动鼠标，调整表的位置和尺寸。

4. 编辑图表对象

操作流程：

(1) 单击图表的任意部位，激活图表。

(2) 单击“编辑”中的菜单项，可对相应的标题、字形、字体进行编辑。

(3) 同理，可通过单击“格式”中的菜单项，完成图表格式的转换。

实验五 报表管理

实验目的

（1）理解报表编制的原理及流程。

（2）掌握报表格式定义、公式定义的操作方法，掌握报表单元公式的用法。

（3）掌握报表数据处理、表页管理及图表功能等操作。

（4）掌握如何利用报表模板生成一张报表。

实验内容

（1）自定义一张报表。

（2）利用报表模板生成报表。

实验准备

引入实验四账套数据。

实验资料

1. 货币资金表

（1）报表格式：

编制单位： 年 月 日 单位：元

项　目	行　次	期　初　数	期　末　数
库存现金	1		
银行存款	2		
合计	3		

制表人：

说明：

表头：标题“货币资金表”设置为黑体、14号，居中；编制单位、年、月、日设置为关键字。

表体：标题中文字设置为楷体、12号，居中。

表尾：“制表人：”设置为宋体、10号，右对齐第4栏。

（2）报表公式：

库存现金期初数：C4＝QC(“1001”，月)　　库存现金期末数：D4＝QM(“1001”，月)

银行存款期初数：C5＝QC(“1002”，月)　　银行存款期末数：D5＝QM(“1002”，月)

C6＝C4＋C5　　D6＝D4＋D5

2. 资产负债表和利润表

利用报表模板生成资产负债表和利润表。注意模板计算公式的校验，否则报表不平衡。

实验要求

设置系统日期为2018-01-31，以账套主管(01 张华)的身份登录系统进行UFO报表管理工作。

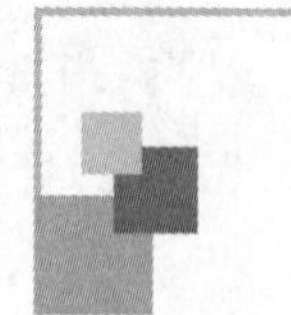
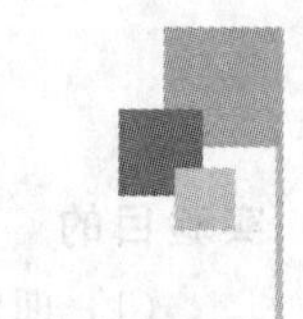

项目5　薪资管理

知识目标……

1. 了解薪资管理系统的功能和内容。
2. 了解薪资管理系统与其他系统的联系。
3. 熟悉薪资管理系统的主要功能。
4. 熟悉建立薪资账套的工作流程。

技能目标……

1. 能够进行薪资管理系统的初始设置。
2. 能够进行薪资管理系统的日常业务处理。
3. 能够进行薪资账套数据的查询。

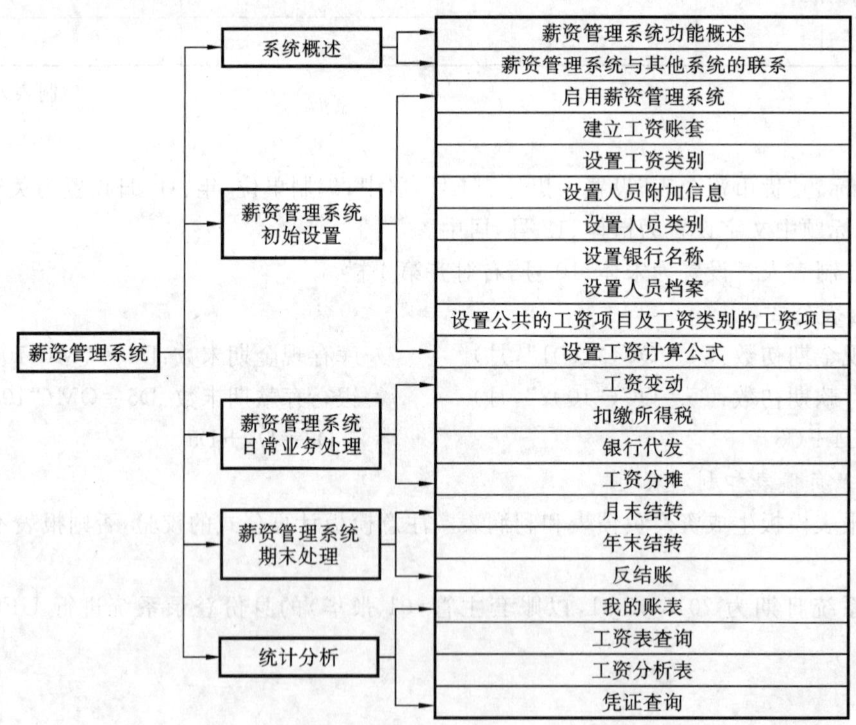

5.1　系统概述

5.1.1　薪资管理系统功能概述

薪资管理系统适用于各类企事业单位，使得单位的薪资核算和发放简单、高效、全面、便捷，同时还能为单位提供存在多种工资核算类型的解决方案。薪资管理系统的功能主要包括：

1. 初始设置

根据单位的实际情况和需要建立的工资账套数据，设置薪资系统运行所需要的各项基本信息，为日常处理建立应用环境。

2. 工资业务处理

薪资管理系统对整个单位的工资数据和信息进行有效管理，如人员增减、工资变动、个人所得税计算、向银行传输代发工资数据、自动计算汇总工资数据、支持不同工资核算模式、自动完成工资分摊和相关费用计提并直接生成凭证传递到总账管理系统等。

3. 工资报表管理与系统分析

报表和凭证是工资核算结果的最终反映。系统能够输出各种汇总表、明细表、统计表、分类表，并且提供查询和自定义报表查询功能。以上功能能够有效解决单位多方位多角度查询的需求。

5.1.2　薪资管理系统与其他系统的联系

薪资管理系统与系统管理共享基础数据。薪资管理系统与其他系统的联系如图 5.1.1 所示。

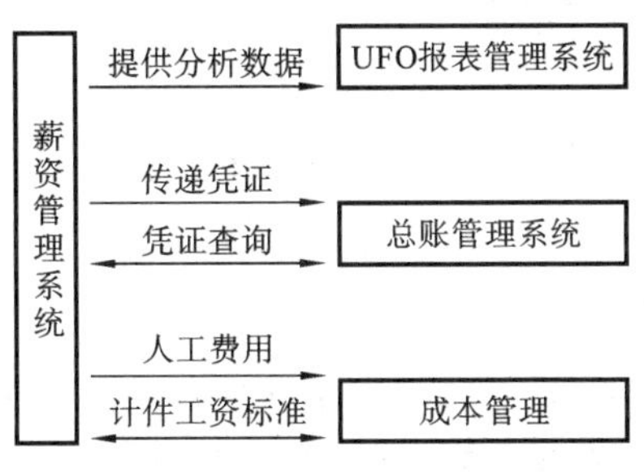

图 5.1.1

5.2　薪资管理系统初始设置

开始进行工资核算前，需要对薪资管理系统进行初始设置，建立系统应用环境。初始设置包括：启用薪资管理系统、建立工资账套、设置工资类别、设置人员附加信息、设置人员类别、设置银行名称、设置人员档案、设置公共的工资项目及工资类别的工资项目、设置工资计算公式等。

工资核算模式随单位管理模式的不同而有所划分，主要包括两大类：单类别工资核算和多类别工资核算。如果单位所有员工的工资发放项目相同，则采用单类别工资核算；如果单位存在不同类别的人员，每月进行多次工资发放，在不同地区设有分支机构，但工资核算由总部统一管理，工资发放时使用多种货币等，则需要采用多类别工资核算。

5.2.1 启用薪资管理系统

启用薪资管理系统，启用日期为 2018 年 1 月 1 日。

操作流程：

(1) 以系统管理员的身份进入系统管理，恢复项目 3 总账管理账套。

(2) 以账套主管的身份登录企业应用平台，单击“基础设置”—“基本信息”—“系统启用”，启用薪资管理系统和计件工资管理系统，“启用时间”选择“2018-01-01”，如图 5.2.1 所示。

系统启用

全启 刷新 退出

[818]广州平华家具有限公司账套启用会计期间2018年1月

系统编码	系统名称	启用会计期间	启用自然日期	启用人
☐CP	产能管理			
☐FC	车间管理			
☐HY	工序委外			
☐EC	工程变更			
☐EQ	设备管理			
☐HB	HR基础设置			
☐HM	人事管理			
☑WA	薪资管理	2018-01	2018-01-01	张华
☑PR	计件工资管理	2018-01	2018-01-01	张华
☐WM	保险福利管理			
☐TM	考勤管理			
☐HW	移动应用			
☐HT	人事合同管理			
☐RT	招聘管理			
☐TR	培训管理			
☐DM	宿舍管理			
☐PF	绩效管理			
☐MC	经理自助			

图 5.2.1

5.2.2 建立工资账套

系统处理与手工处理程序基本一致，但系统处理只需做一次初始设置，如部门、人员类别、工资项目、公式、基本工资、个人所得税、银行代发设置以及各种表样定义等，接下来每月只需对变动部分进行修改，系统即可重新计算汇总。薪资管理系统初始设置包括建立工资账套和设置基础信息两部分。

工资账套区别于系统管理中的账套：系统管理中的账套是针对整个核算系统的，而工资账套仅仅针对薪资管理系统。系统管理中应先建立本单位的核算账套，而后才能建立工资账套。工资账套的建立主要分四步：一是参数设置，二是扣税设置，三是扣零设置，四是人员编码设置。

建立工资账套，所需处理的工资类别个数为多个，扣税设置为从工资中代扣个人所得税，不扣零，人员编码长度为 3 位。

操作流程：

(1) 以账套主管的身份进入系统主窗口，单击“工资”菜单项，打开“建立工资账套”对话框。

(2) 在“建立工资账套—参数设置”对话框中，“请选择本账套所需处理的工资类别个数”勾选“多个”，“币别”默认为“人民币 RMB”，如图 5.2.2 所示，单击“下一步”。

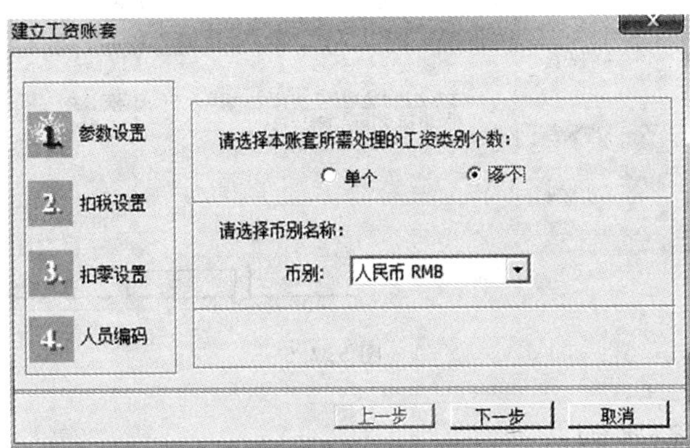

图 5.2.2

(3) 在“建立工资账套—扣税设置”对话框中，选中“是否从工资中代扣个人所得税”复选框，如图 5.2.3 所示，单击“下一步”。

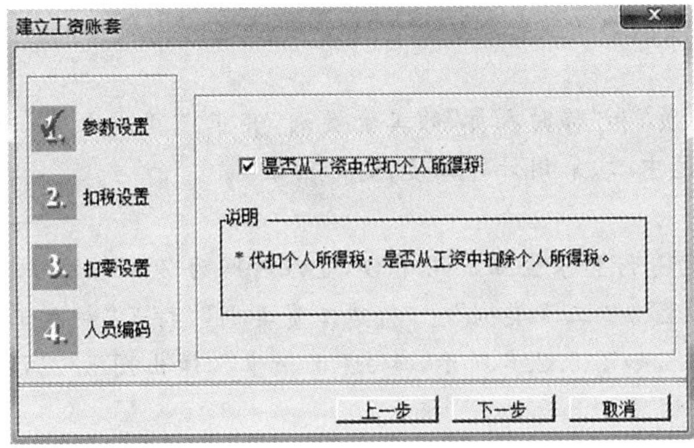

图 5.2.3

(4) 在“建立工资账套—扣零设置”对话框中，不做选择，如图 5.2.4 所示。

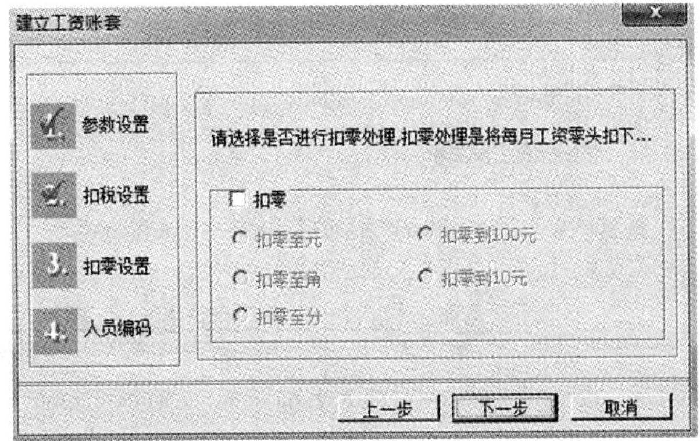

图 5.2.4

(5) 单击“下一步”,弹出图 5.2.5 所示的窗口,单击“完成”按钮,完成工资账套的建立。

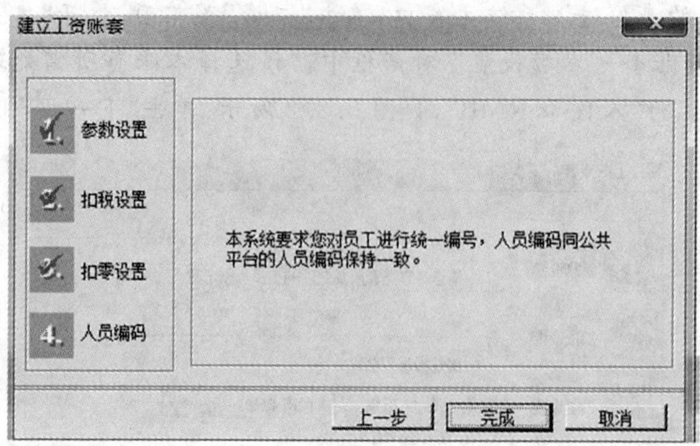

图 5.2.5

5.2.3 设置工资类别

工资类别是指在一套工资账套中根据不同情况而设置的工资数据管理类别。对于多类别的工资账套,必须先设置好具体的工资类别,才能进行工资管理核算。

1. 新建工资类别

分别设置“正式人员”和“临时人员”的工资类别,其中:“正式人员”所属部门为所有的部门;“临时人员”只属于制造中心,采用计件工资。

操作流程:

(1) 以账套主管的身份登录企业应用平台,登录时间为 2018-01-01。

(2) 单击“薪资管理”—“工资类别”—“新建工资类别”,打开“新建工资类别”对话框,工资类别名称输入“正式人员”,如图 5.2.6 所示,单击“下一步”,弹出图 5.2.7 所示的对话框,单击“选定全部部门”。

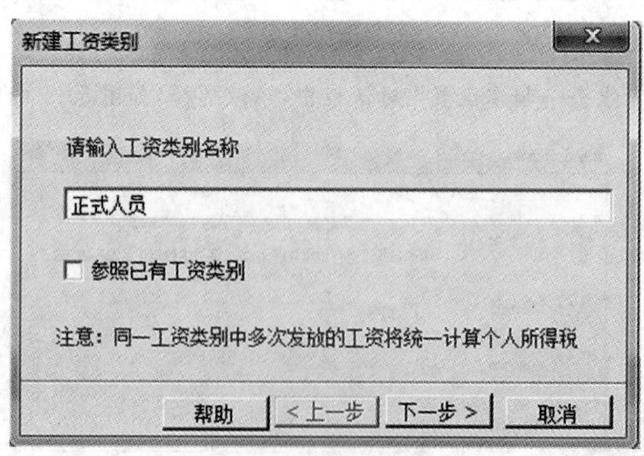

图 5.2.6

(3) 单击“完成”,系统弹出“是否以 2018-01-01 为当前工资类别的启用日期?”的信息提示对

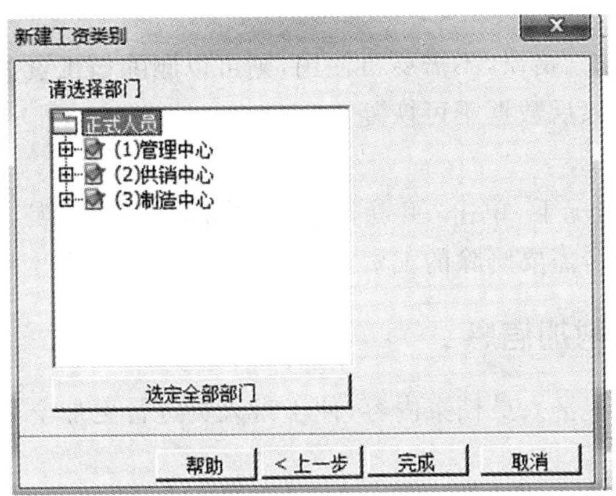

图 5.2.7

话框，如图 5.2.8 所示，单击“是”，完成“正式人员”工资类别的建立。

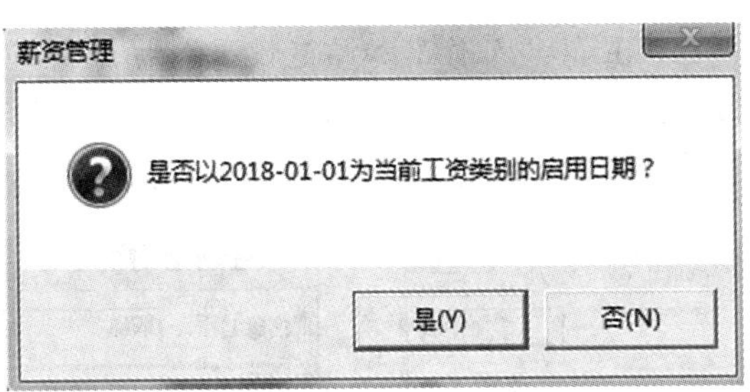

图 5.2.8

(4) 单击“薪资管理”—“工资类别”—“关闭工资类别”，同上述操作，设置“临时人员”的工资类别，部门只有制造中心，并选定其下级部门，如图 5.2.9 和图 5.2.10 所示。

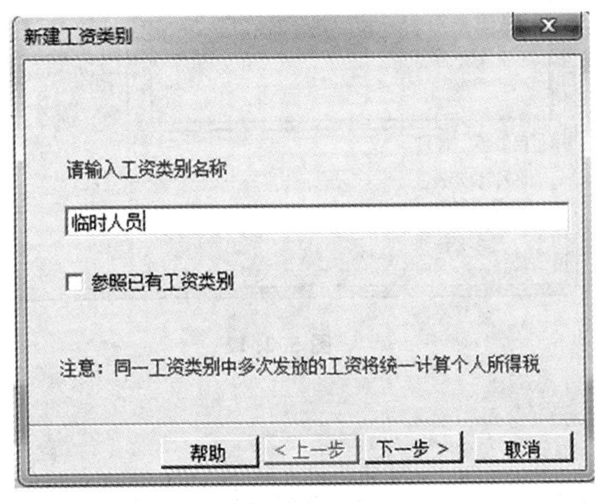

图 5.2.9

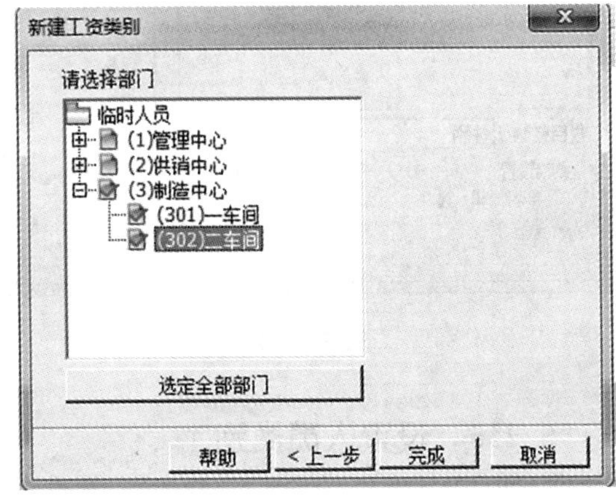

图 5.2.10

2. 打开、关闭工资类别

在打开工资类别的情况下，“工资类别”菜单下显示“打开工资类别”和“关闭工资类别”两个选项；单击“关闭工资类别”后，则在“工资类别”菜单下显示“新建工资类别”、“打开工资类别”和“删除工资类别”三个选项。

3. 删除工资类别

如果某个工资类别建立错误，不需要再使用，则可以删除该工资类别。只有主管才有权限删除工资类别，工资类别删除后数据不可恢复。

操作流程：

在关闭工资类别的情况下，单击“工资类别”—“删除工资类别”，打开“删除工资类别”对话框，在工资类别列表中单击需要删除的工资类别后，单击“确认”。

5.2.4 设置人员附加信息

设置人员附加信息，丰富人员档案内容，便于对人员进行更加全面、有效的管理。

在人员档案中增加“性别”和“职称”两项附加信息。

操作流程：

(1) 单击“薪资工资”—“设置”—“人员附加信息设置”，打开“人员附加信息设置”对话框。

(2) 在“栏目参照”栏后的方框内输入“性别”，单击“增加”，如图 5.2.11 所示；在“信息名称”栏后的方框内输入“职称”，单击“增加”，如图 5.2.12 所示。最后单击“确定”。

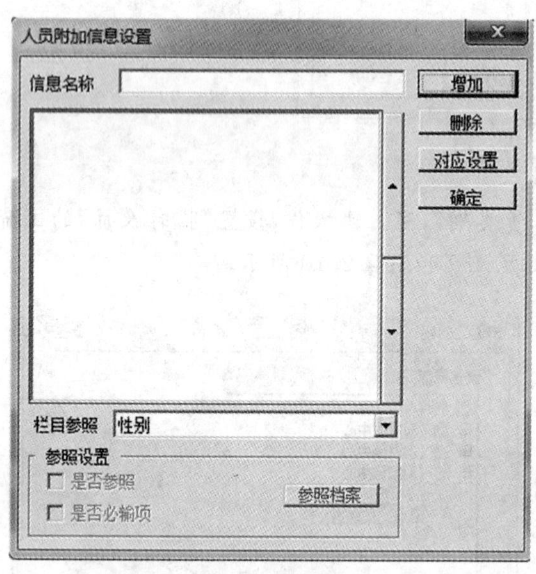

图 5.2.11

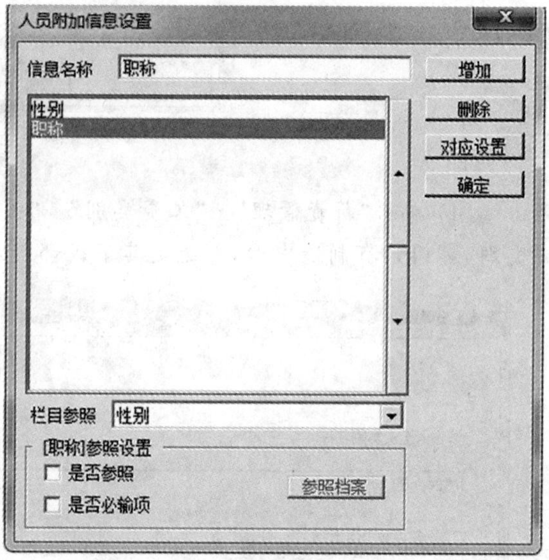

图 5.2.12

5.2.5 设置人员类别

工资是企业产品成本费用的重要组成部分，为便于企业日后进行账务处理，不同性质的人员所对应的工资费用应分别计入不同的会计账户，如生产工人的工资计入“生产成本”，车间管理人员的工资计入“制造费用”，办公管理人员的工资计入“管理费用”，销售机构人员的工资计入“销售费用”等。人员类别与工资费用的分配、分摊息息相关，清晰、准确地划分人员类别，系统才能自动进行工资费用的分配，为企业进行不同类别工资数据的汇总做好准备。关于人员类别设置的操作方法，参照项目 2 中的 2.8 节相关内容。

5.2.6　设置银行名称

由银行代发工资的企业要对银行名称进行设置，必要时还可根据实际情况设置多个银行名称。单击“基础设置”—“基础档案”—“收付结算”—“银行档案”，可对银行名称进行设置。

设置本企业发放工资的银行名称为“建设银行钟落潭分行”，账号长度为11位。

操作流程：

（1）单击“基础设置”—“基础档案”—“收付结算”—“银行档案”，打开“银行档案”窗口。

（2）单击“增加”，弹出“修改银行档案”窗口，“银行编码”输入“010”，“银行名称”输入“建设银行钟落潭分行”，“企业账户规则”为“定长”，“账号长度”输入“11”，如图5.2.13所示。

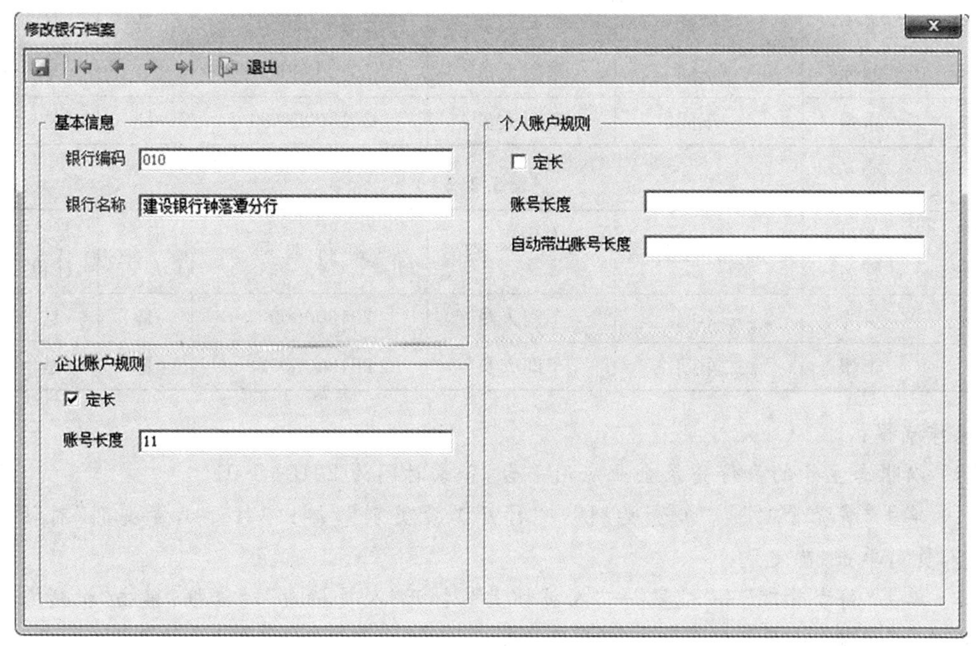

图5.2.13

（3）单击“保存”，然后单击“退出”。

5.2.7　设置人员档案

工资发放人员的姓名、职工编号、所在部门和人员类别等信息，以及员工的增减变动信息都在“人员档案”中进行设置。人员档案的设置是针对某个工资类别的，在工资账套是多类别的情况下，应先打开相应的工资类别，再录入该类别下的人员档案。

在“正式人员”类别下设置人员档案，如表5.2.1所示；在“临时人员”类别下设置人员档案，如表5.2.2所示。

表 5.2.1

人员编号	人员姓名	部门名称	人员类别	银行账号	中方人员	是否计税	计件工资
101	李平	总经理办公室	企业管理人员	20180060001	是	是	否
102	杨凤	总经理办公室	企业管理人员	20180060002	是	是	否
111	张华	财务部	企业管理人员	20180060003	是	是	否
112	周芳	财务部	企业管理人员	20180060004	是	是	否
113	余虹	财务部	企业管理人员	20180060005	是	是	否
201	林春	销售部	经营人员	20180060006	是	是	否
202	黄敏	销售部	经营人员	20180060007	是	是	否
211	毛梅	采购部	经营人员	20180060008	是	是	否
212	王力	采购部	经营人员	20180060009	是	是	否
301	刘伟	一车间	车间人员	20180060010	是	是	否
302	唐强	一车间	车间人员	20180060011	是	是	否

表 5.2.2

人员编号	人员姓名	部门名称	人员类别	银行账号	中方人员	是否计税	计件工资
311	吴光	一车间	车间人员	20180060021	是	是	是
312	李银	二车间	车间人员	20180060022	是	是	是

操作流程：

(1) 以账套主管的身份登录企业应用平台，登录时间为 2018-01-01。

(2) 单击“薪资管理”—“工资类别”—“打开工资类别”，弹出“打开工资类别”对话框，选择“正式人员”，单击“确定”。

(3) 单击“薪资管理”—“设置”—“人员档案”，打开“人员档案”对话框，单击“批增”，弹出“人员批量增加”对话框，选中需要导入的人员档案，如图 5.2.14 所示，单击 “确定”。

(4) 在“人员档案”对话框中单击“基础档案”—“机构人员”—“人员档案”，依次录入 301 刘伟、302 唐强的档案信息。

(5) 单击“薪资管理”—“设置”—“人员档案”，再单击“批增”，打开“人员批量增加”对话框，导入刘伟、唐强的人员档案。

(6) 按表 5.2.1 中的信息修改李平的档案，补充录入银行账号等相关信息，如图 5.2.15 所示，单击“确定”，系统弹出“写入该人员档案信息吗?”的信息提示对话框，单击“确定”。

(7) “正式人员”类别下其他人员档案请参照上述方法进行修改，结果如图 5.2.16 所示。

(8) 单击“薪资管理”—“工资类别”—“打开工资类别”，弹出“打开工资类别”对话框，选择“临时人员”，单击“确定”。

(9) 同理，录入“临时人员”类别下人员档案相关信息，结果如图 5.2.17 所示。

注意：

人员编号、人员姓名、人员类别来源于公共平台的人员档案信息，薪资管理系统不能修改信

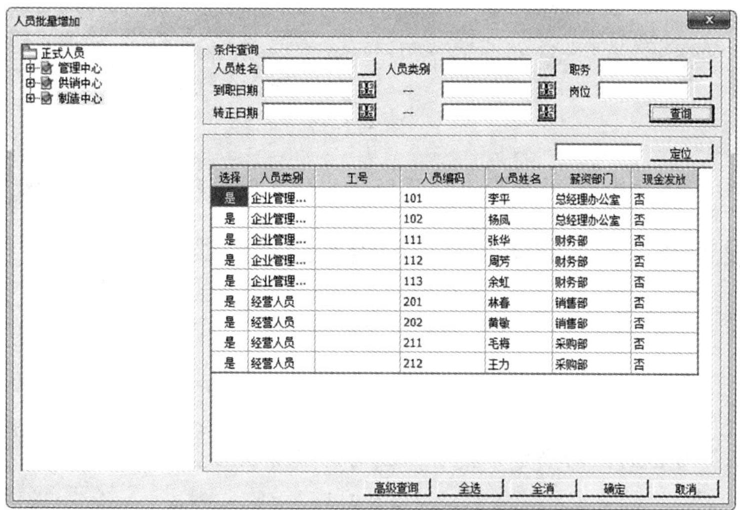

图 5.2.14

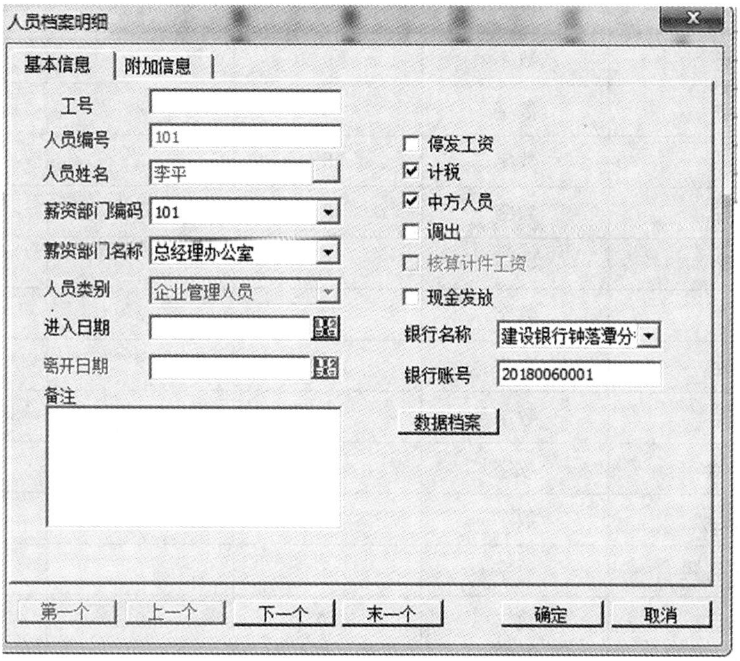

人员档案明细

基本信息 | 附加信息

工号：

人员编号：101

人员姓名：李平

薪资部门编码：101

薪资部门名称：总经理办公室

人员类别：企业管理人员

进入日期：

离开日期：

备注：

☐ 停发工资
☑ 计税
☑ 中方人员
☐ 调出
☐ 核算计件工资
☐ 现金发放

银行名称：建设银行钟落潭分

银行账号：20180060001

数据档案

第一个 上一个 下一个 末一个 确定 取消

图 5.2.15

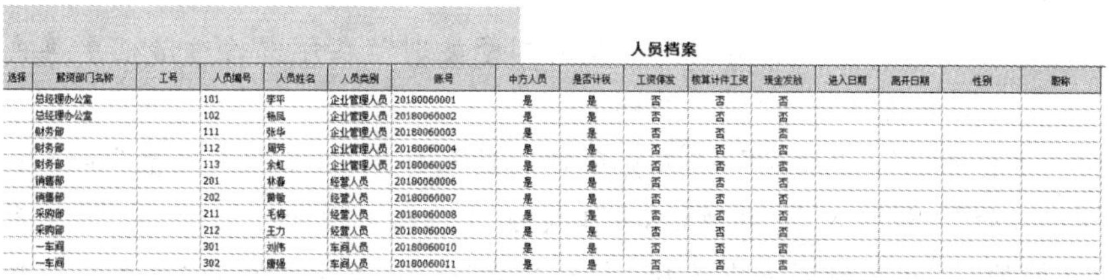

人员档案

选择	薪资部门名称	工号	人员编号	人员姓名	人员类别	账号	中方人员	是否计税	工资停发	核算计件工资	现金发放	进入日期	离开日期	性别	职称
	总经理办公室		101	李平	企业管理人员	20180060001	是	是	否	否	否				
	总经理办公室		102	杨凤	企业管理人员	20180060002	是	是	否	否	否				
	财务部		111	张华	企业管理人员	20180060003	是	是	否	否	否				
	财务部		112	周芳	企业管理人员	20180060004	是	是	否	否	否				
	财务部		113	余虹	企业管理人员	20180060005	是	是	否	否	否				
	销售部		201	林春	经营人员	20180060006	是	是	否	否	否				
	销售部		202	黄敏	经营人员	20180060007	是	是	否	否	否				
	采购部		211	毛梅	经营人员	20180060008	是	是	否	否	否				
	采购部		212	王力	经营人员	20180060009	是	是	否	否	否				
	一车间		301	刘伟	车间人员	20180060010	是	是	否	否	否				
	一车间		302	[illegible]	车间人员	20180060011	是	是	否	否	否				

图 5.2.16

图 5.2.17

息，需在公共平台中进行修改，系统会自动将修改的信息同步到薪资管理系统。

5.2.8 设置公共的工资项目及工资类别的工资项目

1. 设置公共的工资项目

设置表 5.2.3 所示的广州平华家具有限公司的工资项目。

表 5.2.3

项目名称	类型	长度	小数位数	增减项
基本工资	数字	8	2	增项
薪级工资	数字	8	2	增项
岗位津贴	数字	8	2	增项
绩效工资	数字	8	2	增项
交通补贴	数字	8	2	增项
加班工资	数字	8	2	增项
应发合计	数字	10	2	增项
请假天数	数字	8	2	其他
请假扣款	数字	8	2	减项
社会保险金	数字	8	2	减项
住房公积金	数字	8	2	减项
代扣个人所得税	数字	8	2	减项
扣款合计	数字	10	2	减项
实发合计	数字	10	2	增项

操作流程：

(1) 单击“薪资管理”—“工资类别”—“关闭工资类别”，在弹出的对话框中单击“确定”(如果已处于关闭工资类别的情况下，此步可省略)。

(2) 单击“薪资管理”—“设置”—“工资项目设置”，打开“工资项目设置”对话框。

(3) 单击“增加”，如图 5.2.18 所示，在工资项目列表中增加一空行，单击“名称参照”下拉列表框右侧的下拉按钮，在下拉列表中选择“基本工资”选项，类型调整为“数字”，长度 8 位，小数位数 2 位，增减项为“增项”，完成“基本工资”项目的增加。

(4) 单击“增加”，在工资项目列表中增加一空行，在空行的“工资项目名称”栏中输入“薪级

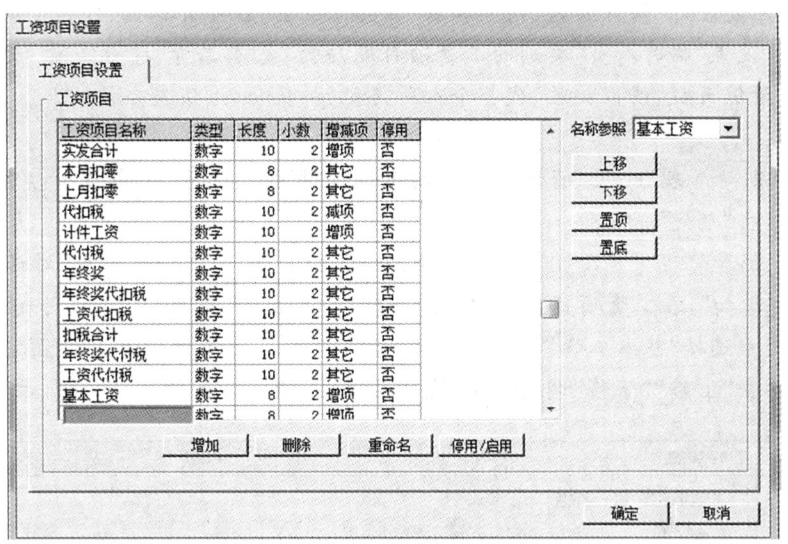

图 5.2.18

工资”，类型调整为“数字”，长度8位，小数位数2位，增减项为“增项”。

（5）按上述操作增加表5.2.3中的其他工资项目。

（6）全部工资项目增加完成后，单击“确定”，保存所设置的工资项目，如图5.2.19所示。

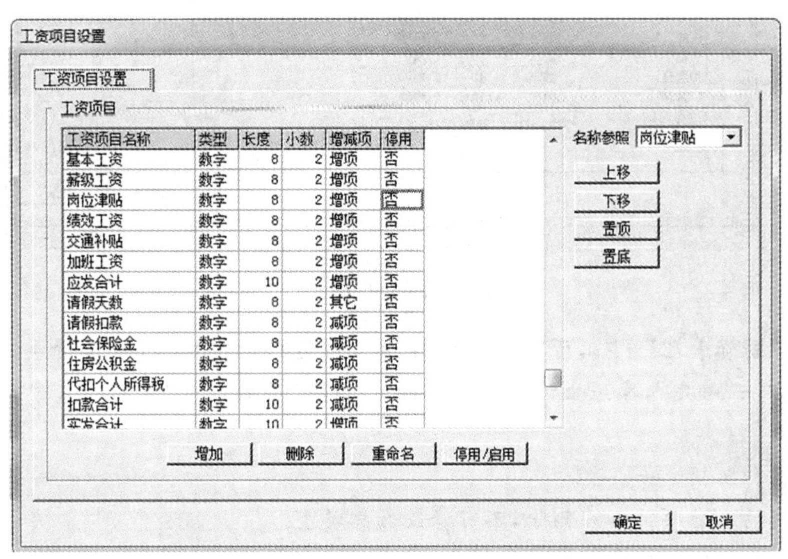

图 5.2.19

注意：

在没有进入任何工资类别的情况下，设置的工资项目是针对所有工资类别的全部可选用的工资项目。在进入某个工资类别的情况下，选择具体的工资项目使用。

2. 设置工资类别的工资项目

设置“正式人员”类别的工资项目顺序为：基本工资、薪级工资、岗位津贴、绩效工资、交通补

贴、加班工资、应发合计、请假天数、请假扣款、社会保险金、住房公积金、代扣个人所得税、扣款合计、实发合计。设置“临时人员”类别的工资项目顺序为：基本工资、绩效工资、交通补贴、加班工资、应发合计、请假天数、请假扣款、代扣个人所得税、扣款合计、实发合计。

操作流程：

(1) 单击“薪资管理”—“工资类别”—“打开工资类别”，弹出“打开工资类别”对话框，选择“正式人员”，单击“确定”。

(2) 单击“薪资管理”—“设置”—“工资项目设置”，打开“工资项目设置”对话框。

(3) 单击“增加”，在工资项目列表中增加一空行，单击“名称参照”下拉列表框右侧的下拉按钮，在下拉列表中选择“基本工资”选项。同理，依次增加其他工资项目。设置完成后，选择对应的工资项目，单击“上移”“下移”调整顺序，完成后单击“确定”，如图 5.2.20 所示。

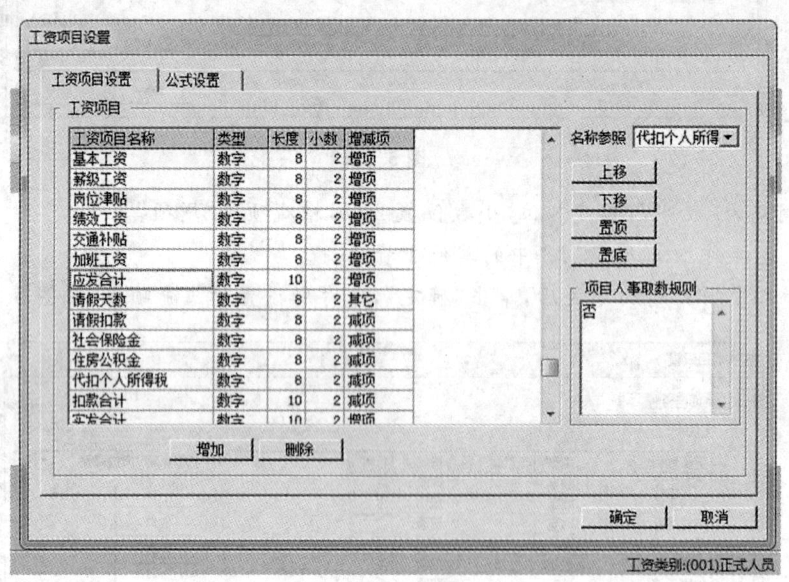

图 5.2.20

(4) 单击“薪资管理”—“工资类别”—“打开工资类别”，弹出“打开工资类别”对话框，选择“临时人员”，单击“确定”，参照上述操作，根据要求设置“临时人员”类别的工资项目。

注意：

★ 项目名称必须唯一。

★ 已使用的工资项目不可删除，不可修改数据类型。

★ 系统提供的固定工资项目不能修改、删除。

5.2.9 设置工资计算公式

系统固定的工资项目“应发合计”“扣款合计”“实发合计”等的计算公式，系统会根据工资项目设置的增减项目自动给出，用户只能设置其他项目的计算公式。根据企业实际情况和要求进行计算公式的设置，能直观、有效地表达出工资项目的实际运算过程，进而灵活处理工资数据的计算。

工资项目计算公式的设置要符合逻辑，系统将进行合法性检查，不符合逻辑的公式，系统会弹出错误提示。

设置“正式人员”类别下的工资项目计算公式：

(1) 请假扣款＝请假天数×25

(2) 社会保险金＝(基本工资＋薪级工资＋岗位津贴＋绩效工资)×0.08

(3) 住房公积金＝(基本工资＋薪级工资＋岗位津贴＋绩效工资)×0.12

(4) 交通补贴＝iff(人员类别＝“企业管理人员”or人员类别＝“车间管理人员”,100,50)

操作流程：

(1) 单击“薪资管理”—“工资类别”—“打开工资类别”，弹出“打开工资类别”对话框，选择“正式人员”，单击“确定”。

(2) 单击“薪资管理”—“设置”—“工资项目设置”，打开“工资项目设置”对话框，单击“公式设置”选项。

(3) 单击“增加”，在“工资项目”列表中增加一空行，单击“名称参照”下拉列表框右侧的下拉按钮，在下拉列表中选择“请假扣款”。

(4) 选择“公式输入参照”选项组中的“工资项目”列表框中的“请假天数”，“请假扣款公式定义”选项组的文本框中即显示“请假天数”文本。

(5) 在“公式输入参照”选项组中单击“＊”，“请假扣款公式定义”选项组的文本框中即显示“＊”。在“＊”后输入数字“25”，如图5.2.21所示，然后单击“公式确认”。同理，输入社会保险金、住房公积金的计算公式。

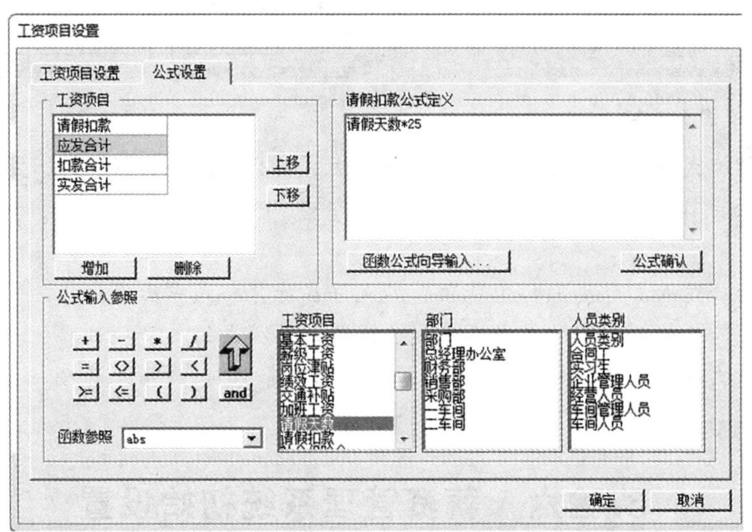

图5.2.21

(6) 单击“增加”，在“工资项目”列表中增加一空行，单击“名称参照”下拉列表框右侧的下拉按钮，在下拉列表中选择“交通补贴”。

(7) 单击“函数公式向导输入”，打开“函数向导——步骤之1”对话框，从“函数名”列表框中选择“iff”，如图5.2.22所示。

(8) 单击“下一步”，弹出“函数向导——步骤之2”对话框，单击“逻辑表达式”文本框右侧的参照按钮🔍，打开“参照”对话框，在“参照列表”选项的下拉列表中选择“人员类别”，在下面的列

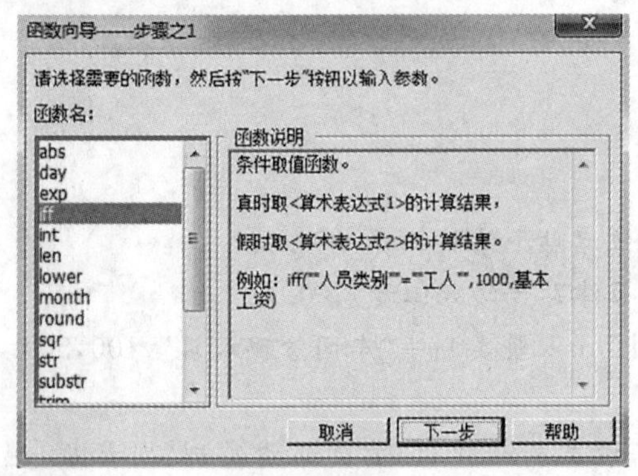

图 5.2.22

表框中选择“企业管理人员”，如图 5.2.23 所示，单击“确定”。

（9）在“逻辑表达式”文本框中的公式后输入“or”（注意 or 的前后各有一个空格），然后单击“逻辑表达式”文本框右侧的参照按钮，弹出“参照”对话框，在“参照列表”选项的下拉列表中选择“人员类别”，在下面的列表框中选择“车间管理人员”，然后单击“确定”，返回“函数向导——步骤之 2”对话框。

（10）在“算术表达式 1”文本框中输入“100”，在“算术表达式 2”文本框中输入“50”，如图 5.2.24 所示，单击“完成”，返回“公式设置”窗口。

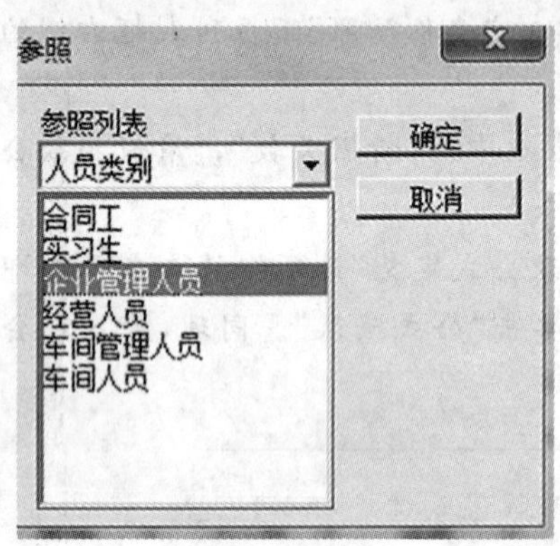

图 5.2.23

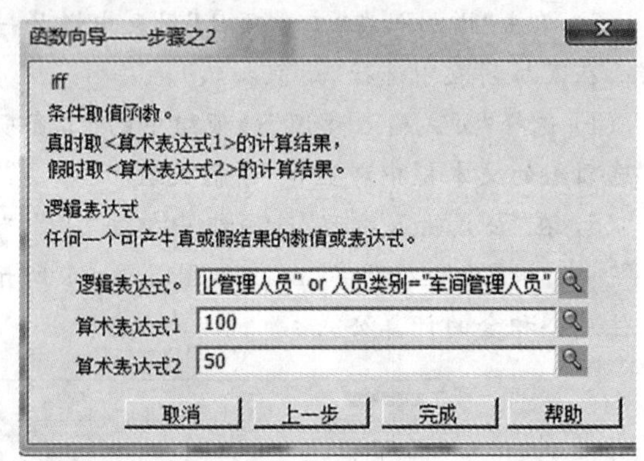

图 5.2.24

（11）单击“公式确认”，检验公式是否符合语法。若公式符合语法，单击左下角的“确定”，保存公式，退出“公式设置”窗口。

注意：

（1）没有选择进入工作类别的工资项目不允许在计算公式中出现。

（2）不能删除已输入数据的工资项目和已设置计算公式的工资项目。

（3）如果所需要的工资项目不存在，则需关闭本工资类别，新增工资项目后再打开此工资类别进行选择。

实验六　薪资管理系统初始设置

实验目的

（1）掌握用友 ERP-U8 管理软件中薪资管理系统初始设置的相关内容。

（2）熟悉薪资管理系统初始设置的各种操作。

（3）掌握建立工资账套以及设置工资类别、人员附加信息、人员类别、银行名称、人员档案、公共的工资项目、工资类别的工资项目、工资计算公式的具体操作方法。

实验内容

（1）启用薪资管理系统。

（2）建立工资账套。

（3）设置工资类别。

（4）设置人员附加信息。

（5）设置人员类别。

（6）设置银行名称。

（7）设置人员档案。

（8）设置公共的工资项目及工资类别的工资项目。

（9）设置工资计算公式。

实验准备

启用薪资管理系统，启用日期为2018-01-01，引入项目3总账管理的账套数据。

实验资料

1. 启用薪资管理系统

启用薪资管理系统，启用日期为2018年1月1日。

2. 建立工资账套

建立工资账套，所需处理的工资类别个数为多个，扣税设置为从工资中代扣个人所得税，不扣零，人员编码长度为3位。

3. 设置工资类别

（1）新建工资类别：分别设置“正式人员”和“临时人员”的工资类别，其中“正式人员”所属部门为所有的部门，“临时人员”只属于制造中心，采用计件工资。

（2）进行打开、关闭、删除工资类别操作。

4. 设置人员附加信息

在人员档案中增加“性别”和“职称”两项附加信息。

5. 设置人员类别

参照项目2中的2.8节相关内容。

6. 设置银行名称

设置本企业发放工资的银行名称为“建设银行钟落潭分行”，账号长度为11位。

7. 设置人员档案

在“正式人员”类别下设置人员档案，在“临时人员”类别下设置人员档案。

人员编号	人员姓名	部门名称	人员类别	银行账号	中方人员	是否计税	计件工资
101	李平	总经理办公室	企业管理人员	20180060001	是	是	否
102	杨凤	总经理办公室	企业管理人员	20180060002	是	是	否
111	张华	财务部	企业管理人员	20180060003	是	是	否
112	周芳	财务部	企业管理人员	20180060004	是	是	否
113	余虹	财务部	企业管理人员	20180060005	是	是	否
201	林春	销售部	经营人员	20180060006	是	是	否
202	黄敏	销售部	经营人员	20180060007	是	是	否
211	毛梅	采购部	经营人员	20180060008	是	是	否

续表

人员编号	人员姓名	部门名称	人员类别	银行账号	中方人员	是否计税	计件工资
212	王力	采购部	经营人员	20180060009	是	是	否
301	刘伟	一车间	车间人员	20180060010	是	是	否
302	唐强	一车间	车间人员	20180060011	是	是	否
311	吴光	一车间	车间人员	20180060021	是	是	是
312	李银	二车间	车间人员	20180060022	是	是	是

8. 设置公共的工资项目及工资类别的工资项目

(1) 设置公共的工资项目:设置广州平华家具有限公司的工资项目。

项目名称	类型	长度	小数位数	增减项
基本工资	数字	8	2	增项
薪级工资	数字	8	2	增项
岗位津贴	数字	8	2	增项
绩效工资	数字	8	2	增项
交通补贴	数字	8	2	增项
加班工资	数字	8	2	增项
应发合计	数字	10	2	增项
请假天数	数字	8	2	其他
请假扣款	数字	8	2	减项
社会保险金	数字	8	2	减项
住房公积金	数字	8	2	减项
代扣个人所得税	数字	8	2	减项
扣款合计	数字	10	2	减项
实发合计	数字	10	2	增项

(2) 设置工资类别的工资项目。

设置“正式人员”类别的工资项目顺序为:基本工资、薪级工资、岗位津贴、绩效工资、交通补贴、加班工资、应发合计、请假天数、请假扣款、社会保险金、住房公积金、代扣个人所得税、扣款合计、实发合计。设置“临时人员”类别的工资项目顺序为:基本工资、绩效工资、交通补贴、加班工资、应发合计、请假天数、请假扣款、代扣个人所得税、扣款合计、实发合计。

9. 设置工资计算公式

设置“正式人员”类别下的工资项目计算公式:

(1) 请假扣款=请假天数×25

(2) 社会保险金=(基本工资+薪级工资+岗位津贴+绩效工资)×0.08

(3) 住房公积金=(基本工资+薪级工资+岗位津贴+绩效工资)×0.12

(4) 交通补贴=iff(人员类别=“企业管理人员”or 人员类别=“车间管理人员”,100,50)

实验要求

(1) 以账套主管"01 张华"的身份进行总账初始设置。

(2) 人员编号、人员姓名、人员类别来源于公共平台的人员档案信息,薪资管理系统不能修改信息,需要在公共平台中进行修改。

(3) 项目名称必须唯一。

(4) 不可删除已使用的工资项目,不可修改数据类型。

(5) 不能修改、删除系统提供的固定工资项目。

(6) 没有选择进入工资类别的工资项目不允许在计算公式中出现。

(7) 不能删除已输入数据的工资项目和已设置计算公式的工资项目。

(8) 如果所需要的工资项目不存在,则需关闭本工资类别,新增工资项目后再打开此工资类别进行选择。

5.3　薪资管理系统日常业务处理

工资业务的日常处理主要包括工资变动的处理、扣缴个人所得税的处理、工资分摊的账务处理等。

5.3.1　工资变动

首次使用薪资管理系统时,需将全体人员的基本工资数据录入系统,后续发生的工资数据变动将在此基础上进行调整,如职务变动、岗位变动、请假病假扣发等。

1. 录入工资基本数据

录入表 5.3.1 所示的"正式人员"类别下的工资基本数据。

表 5.3.1

姓　名	基本工资	薪级工资/元	岗位津贴/元	绩效工资/元
李平	5 000	700	8 000	6 000
杨凤	2 500	200	4 500	2 000
张华	4 500	500	6 000	4 500
周芳	3 000	450	4 500	3 500
余虹	3 500	450	4 500	3 500
林春	4 000	600	6 000	5 500
黄敏	3 500	350	5 000	4 500
毛梅	3 000	300	4 500	4 000
王力	3 000	400	4 500	4 000
刘伟	2 000	350	4 500	4 500
唐强	2 100	450	4 500	4 500

操作流程：

(1) 单击“薪资管理”—“工资类别”—“打开工资类别”，弹出“打开工资类别”对话框，选择“正式人员”。

(2) 单击“业务处理”—“工资变动”，打开“工资变动”对话框。

(3) 按照表 5.3.1 录入相关数据，单击“工资变动”对话框上方的“计算”按钮，等待系统按照已定义好的公式自动计算相关工资项目的数据，结果如图 5.3.1 所示。全部计算完后弹出“是否进行汇总?”的信息提示对话框，单击“是”。

工资变动

过滤器 所有项目　　定位器

选择	工号	人员编号	姓名	部门	人员类别	代扣税	年终奖	年终奖代扣税	工资代扣税	扣税合计	基本工资	薪级工资	岗位津贴	绩效工资	交通补贴
		101	李平	总经理办公室	企业管理人员	2,085.00			2,085.00	2,085.00	5,000.00	700.00	8,000.00	6,000.00	100.00
		102	杨凤	总经理办公室	企业管理人员	291.00			291.00	291.00	2,500.00	200.00	4,500.00	2,000.00	100.00
		111	张华	财务部	企业管理人员	1,245.00			1,245.00	1,245.00	4,500.00	500.00	6,000.00	4,500.00	100.00
		112	[illegible]	财务部	企业管理人员	597.00			597.00	597.00	3,000.00	450.00	4,500.00	3,500.00	100.00
		113	余红	财务部	企业管理人员	677.00			677.00	677.00	3,500.00	450.00	4,500.00	3,500.00	100.00
		201	林春	销售部	经营人员	1,352.50			1,352.50	1,352.50	4,000.00	600.00	6,000.00	5,500.00	50.00
		202	黄敏	销售部	经营人员	891.00			891.00	891.00	3,500.00	350.00	5,000.00	4,500.00	50.00
		211	毛梅	采购部	经营人员	643.00			643.00	643.00	3,000.00	300.00	4,500.00	4,000.00	50.00
		212	王力	采购部	经营人员	659.00			659.00	659.00	3,000.00	400.00	4,500.00	4,000.00	50.00
		301	刘伟	一车间	车间人员	571.00			571.00	571.00	2,000.00	350.00	4,500.00	4,500.00	50.00
		302	康强	一车间	车间人员	603.00			603.00	603.00	2,100.00	450.00	4,500.00	4,500.00	50.00
合计						9,614.50			9,614.50	9,614.50	36,100.00	4,750.00	56,500.00	46,500.00	800.00

图 5.3.1

2. 录入本月工资变动数据

基本工资数据一般每月固定，但有一部分工资数据却是每月变化的，称为工资变动数据。工资变动数据主要根据每月的考勤、业绩、调转等确定。职工调入、调出本单位时，其基本工资数据可以输入或删除。职工在单位内部不同部门之间进行调动时，可以通过修改职工所在部门编码来实现其基本工资数据的调整。

工资变动界面显示全体人员的所有工资项目，操作员可以直接在列表中修改数据，也可以通过以下方法加快录入：

(1) 使用数据替换功能替换某工资项目数据。如果要对同一工资项目做统一变动，可采用数据替换功能。如将全体人员的“住房公积金”统一为 1 000 元，这时可使用数据替换功能。

(2) 使用数据筛选功能录入某工资项目数据。如果需要按某些条件筛选符合条件的人员进行录入，如选择人员类别为人事代理的人员进行录入，可使用数据筛选功能。

(3) 按指定条件快速定位某工资项目数据。如果需要录入某个指定部门或人员的数据，可单击“定位”按钮，使用部门、人员定位功能让系统自动定位到需要的部门或人员上，然后进行录入。

(4) 使用项目过滤功能过滤工资项目。如果只需对某些项目进行录入，可使用项目过滤功能，选择某些项目进行录入。

案例11

本月正式人员的工资情况如下：

(1) 考勤情况：杨凤请假 1 天，毛梅请假 2 天。

(2) 人员调动情况：因需要决定招聘李达(编号 210)到销售部门担任经营人员，基本工资 4 500 元，无其他工资，代发工资账号 20180060012。

(3) 发放奖金情况：因去年销售部推广产品业绩较好，每人增加绩效工资 500 元。

操作流程：

(1) 单击“薪资管理”—“业务处理”—“工资变动”，打开“工资变动”对话框。

(2) 录入杨凤、毛梅请假天数，关闭“工资变动”对话框，弹出图 5.3.2 所示的“数据发生变动后请进行工资计算和汇总，否则工资数据可能不正确！是否进行工资计算和汇总?”的信息提示对话框，单击“否”。

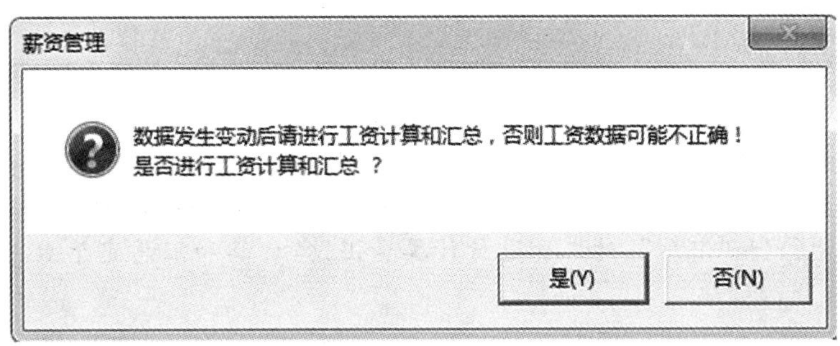

图 5.3.2

(3) 打开“基础设置”对话框，单击“基础档案”—“机构人员”—“人员档案”，增加李达的人员档案信息。

(4) 单击“薪资管理”—“设置”—“人员档案”，在“人员档案”对话框中单击“增加”，录入李达的人员档案信息，录入完毕后关闭“人员档案”对话框。

(5) 单击“薪资管理”—“业务处理”—“工资变动”，打开“工资变动”对话框，录入李达的基本工资 4 500 元。

(6) 单击“工资变动”对话框上方的“全选”按钮，再单击“工资变动”对话框上方的“替换”按钮，打开“工资项数据替换”对话框，“将工资项目”选择“绩效工资”，在“替换成”文本框中输入“绩效工资＋500”，“替换条件”选择“部门＝(201)销售部”，如图 5.3.3 所示，单击“确定”，弹出“数据替换后将不可恢复，是否替换?”的信息提示对话框，单击“是”，弹出“2 条记录被替换，是否重新计算?”的信息提示对话框，单击“是”。

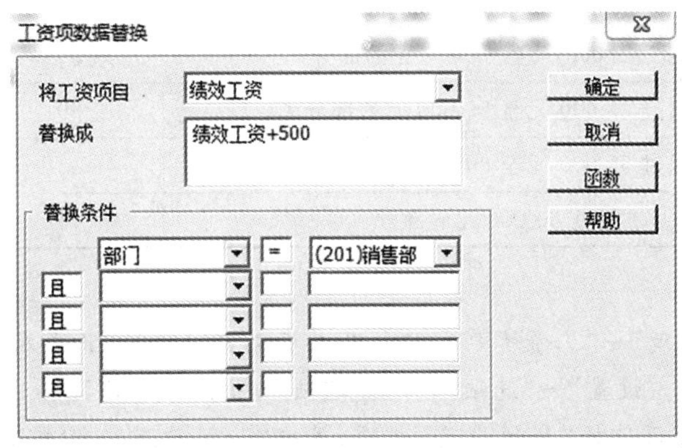

图 5.3.3

(7) 在“过滤器”下拉列表中选择“所有项目”选项，屏幕上显示所有的工资项目。关闭“工资变动”对话框，弹出是否汇总的信息提示对话框，单击“是”。

2018-01-31，临时人员的工资状况如表 5.3.2 所示。

表 5.3.2

姓　　名	基本工资/元	绩效工资/元	加班工资/元
吴光	1 500	500	1 800
李银	1 200	400	2 000

操作流程：

(1) 单击“薪资管理”—“工资类别”，打开“工资类别”对话框，选择“临时人员”工资类别。

(2) 单击“业务处理”—“工资变动”，打开“工资变动”对话框，录入表 5.3.2 中的数据。

(3) 单击“计算”和“汇总”，对工资进行计算和汇总，计算和汇总完毕后关闭“工资变动”对话框。

5.3.2　扣缴个人所得税

单位向职工发放工资时，应依法计算并代扣代缴个人所得税。只要在系统中设置纳税基数和所得税率，系统即可自动计算个人所得税。

“正式人员”“临时人员”类别下的工资扣税基数为 3 500 元，按照表 5.3.3 所示的税率计算个人所得税。

表 5.3.3

级　　次	全月应纳税所得额	税率/(%)	速算扣除数/元
1	不超过 1 500 元	3	0
2	超过 1 500 元至 4 500 元的部分	10	105
3	超过 4 500 元至 9 000 元的部分	20	555
4	超过 9 000 元至 35 000 元的部分	25	1 005
5	超过 35 000 元至 55 000 元的部分	30	2 755
6	超过 55 000 元至 80 000 元的部分	35	5 505
7	超过 80 000 元的部分	45	13 505

操作流程：

(1) 单击“薪资管理”—“工资类别”—“打开工资类别”，选择“正式人员”工资类别。

(2) 单击“工资”—“设置”—“选项”，打开“选项”对话框，如图 5.3.4 所示。

(3) 单击“编辑”，再选择“扣税设置”选项，单击“扣税设置—税率设置”，在打开的“个人所得税申报表——税率表”中设置“基数”为“3500”，“附加费用”为“1300”，并按表 5.3.3 修改“代扣税”选项中的“应纳税所得额下限”、“应纳税所得额上限”、“税率”及“速算扣除数”，完成后如图5.3.5 所示。

(4) 单击“确定”返回。单击“业务处理”—“工资变动”，打开“工资变动”对话框，分别单击“计算”和“汇总”，关闭“工资变动”对话框。

(5) 同理，选择“临时人员”工资类别，修改应纳税所得额下限、应纳税所得额上限、税率及速算扣除数，重新计算和汇总工资数据。

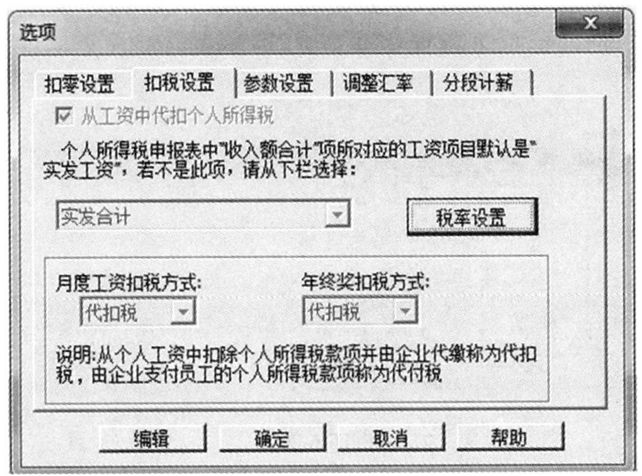

图 5.3.4

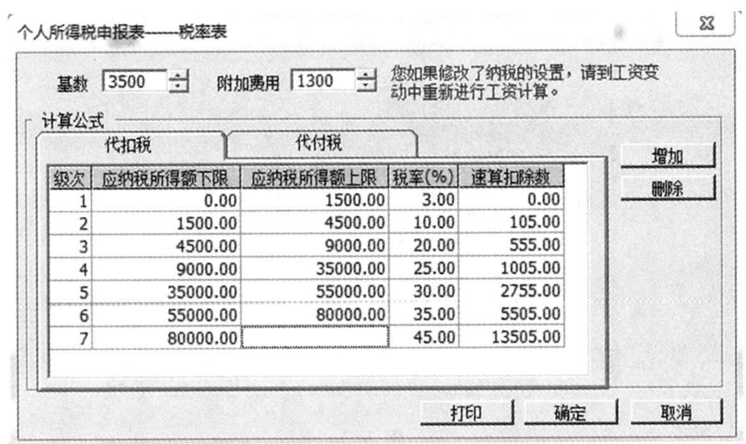

级次	应纳税所得额下限	应纳税所得额上限	税率(%)	速算扣除数
1	0.00	1500.00	3.00	0.00
2	1500.00	4500.00	10.00	105.00
3	4500.00	9000.00	20.00	555.00
4	9000.00	35000.00	25.00	1005.00
5	35000.00	55000.00	30.00	2755.00
6	55000.00	80000.00	35.00	5505.00
7	80000.00		45.00	13505.00

图 5.3.5

5.3.3　银行代发

银行代发即由银行代企业发放职工个人工资。目前，不少企业都通过其开户银行为职工办理了发放工资的银行卡，每月企业将做好的工资报盘文件交由银行，通过银行将职工工资划入职工的本行账户中。

案例14

设置通过建设银行钟落潭分行代发"正式人员"类别的工资，栏目名称、数据类型及长度等均为默认，单位编号为 101083456，录入日期为 2018-01-31。

操作流程：

(1) 单击"薪资管理"—"工资类别"，打开"工资类别"对话框，选择"正式人员"工资类别。

(2) 单击"业务处理"—"银行代发"，弹出"请选择部门范围"对话框，单击"确定"，进入"银行代发"对话框。

(3) 进入"银行文件格式设置"对话框，从银行模板下拉列表中选中"建行钟落潭分行"。

(4) 在"单位编号"对应的"数据来源"栏输入"101083456",在"录入日期"对应的"数据来源"栏输入"20180131",单击"确定",系统即保存设置,并生成银行代发一览表,如图 5.3.6 所示。

银行代发一览表

名称:建设银行钟落潭分行

单位编号	人员编号	账号	金额	录入日期
101083456	101	20180060001	13775.00	20180131
101083456	102	20180060002	7146.50	20180131
101083456	111	20180060003	11255.00	20180131
101083456	112	20180060004	8663.00	20180131
101083456	113	20180060005	8983.00	20180131
101083456	201	20180060006	11877.50	20180131
101083456	202	20180060007	10159.00	20180131
101083456	210	20180060012	3645.50	20180131
101083456	211	20180060008	8807.00	20180131
101083456	212	20180060009	8911.00	20180131
101083456	301	20180060010	8559.00	20180131
101083456	302	20180060011	8687.00	20180131
合计			110,468.50	

图 5.3.6

(5) 单击"银行文件格式设置"对话框上方的"方式",可选择银行代发文件的输出格式,如图 5.3.7 所示。

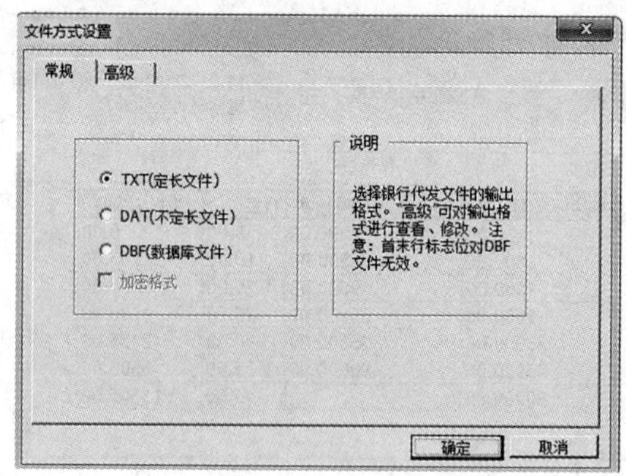

图 5.3.7

(6) 选择了银行代发文件的输出格式后,单击"确定",弹出"确认当前文件设置格式"的信息提示对话框,单击"是",银行代发文件的输出格式设置完成。单击"银行文件格式设置"对话框上方的"传输",可进行银行代发文件的传输。

5.3.4 工资分摊

工资分摊是指对当月的工资费用进行工资总额的计算和分配,对各种经费进行计提并制作自动转账凭证。财务部门根据工资费用分配表,将工资费用根据用途进行分配,从而编制转账凭证,供总账管理系统记账处理时使用。

第一次使用工资分摊功能时,应首先进行工资分摊设置。所有与工资相关的费用及资金均需建立相应的分摊类型、分摊名称及分摊比例,如应付工资、应付福利费、职工教育经费、工会经费等。

案例15

设置"正式人员"类别的工资分摊类型为"应付工资"和"应付福利费","临时人员"类别的工资分摊类型为"应付工资"。应付工资总额等于工资项目"实发合计",按应付工资总额的 14%计提应付福利费。工资分摊的设置内容如表 5.3.4 所示。(项目大类假设为实木餐台)

表 5.3.4

部门 \ 工资分摊		应付工资		应付福利费(14%)	
		借方科目	贷方科目	借方科目	贷方科目
总经理办公室、财务部	企业管理人员	660201	221101	660202	221102
采购部、销售部	经营人员	6601	221101	6601	221102
一车间、二车间	车间管理人员	510101	221101	510101	221102
	生产人员	500102	221101	500102	221102

操作流程：

(1) 选择“正式人员”工资类别，单击“工资”—“业务处理”—“工资分摊”，打开“工资分摊”对话框。

(2) 单击“工资分摊设置”，打开“分摊类型设置”对话框，如图 5.3.8 所示。

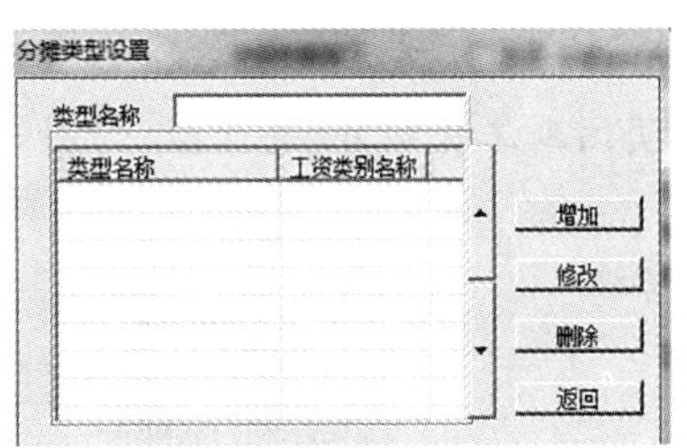

图 5.3.8

(3) 单击“增加”，打开“分摊计提比例设置”对话框，“计提类型名称”输入“应付工资”，默认分摊计提比例为 100%，单击“下一步”，打开“分摊构成设置”对话框。

(4) 按表 5.3.4 进行设置，设置完成后结果如图 5.3.9 所示，单击“完成”，返回“分摊类型设置”对话框。

分摊构成设置

部门名称	人员类别	工资项目	借方科目	借方项目大类	借方项目	贷方科目	贷方项目大类
总经理办公室,...	企业管理人员	应发合计	660201			221101	
销售部,采购部	经营人员	应发合计	6601			221101	
一车间,二车间	车间管理人员	应发合计	510101			221101	
一车间,二车间	生产人员	应发合计	500102	生产成本核算	实木餐台	221101	

上一步　完成　取消

图 5.3.9

(5) 同理设置“应付福利费”分摊计提项目。单击“增加”，在“分摊计提比例设置”对话框中，“计提类型名称”输入“应付福利费”，“分摊计提比例”输入“14%”，如图 5.3.10 所示，单击“下一步”，在“分摊构成设置”对话框中，输入对应科目及项目名称，设置完成后结果如图 5.3.11 所示。

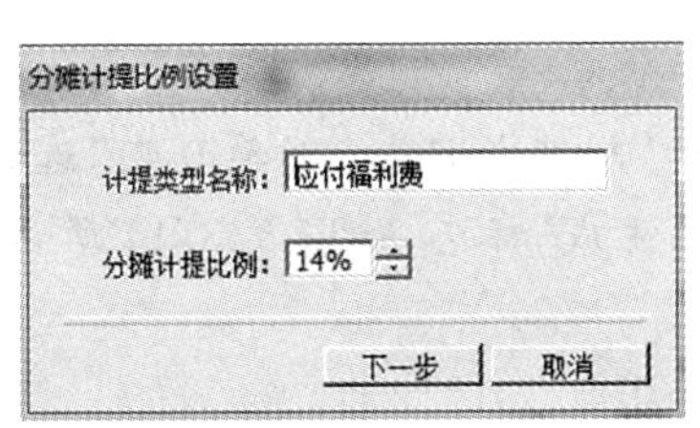

图 5.3.10

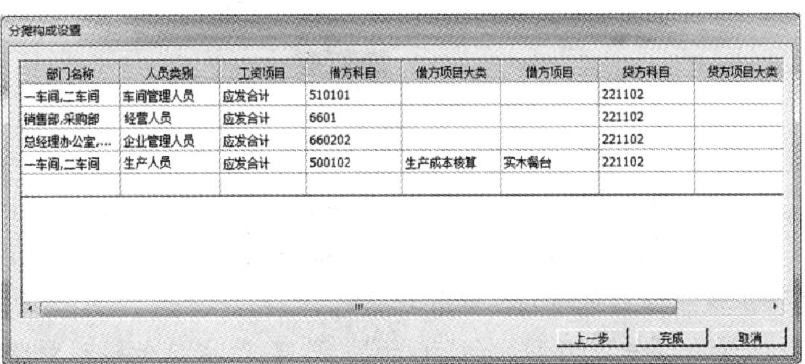

分摊构成设置

部门名称	人员类别	工资项目	借方科目	借方项目大类	借方项目	贷方科目	贷方项目大类
一车间,二车间	车间管理人员	应发合计	510101			221102	
销售部,采购部	经营人员	应发合计	6601			221102	
总经理办公室,...	企业管理人员	应发合计	660202			221102	
一车间,二车间	生产人员	应发合计	500102	生产成本核算	实木餐台	221102	

上一步　完成　取消

图 5.3.11

(6) 单击“返回”，关闭“工资分摊”对话框。

(7) 同理，选择“临时人员”工资类别，设置“应付工资”计提类型。

案例16

生成案例 15 的工资分摊凭证。

操作流程：

(1) 选择“正式人员”工资类别，单击“工资”—“业务处理”—“工资分摊”，打开“工资分摊”对话框。

(2)“计提会计月份”选择“2018-1”，“计提费用类型”勾选“应付工资”，选中全部部门，并勾选“明细到工资项目”复选框，如图 5.3.12 所示，单击“确定”，打开“应付工资一览表”对话框。

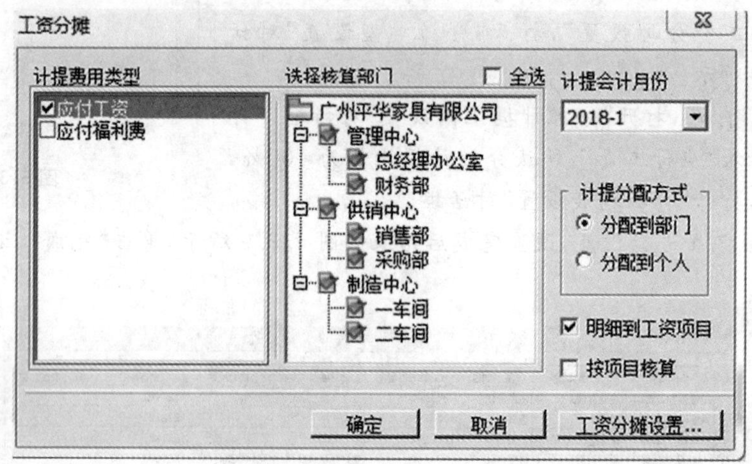

图 5.3.12

(3) 勾选“合并科目相同、辅助项相同的分录”复选框，如图 5.3.13 所示。

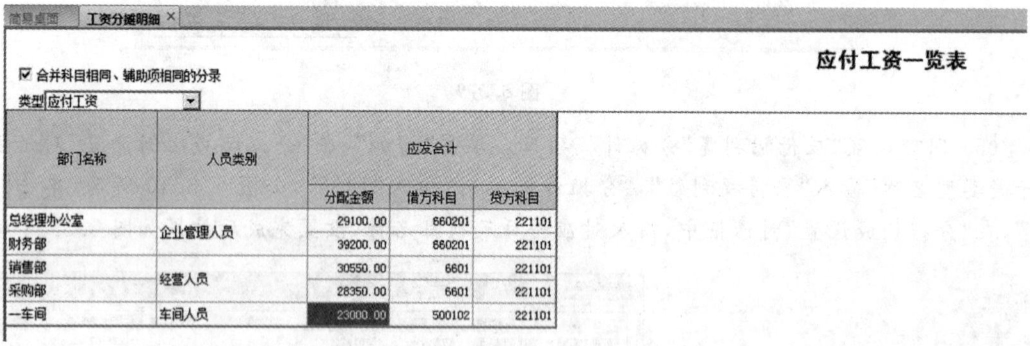

简易桌面 | 工资分摊明细 ×

应付工资一览表

☑ 合并科目相同、辅助项相同的分录

类型 应付工资

部门名称	人员类别	应发合计		
		分配金额	借方科目	贷方科目
总经理办公室	企业管理人员	29100.00	660201	221101
财务部		39200.00	660201	221101
销售部	经营人员	30550.00	6601	221101
采购部		28350.00	6601	221101
一车间	车间人员	23000.00	500102	221101

图 5.3.13

(4) 单击“制单”，打开“填制凭证”对话框，“凭证类别”选择“转账凭证”，“制单日期”选择“2018-01-31”，输入“实木餐台”，单击“保存”，凭证左上角出现“已生成”标志，如图 5.3.14 所示，表示该凭证已传递到总账管理系统。

(5) 单击工具栏中的“退出”。同理，生成应付福利费凭证，如图 5.3.15 所示。

(6) 选择“临时人员”工资类别，生成该类别人员的应付工资凭证，如图 5.3.16 所示。

已生成

转 账 凭 证

转　字 0001　　制单日期：2018.01.31　　审核日期：　　附单据数：0

摘要	科目名称	借方金额	贷方金额
应付工资	销售费用	5890000	000
应付工资	生产成本/直接人工	2300000	
应付工资	管理费用/薪资	2910000	
应付工资	管理费用/薪资	3920000	
应付工资	应付职工薪酬/职工工资		15020000
票号 日期	数量 单价　　合计	15020000	1502000

备注　项　目　　部　门
个　人　　客　户
业务员

记账　　审核　　出纳　　制单　张华

图 5.3.14

已生成

转 账 凭 证

转　字 0002　　制单日期：2018.01.31　　审核日期：　　附单据数：0

摘要	科目名称	借方金额	贷方金额
应付福利费	500102	322000	
应付福利费	管理费用/福利费	407400	
应付福利费	管理费用/福利费	548800	
应付福利费	应付职工薪酬/职工福利费		1278200
票号 日期	数量 单价　　合计	1278200	1278200

备注　项　目　实木餐台　　部　门
个　人　　客　户
业务员

记账　　审核　　出纳　　制单　张华

图 5.3.15

已生成

转 账 凭 证

转　字 0003　　制单日期：2018.01.31　　审核日期：　　附单据数：0

摘要	科目名称	借方金额	贷方金额
应付工资	生产成本/直接人工	740000	
应付工资	应付职工薪酬/职工工资		740000
票号 日期	数量 单价　　合计	740000	740000

备注　项　目　实木餐台　　部　门
个　人　　客　户
业务员

记账　　审核　　出纳　　制单　张华

图 5.3.16

实验七　薪资管理系统日常业务处理

实验目的

（1）掌握用友 ERP-U8 管理软件中薪资管理系统日常业务处理的相关内容。

（2）熟悉薪资管理系统日常业务处理的各种操作。

(3) 掌握工资变动、扣缴个人所得税、银行代发、工资分摊的具体内容和操作方法。

实验内容

(1) 工资变动。

(2) 扣缴个人所得税。

(3) 银行代发。

(4) 工资分摊。

实验准备

引入实验六薪资管理系统初始设置的账套数据。

实验资料

1. 工资变动

(1) 录入工资基本数据。

姓　名	基本工资/元	薪级工资/元	岗位津贴/元	绩效工资/元
李平	5 000	700	8 000	6 000
杨凤	2 500	200	4 500	2 000
张华	4 500	500	6 000	4 500
周芳	3 000	450	4 500	3 500
余虹	3 500	450	4 500	3 500
林春	4 000	600	6 000	5 500
黄敏	3 500	350	5 000	4 500
毛梅	3 000	300	4 500	4 000
王力	3 000	400	4 500	4 000
刘伟	2 000	350	4 500	4 500
唐强	2 100	450	4 500	4 500

(2) 录入本月工资变动数据。

本月正式人员的工资情况如下：

① 考勤情况：杨凤请假 1 天，毛梅请假 2 天。

② 人员调动情况：因需要决定招聘李达（编号 210）到销售部门担任经营人员，基本工资 4 500 元，无其他工资，代发工资账号 20180060012。

③ 发放奖金情况：因去年销售部推广产品业绩较好，每人增加绩效工资 500 元。

2018-01-31，临时人员的工资状况为：

姓　名	基本工资/元	绩效工资/元	加班工资/元
吴光	1 500	500	1 800
李银	1 200	400	2 000

2. 扣缴个人所得税

“正式人员”“临时人员”类别下的工资扣税基数为 3 500 元，按照以下税率表计算个人所得税。

级 次	全月应纳税所得额	税率/(%)	速算扣除数/元
1	不超过 1 500 元	3	0
2	超过 1 500 元至 4 500 元的部分	10	105
3	超过 4 500 元至 9 000 元的部分	20	555
4	超过 9 000 元至 35 000 元的部分	25	1 005
5	超过 35 000 元至 55 000 元的部分	30	2 755
6	超过 55 000 元至 80 000 元的部分	35	5 505
7	超过 80 000 元的部分	45	13 505

3. 银行代发

设置通过建设银行钟落潭分行代发“正式人员”类别的工资，栏目名称、数据类型及长度等均为默认，单位编号为 101083456，录入日期为 2018-01-31.

4. 工资分摊

(1) 设置“正式人员”类别的工资分摊类型为“应付工资”和“应付福利费”，“临时人员”类别的工资分摊类型为“应付工资”。应付工资总额等于工资项目“实发合计”，按应付工资总额的 14%计提应付福利费。工资分摊的设置内容如下。(项目大类假设为实木餐台)

部门 \ 工资分摊		应付工资		应付福利费(14%)	
		借方科目	贷方科目	借方科目	贷方科目
总经理办公室、财务部	企业管理人员	660201	221101	660202	221102
采购部、销售部	经营人员	6601	221101	6601	221102
一车间、二车间	车间管理人员	510101	221101	510101	221102
	生产人员	500102	221101	500102	221102

(2) 生成工资分摊凭证。

实验要求

(1) 以账套主管“01 张华”的身份进行各项日常业务处理。

(2) 个人所得税扣税基数、税率及速算扣除数变动后，须重新计算和汇总工资数据。

5.4 薪资管理系统期末处理

月末处理主要包括月末结转本月数据、年末结转本年数据。

月末处理是将当月数据经过处理后转至下月，每月工资数据处理完毕后，应及时进行月末处理，冻结当前数据，防止误删误改。由于工资数据可能每月均会有一定变动，故每月进行工资处理时，均需将数据清零，而后输入当月的数据。

5.4.1 月末结转

进行 2018 年 1 月份月末处理，月末处理时进行清零处理。

操作流程：

(1) 选择“正式人员”工资类别。

(2) 单击“工资”—“业务处理”，打开“月末处理”对话框，如图 5.4.1 所示，单击“确定”。

(3) 系统弹出“月末处理之后，本月工资将不许变动，继续月末处理吗？”的信息提示对话框，单击“是”，弹出“是否选择清零项？”的信息提示对话框，单击“是”，弹出“选择清零项目”对话框。

(4) 在“请选择清零项目”列表框中分别选择“绩效工资”“请假天数”“请假扣款”，分别单击“>”，将所选项目移动到右侧的列表框中，如图 5.4.2 所示，单击“确定”。

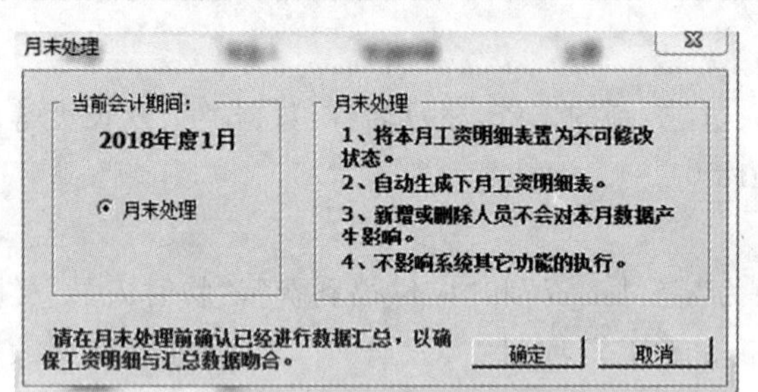

图 5.4.1

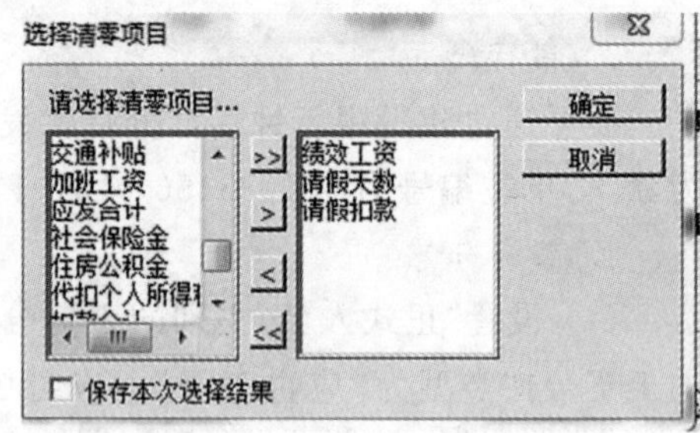

图 5.4.2

(5) 系统弹出“月末处理完毕！”的信息提示对话框，单击“确定”。

(6) 同理，选择“临时人员”工资类别，进行月末处理，退出后，备份账套。

注意：

(1) 月末结转只能在会计年度的 1—11 月进行。

(2) 若要处理多个工资类别，则应打开工资类别，分别进行月末结转。

(3) 若本月工资数据未汇总，系统将不允许进行月末结转。

(4) 进行月末处理后，当月数据将不允许再变动。

(5) 月末处理只有主管人员才可进行。

5.4.2 年末结转

年末结转指的是将本年的工资数据结转至下一年。年末结转与月末结转的操作不同，年末结转前应先建立新年度账，然后在薪资管理系统中单击“年度账”—“结转上年数据”，从而将工资数据经过处理后结转至本年。

5.4.3 反结账

在薪资管理系统中完成结账操作后，如果发现已被结账的工资数据有错误或还有一些业务需要在已结账的当月进行账务处理，此时则需对工资数据进行反结账，取消已结账标记，从而修正或增加相关数据或处理。

对广州平华家具有限公司进行反结账。

操作流程：

(1) 以账套主管的身份登录企业应用平台，登录时间为 2018-02-01。

(2) 单击"工资"—"业务处理"—"反结账",打开"反结账"对话框,如图5.4.3所示。

(3) 选择"正式人员",单击"确定",弹出"进行反结账的会计月份:2018-1月　执行本功能,系统将自动清空该月已完成的工资变动数据!"的信息提示对话框,如图5.4.4所示,单击"确定"。

(4) 系统弹出"反结账已成功完成!"的信息提示对话框,单击"确定",完成"正式人员"类别的反结账。

(5) 同理,单击"工资"—"业务处理"—"反结账",打开"反结账"对话框,对"临时人员"类别进行反结账操作。

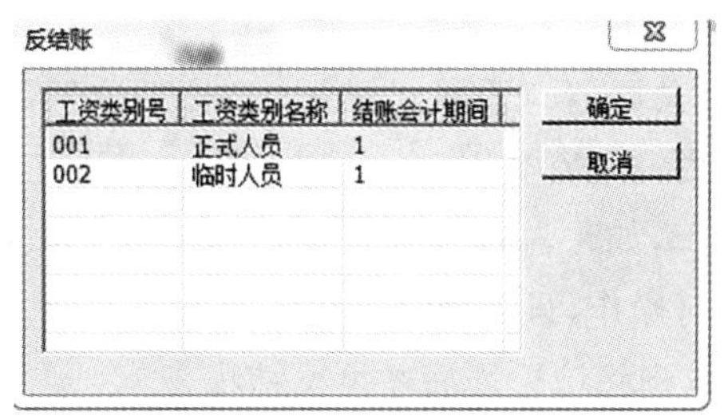

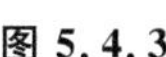
图5.4.3

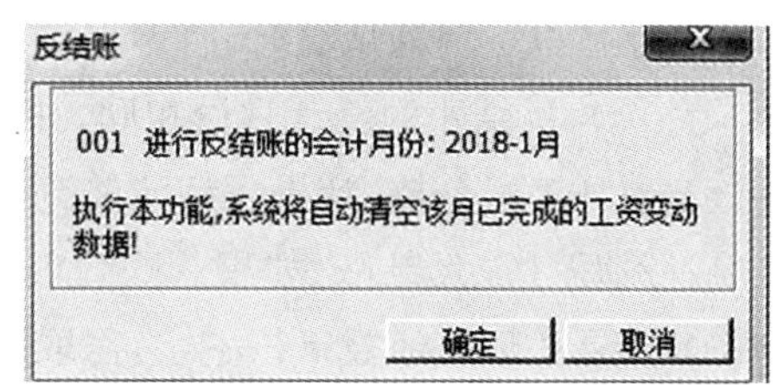

图5.4.4

注意:

(1) 存在以下两种情况时,将不允许反结账:一是总账管理系统已结账,二是汇总工资类别的会计月份与反结账的会计月份相同,并且包括反结账的工资类别。

(2) 本月工资分摊、计提凭证传输到总账管理系统,如果总账管理系统已审核并记账,需进行红字冲销后才能反结账;如果总账管理系统未做任何操作,只需删除此凭证即可。

实验八　薪资管理系统期末处理

实验目的

(1) 掌握用友ERP-U8管理软件中薪资管理系统期末处理的相关内容。

(2) 熟悉薪资管理系统期末处理业务的各种操作。

(3) 掌握月末结转、年末结转、反结账的具体操作方法。

实验内容

(1) 月末结转。

(2) 年末结转。

(3) 反结账。

实验准备

引入实验七薪资管理系统日常业务处理的账套数据。

实验资料

1. 月末结转

进行2018年1月份月末处理,月末处理时进行清零处理。

2. 年末结转

年末结转与月末结转的操作不同,年末结转前应先建立新年度账,然后在薪资管理系统中单击"年度账"—"结转上年数据",从而将工资数据经过处理后结转至本年。

3. 反结账

对广州平华家具有限公司进行反结账。

实验要求

(1) 以账套主管“01 张华”的身份进行月末处理(只有账套主管才可进行)。

(2) 月末结转只能在会计年度的1—11月进行。

(3) 若要处理多个工资类别,则应打开工资类别,分别进行月末结转。

(4) 若本月工资数据未汇总,系统将不允许进行月末结转。

(5) 进行月末处理后,当月数据将不允许再变动。

(6) 反结账时登录系统的时间需为已结账月份的下月时间。

(7) 存在以下两种情况时,将不允许反结账:一是总账管理系统已结账,二是汇总工资类别的会计月份与反结账的会计月份相同,并且包括反结账的工资类别。

(8) 本月工资分摊、计提凭证传输到总账管理系统,如果总账管理系统已审核并记账,需进行红字冲销后才能反结账;如果总账管理系统未做任何操作,只需删除此凭证即可。

(9) 如果凭证已经被审核签字,需取消审核签字并删除该凭证后才可反结账。

5.5 统计分析

工资业务处理完后,相关工资报表数据同时生成,相对于手工处理而言,这是系统处理明显的优势所在。通过这种钩稽、自动化处理,可以节省大量时间、人力成本,并能保证报表数据的准确度。

5.5.1 我的账表

我的账表主要是对薪资管理系统中所有的报表进行管理,有工资表和工资分析表两种报表类型。如果系统提供的报表不能满足企业的需要,用户还可启用自定义报表功能,新增账夹和设置自定义报表。

5.5.2 工资表查询

工资表主要用于本月工资的发放和统计,工资表查询主要完成查询和打印各种工资表的工作。工资表包括以下原始表:工资发放签名表、工资发放条、工资卡、部门工资汇总表、人员类别汇总表、条件统计表、条件明细表、工资变动明细表、工资变动汇总表等。

案例19

查询“正式人员”类别的部门工资汇总表。

操作流程:

(1) 单击“薪资管理”—“工资类别”,打开“工资类别”对话框,选择“正式人员”工资类别。

(2) 单击“统计分析”—“账表”—“工资表”,打开“工资表”对话框,如图5.5.1所示。

(3) 单击“部门工资汇总表”—“查看”—“确定”,结果如图5.5.2所示。

(4) 单击“退出”,返回。

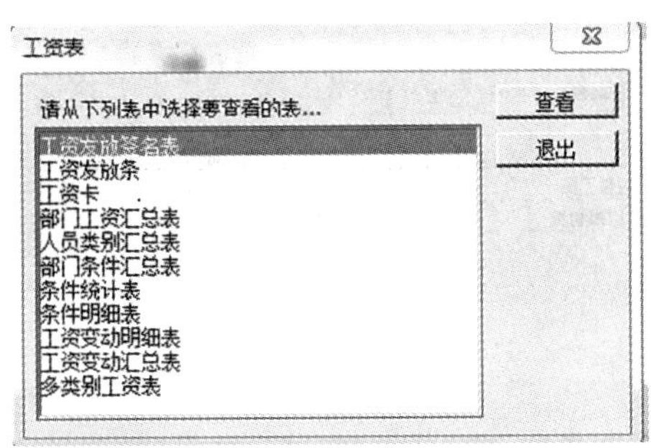

图 5.5.1

部门工资汇总表
2018 年 1月

会计月份 一月

部门	人数	代扣税	代付税	年终奖	年终奖代扣税	工资代扣税	扣税合计	年终奖代付税	工资代付税	基本工资	薪级工资
管理中心	5	4,892.50				4,892.50	4,892.50			18,500.00	2,300.00
总经理办公室	2	2,373.50				2,373.50	2,373.50			7,500.00	900.00
财务部	3	2,519.00				2,519.00	2,519.00			11,000.00	1,400.00
供销中心	5	3,720.00				3,720.00	3,720.00			18,000.00	1,650.00
销售部	2	2,423.50				2,423.50	2,423.50			7,500.00	950.00
采购部	3	1,296.50				1,296.50	1,296.50			10,500.00	700.00
制造中心	2	1,174.00				1,174.00	1,174.00			4,100.00	800.00
一车间	2	1,174.00				1,174.00	1,174.00			4,100.00	800.00
二车间	0										
合计	12	9,786.50				9,786.50	9,786.50			40,600.00	4,750.00

部门	岗位津贴	绩效工资	交通补贴	加班工资	应发合计	请假天数	请假扣款	社会保险金	住房公积金	代扣个人所得税	扣款合计	实发合计
管理中心	27,500.00	19,500.00	500.00		68,300.00	1.00	25.00	5,424.00	8,136.00		18,477.50	49,822.50
总经理办公室	12,500.00	8,000.00	200.00		29,100.00	1.00	25.00	2,312.00	3,468.00		8,178.50	20,921.50
财务部	15,000.00	11,500.00	300.00		39,200.00			3,112.00	4,668.00		10,299.00	28,901.00
供销中心	20,000.00	19,000.00	250.00		58,900.00	2.00	50.00	4,692.00	7,038.00		15,500.00	43,400.00
销售部	11,000.00	11,000.00	100.00		30,550.00			2,436.00	3,654.00		8,513.50	22,036.50
采购部	9,000.00	8,000.00	150.00		28,350.00	2.00	50.00	2,256.00	3,384.00		6,986.50	21,363.50
制造中心	9,000.00	9,000.00	100.00		23,000.00			1,832.00	2,748.00		5,754.00	17,246.00
一车间	9,000.00	9,000.00	100.00		23,000.00			1,832.00	2,748.00		5,754.00	17,246.00
二车间												
合计	36,500.00	17,500.00	850.00		150,200.00	3.00	75.00	11,948.00	17,922.00		39,731.50	110,468.50

图 5.5.2

5.5.3　工资分析表

工资分析表是以工资数据为基础，对部门、人员类别的工资数据进行分析和比较，产生各种分析表，供决策人员使用。工资分析表包括：分部门各月工资构成分析表、分类统计表（按部门、按项目、按月）、工资项目分析表（按部门）、工资增长情况表、部门工资项目构成分析表、员工工资汇总表、员工工资项目统计表。

对于工资项目分析表，系统仅提供单一部门项目分析表。用户在分析界面可单击部门下拉列表框，选择已选中部门中的某一部门，查看该部门的工资项目分析表。

对于员工工资汇总表，系统仅提供对单一工资项目和单一部门进行员工工资汇总分析；对于分部门各月工资构成分析表，系统提供对单一工资项目进行工资构成分析。在各查询分析界面，可单击“查询”按钮，重新设定分析条件。

5.5.4　凭证查询

工资核算的结果以转账凭证的形式传输到总账管理系统，在总账管理系统中可以进行查询、审核、记账操作，但不能执行修改、删除操作。利用薪资管理系统的凭证查询功能，可对薪资管理系统所生成的凭证进行删除、冲销操作。

月末，查询薪资管理系统中“正式人员”类别生成的凭证，并尝试删除和冲销凭证。

操作流程：

(1) 单击“统计分析”—“凭证查询”，打开“凭证查询”对话框，如图 5.5.3 所示。

(2) 输入所要查询的起始月份和终止月份，显示查询期间的凭证列表。

(3) 删除操作仅适用于标记为“未审核”的凭证。选择一张未审核的凭证，单击“删除”，即可

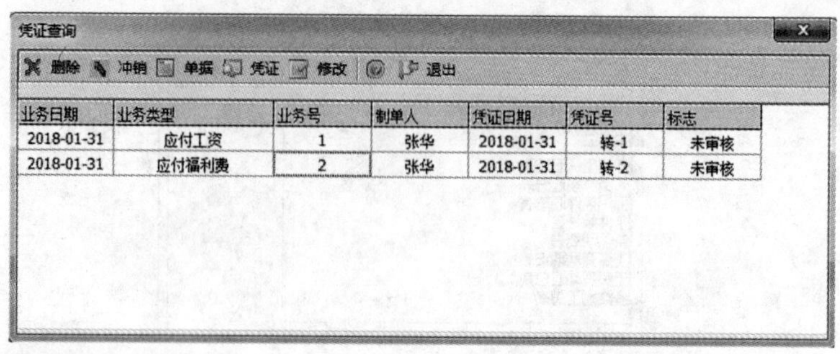

业务日期	业务类型	业务号	制单人	凭证日期	凭证号	标志
2018-01-31	应付工资	1	张华	2018-01-31	转-1	未审核
2018-01-31	应付福利费	2	张华	2018-01-31	转-2	未审核

图 5.5.3

将此凭证删除，但此凭证仍留存在总账管理系统中，仅被打上“作废”标记，若要彻底删除，则需在总账管理系统中执行凭证整理操作。

(4) 单击“冲销”，可对标记为“记账”的凭证进行红字冲销处理，进而生成与原凭证相同的红字凭证。

(5) 单击“单据”，将显示生成凭证的原始单据。

(6) 单击“凭证”，将显示单张凭证的具体内容。

实验九　统 计 分 析

实验目的

(1) 掌握用友 ERP-U8 管理软件中薪资管理系统统计分析的相关内容。

(2) 熟悉薪资管理系统统计分析的相关操作。

(3) 掌握工资表查询、工资分析表、凭证查询的具体内容和操作方法。

实验内容

(1) 工资表查询。

(2) 工资分析表。

(3) 凭证查询。

实验准备

引入实验八薪资管理系统期末处理的账套数据。

实验资料

1. 工资表查询

查询“正式人员”类别的部门工资汇总表。

2. 工资分析表

(1) 在分析界面查看各个部门的工资项目分析表(系统仅提供单一部门工资项目分析表)。

(2) 查询员工工资汇总表(系统仅提供对单一工资项目和单一部门进行员工工资汇总分析)。

(3) 查询分部门各月工资构成分析表(系统提供对单一工资项目进行工资构成分析)。

3. 凭证查询

月末，查询薪资管理系统中“正式人员”类别生成的凭证，并尝试删除和冲销凭证。

实验要求

以账套主管“01 张华”的身份登录系统，登录日期为 2018-01-01。

项目 6　固定资产管理

知识目标 ……

1. 了解固定资产管理系统的基本功能。
2. 了解固定资产管理系统与其他系统的关系。
3. 熟悉固定资产管理系统的工作流程。

技能目标 ……

1. 掌握固定资产卡片的设置与填制。
2. 掌握固定资产的增减、折旧的计提与分配。
3. 掌握固定资产凭证的结转。

6.1　固定资产管理认知

固定资产具有价值高、使用周期长、保管和使用地点分散、管理难度大等特点，固定资产管理是企业管理的重要组成部分，使用固定资产管理系统对固定资产进行核算和管理，相比于手工条件下，可以细化固定资产管理，提高管理水平。

6.1.1　固定资产管理系统初识

固定资产管理系统主要用于完成企业固定资产日常业务的核算和管理，生成固定资产卡片，按月反映固定资产的增加、减少、变动，并输出相应的增减变动明细账，按月自动计提折旧，生成折旧分配凭证，同时输出相关的账簿和报表，以分析固定资产的使用情况。

固定资产管理系统的功能主要包括系统初始设置、固定资产增减变动核算、固定资产折旧核算、固定资产评估、固定资产账表查询等。

6.1.2　固定资产管理系统与其他系统的关系

固定资产管理系统与总账管理系统、成本核算系统和报表管理系统都可进行数据传递，如图 6.1.1 所示。

具体来说，固定资产管理系统录入的初始余额可以直接传递到总账管理系统中，作为固定资产相关科目的初始余额；固定资产管理系统中资产的增加、减少，以及原值和累计折旧的调整、折旧计提等业务处理，可以自动生成记账凭证并传输到总账管理系统，同时通过对账保持固定资产账目和总账的平衡。固定资产管理系统的折旧费用数据可以直接引入成本核算系统。报表管理系统也可以通过相应的取数函数，从固定资产管理系统中提取分析数据，编制信息需求者所需的

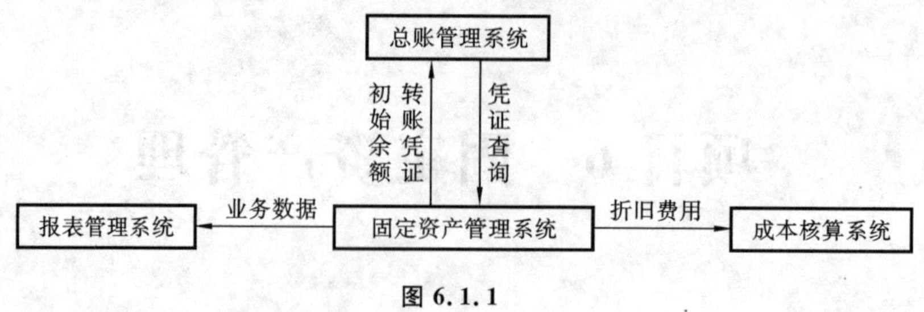

图 6.1.1

固定资产统计分析报表。

6.1.3 固定资产管理系统的业务处理流程

固定资产管理系统的业务处理流程包括系统初始设置、日常业务处理和期末处理三部分，如图 6.1.2 所示。

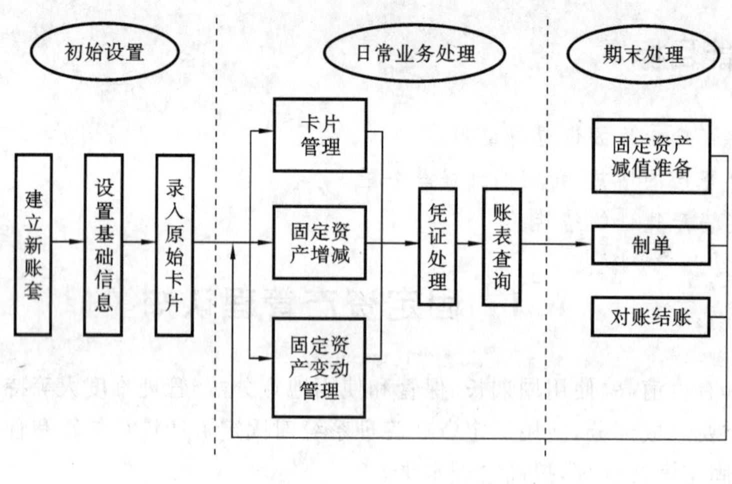

图 6.1.2

6.2 固定资产管理系统初始设置

使用固定资产管理系统之前，需要根据企业的实际情况建立一个适合本企业的固定资产子账套，主要包括固定资产账套的建立、基础信息的设置、卡片项目的设置和原始卡片的录入等。

6.2.1 系统启用与初始设置

首次使用固定资产管理系统时，应先启用固定资产管理系统，再进行初始设置。启用固定资产管理系统的方法与启用总账管理系统的方法类似。

引入项目 3 总账账套，启用固定资产管理系统，启用日期为 2018-01-01，并按以下控制参数进行初始设置。

(1) 约定与说明：我同意。

（2）启用月份：2018.01。

（3）折旧信息：本账套计提折旧；折旧方法：平均年限法(一)；折旧汇总分配周期：1 个月，当“月初已计提月份＝可使用月份－1”时，将剩余折旧全部提足。

（4）编码方式：

资产类别编码方式：21120000。

固定资产编码方式：按“类别编号＋部门编号＋序号”自动编码，卡片序号长度为 3。

（5）账务接口：与账务系统进行对账；固定资产对账科目：固定资产(1601)；累计折旧对账科目：累计折旧(1602)。

操作流程：

（1）启用系统。在“企业应用平台”的“基础设置”列表框中单击“基本信息”—“系统启用”，打开“系统启用”对话框，选择“固定资产”，弹出“启用日期”对话框，“启用日期”选择“2018-01-01”，单击“确定”，弹出信息提示对话框，单击“是”，完成固定资产管理系统的启用，如图 6.2.1 所示。

系统启用

全启　刷新　退出

[818]广州平华家具有限公司账套启用会计期间2018年1月

系统编码	系统名称	启用会计期间	启用自然日期	启用人
☑ GL	总账	2018-01	2018-01-01	admin
☐ AR	应收款管理			
☐ AP	应付款管理			
☑ FA	固定资产	2018-01	2018-01-01	张华
☐ NE	网上报销			
☐ NB	网上银行			
☐ WH	报账中心			
☐ SC	出纳管理			
☐ CA	成本管理			
☐ PM	项目成本			
☐ FM	资金管理			
☐ BM	预算管理			
☐ CM	合同管理			
☐ PA	售前分析			
☐ SA	销售管理			
☐ PU	采购管理			
☐ ST	库存管理			
☐ IA	存货核算			

图 6.2.1

（2）在“企业应用平台”的“业务工作”列表框中单击“财务会计”—“固定资产”，弹出“这是第一次打开此账套，还未进行过初始化，是否进行初始化？”的信息提示对话框，如图 6.2.2 所示。

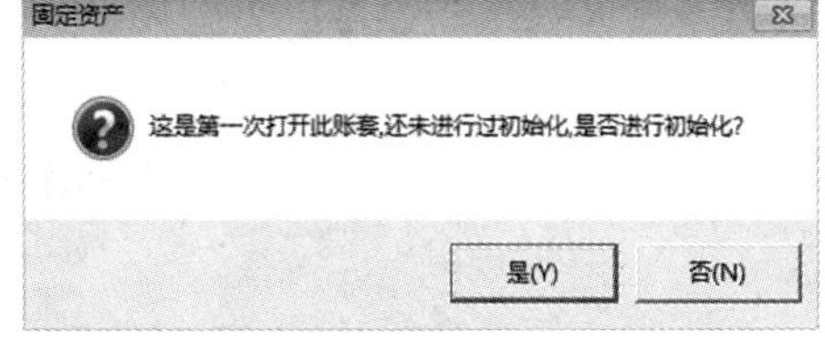

图 6.2.2

（3）单击“是”，进入“初始化账套向导”对话框，如图 6.2.3 所示。

（4）阅读约定及说明，勾选“我同意”，单击“下一步”，进入“启用月份”界面 ，系统默认“账套启用月份”为“2018.01”，如图 6.2.4 所示。

（5）单击“下一步”，进入“折旧信息”界面，根据企业的实际情况选择主要的折旧方法“平均年限法(一)”，如图 6.2.5 所示。

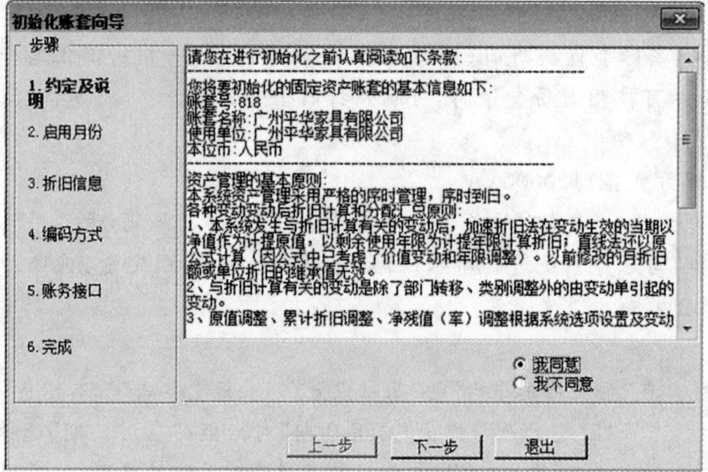

图 6.2.3

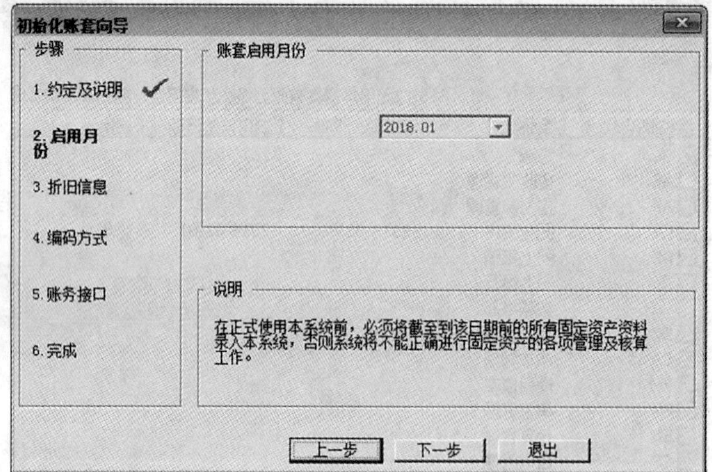

图 6.2.4

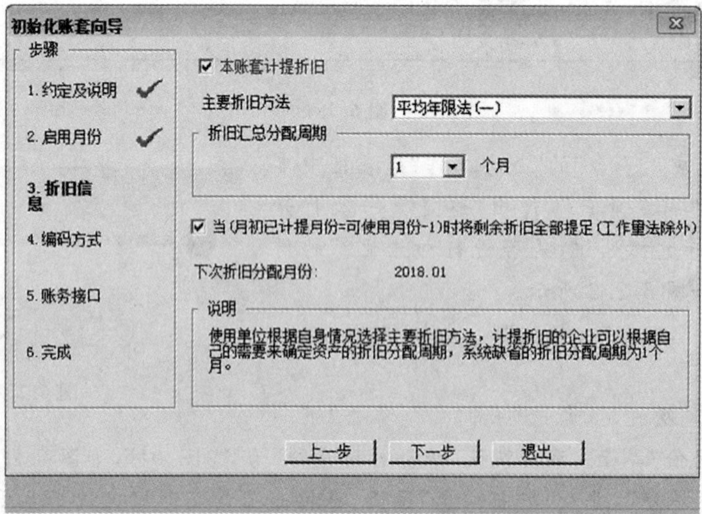

图 6.2.5

(6) 设置完成后，单击“下一步”，进入“编码方式”界面，“编码长度”输入“21120000”，“固定资产编码方式”选择“自动编码”“类别编号＋部门编号＋序号”，“序号长度”选择“3”，如图 6.2.6 所示。

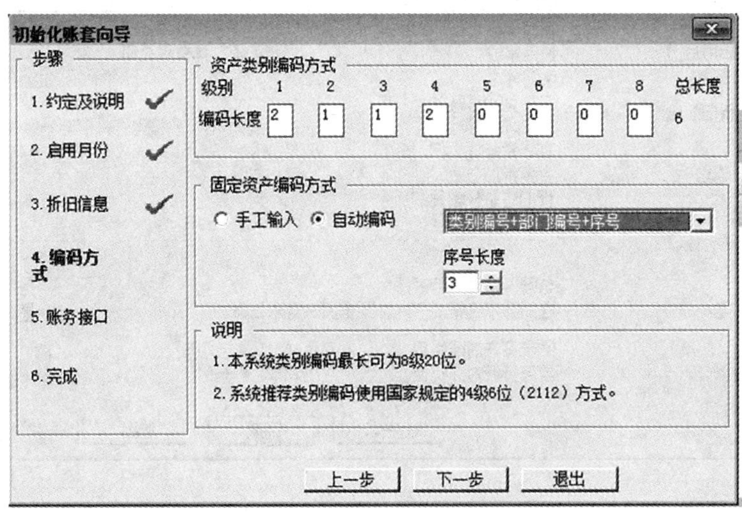

图 6.2.6

(7) 单击“下一步”，进入“账务接口”界面，“固定资产对账科目”录入或选择“1601，固定资产”，“累计折旧对账科目”录入或选择“1602，累计折旧”，如图 6.2.7 所示。

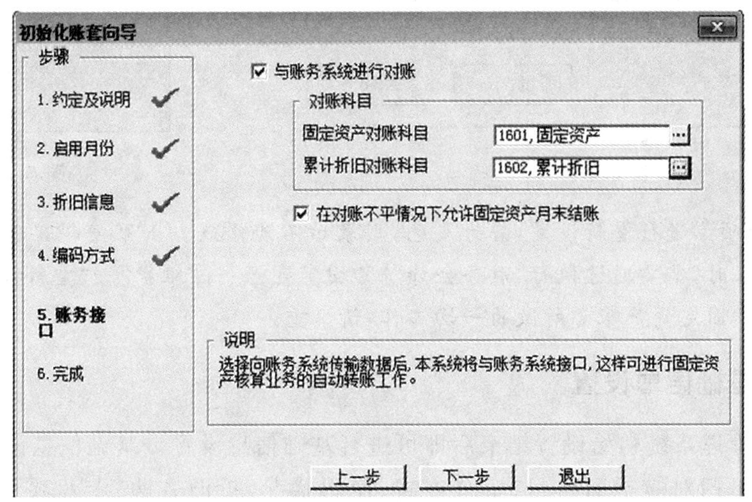

图 6.2.7

(8) 单击“下一步”，进入“完成”界面，如图 6.2.8 所示，单击“完成”，系统弹出“已经完成了新账套的所有设置工作，是否确定所设置的信息完全正确并保存对新账套的所有设置？”的信息提示对话框，如图 6.2.9 所示。

(9) 单击“是”，系统弹出“已成功初始化本固定资产账套！”的信息提示对话框，如图 6.2.10 所示，单击“确定”，固定资产建账完成。

操作提示：

建账完成后，参数有些可修改，有些则不可修改。当需要修改某些参数时，可单击“固定资产”

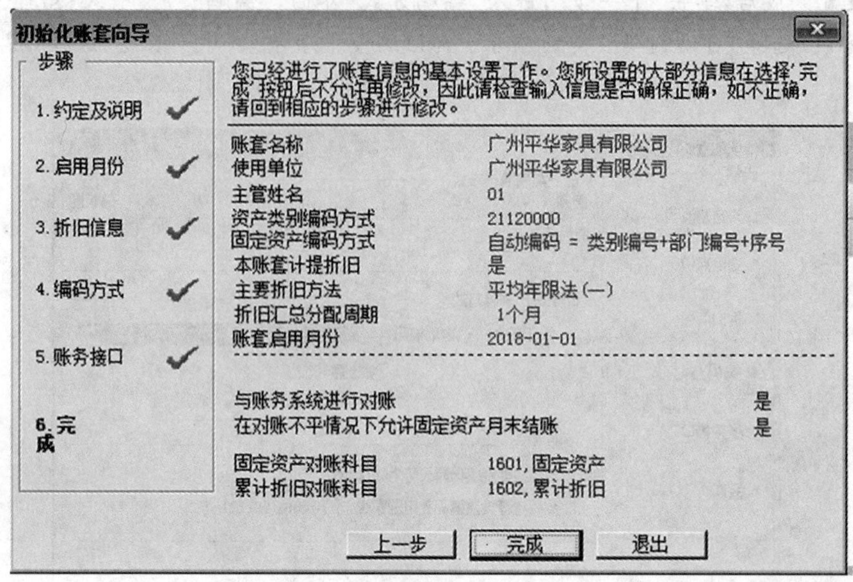

图 6.2.8

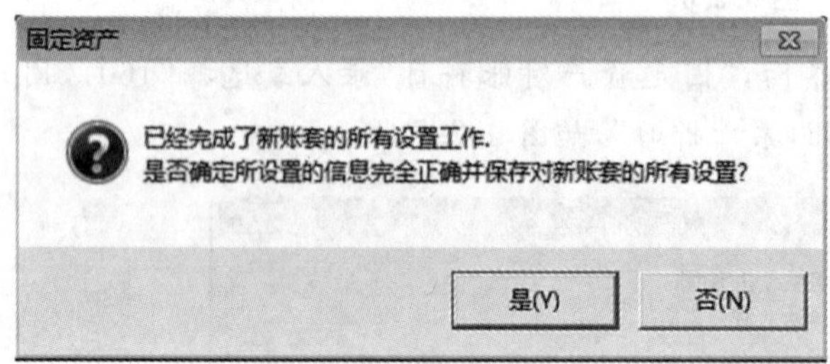

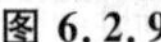
图 6.2.9

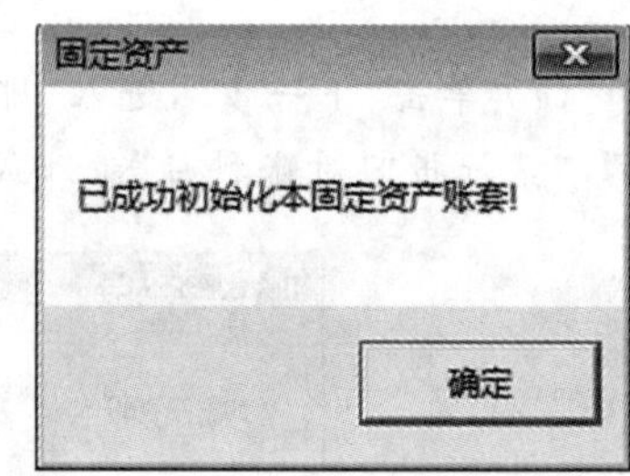

图 6.2.10

—“设置”—“选项”，进行重新设置，若为灰色，则表示不能修改。如果发现某些错误设置不能被修改但需要纠正时，需要通过执行“财务会计”—“固定资产”—“维护”—“重新初始化账套”命令，同时会清空对该固定资产账套所做的一切工作，请慎重。

6.2.2 基础信息设置

固定资产管理系统初始设置结束后即可进行基础信息设置。基础信息设置主要包括对选项、资产类别、部门对应折旧科目、增减方式、使用状况、折旧方法、卡片项目、卡片样式等的设置。

1. 选项的设置

选项中包括基本信息、折旧信息、与账务系统接口、编码方式、其他，这里可以进行参数的补充和修改。

根据企业的需要，固定资产管理系统需要补充的参数如下：

业务发生后立即制单；月末结账前一定要完成制单登账业务；固定资产对账科目：1601，固定资产；累计折旧对账科目：1602，累计折旧；[减值准备]缺省入账科目：1603，固定资产减值准备；[增值税进项税额]缺省入账科目：22210101，进项税额；[固定资产清理]缺省入账科目：1606，固定资产清理。

操作流程：

(1) 在“企业应用平台”中的“业务工作”列表框中单击“财务会计”—“固定资产”—“设置”—“选项”，弹出“选项”对话框，这里有5个选项卡，选择“与账务系统接口”选项卡，设置补充参数。

(2) 单击“选项”对话框左下角的“编辑”按钮，勾选“业务发生后立即制单”复选框和“月末结账前一定要完成制单登账业务”复选框，“[固定资产]缺省入账科目”录入或选择“1601，固定资产”，“[累计折旧]缺省入账科目”录入或选择“1602，累计折旧”，“[减值准备]缺省入账科目”录入或选择“1603，固定资产减值准备”，“[增值税进项税额]缺省入账科目”录入或选择“22210101，进项税额”，“[固定资产清理]缺省入账科目”录入或选择“1606，固定资产清理”，如图6.2.11所示。

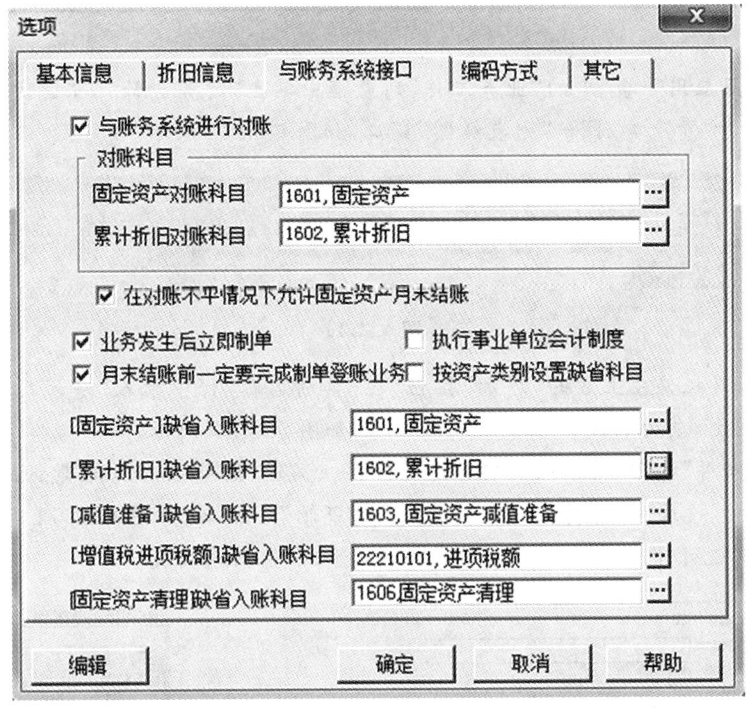

图6.2.11

操作提示：

选项卡中的“基本信息”是不能修改的，其他选项卡需要修改的时候，单击“编辑”按钮，修改完毕后单击“确定”即可。

2. 资产类别的设置

为了加强固定资产的管理，及时、准确地做好固定资产的管理工作，必须建立科学的固定资产分类体系。企业可根据自身的实际情况，确定一个适合管理要求的资产分类方案，并据此直接将固定资产信息录入固定资产管理系统中。

录入广州平华家具有限公司的固定资产类别，具体信息如表 6.2.1 所示。

表 6.2.1

类别编码	类别名称	净残值率	计量单位	计提属性
01	房屋及建筑物	5%		正常计提
011	行政办公楼	5%		正常计提
012	生产厂房	5%		正常计提
02	电子产品设备	2%		正常计提
03	交通运输设备	5%		正常计提
04	生产机器设备	5%		正常计提
05	其他设备	3%		正常计提

操作流程：

（1）在“企业应用平台”中的“业务工作”列表框中单击“财务会计”—“固定资产”—“设置”—“资产类别”，打开“资产类别”—“列表视图”窗口，如图 6.2.12 所示。

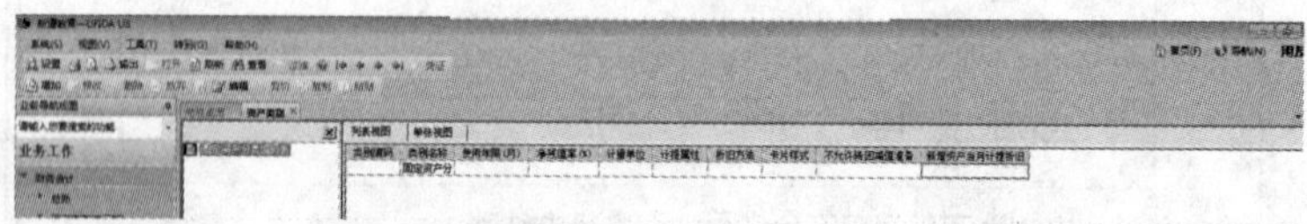

图 6.2.12

（2）单击工具栏偏左上方的“增加”按钮，在“类别名称”栏中录入“房屋及建筑物”，在“净残值率”栏中录入“5”，其他栏使用系统默认值即可，如图 6.2.13 所示。

（3）单击“保存”按钮，对录入的内容进行保存。同理，继续录入其他类别及相关信息。对于“011 行政办公楼”的录入，需要选中“01 房屋及建筑物”后增加，如图 6.2.14 所示。若要对需要修改的资产类别进行修改，可以通过工具栏中的“修改”按钮来实现。

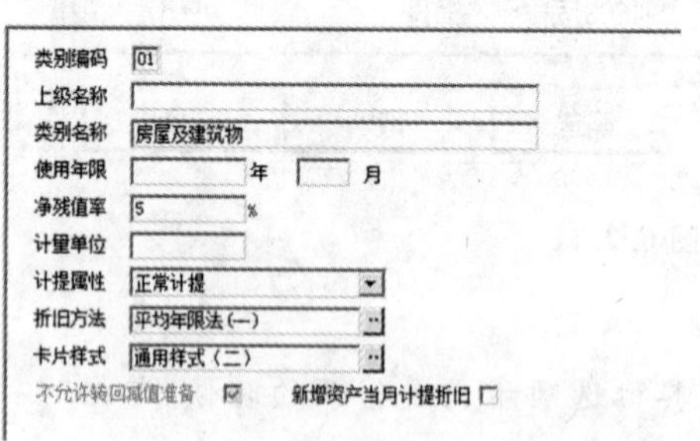

图 6.2.13

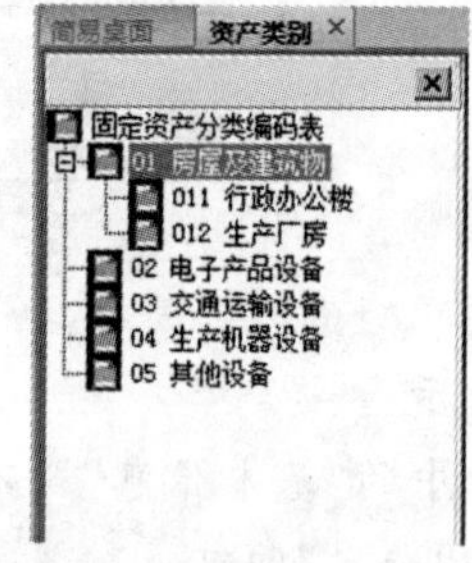

图 6.2.14

操作提示：

（1）增加资产类别时需要遵循自上而下的原则，资产类别编码不能重复，同级的类别名称不能相同，类别编码、类别名称、计提属性、卡片样式不能为空。

（2）已经使用过的类别不能设置新的下级类别，不允许删除。

3. 部门对应折旧科目的设置

对应折旧科目是指折旧费用的入账科目。资产计提折旧后，应当将某一部门的折旧费用归集到一个比较固定的科目。部门对应折旧科目的设置就是为每个部门选择一个折旧科目，这样在录入卡片样式时，科目可以自动添入卡片中，从而减少工作量。在使用本功能前，必须建立好部门档案。

设置管理中心、采购部对应折旧科目为：管理费用/折旧费 660206；销售部对应折旧科目为：销售费用 6601；制造中心对应折旧科目为：制造费用/折旧费 510102。

操作流程：

(1) 在“企业应用平台”中的“业务工作”列表框中单击“财务会计”—“固定资产”—“设置”—“部门对应折旧科目”，打开“部门对应折旧科目”—“列表视图”窗口，如图 6.2.15 所示。

(2) 选中“管理中心”，单击“修改”按钮，按要求在“折旧科目”栏中录入“660206，折旧费”，单击“保存”，如图 6.2.16 所示。

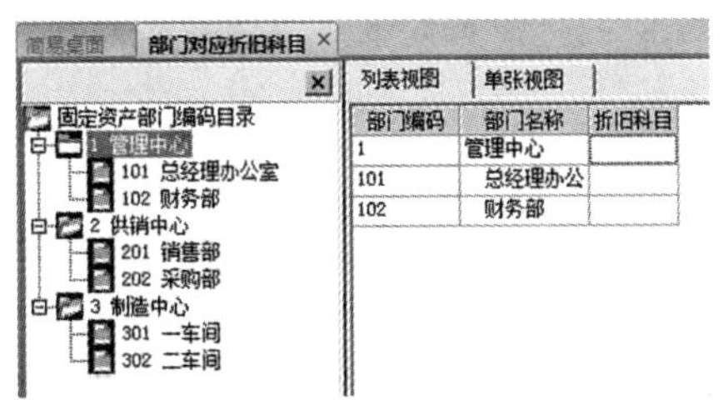

图 6.2.15

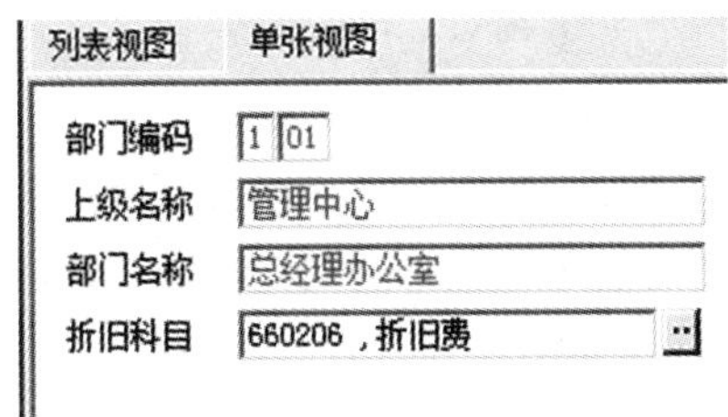

图 6.2.16

(3) 同理，完成其他部门对应折旧科目的设置。

4. 增减方式的设置

固定资产的增减方式包括增加和减少两种类型。固定资产的增加方式主要是直接购入、投资者投入、捐赠、盘盈、在建工程转入、融资租入，固定资产的减少方式主要是出售、盘亏、投资转出、捐赠转出、报废、毁损、融资租出、拆分减少。

为简化操作，可以根据企业实际情况，为资产增减方式设置对应入账科目，以便在生成凭证时系统自动带入默认科目。

案例5

设置某公司固定资产的增减方式：

增加方式——直接购入，对应入账科目为：建行存款(100201)。

减少方式——毁损，对应入账科目为：固定资产清理(1606)。

操作流程：

(1) 在“企业应用平台”中的“业务工作”列表框中单击“财务会计”—“固定资产”—“设置”—“增减方式”，打开“增减方式”—“列表视图”窗口，如图 6.2.17 所示。

(2) 单击“增加方式”—“直接购入”，单击“修改”按钮，按要求设置“对应入账科目”为“100201，银行存款/建行存款”，设置完成后单击“保存”按钮。

(3) 同理，单击"减少方式"—"毁损"，"对应入账科目"设置为"1606，固定资产清理"，如图 6.2.18 所示。

操作提示：

(1) 非明细级增减方式不能删除，已使用的增减方式不能删除。

(2) 生成凭证时，若入账科目发生了变化，可以修改。

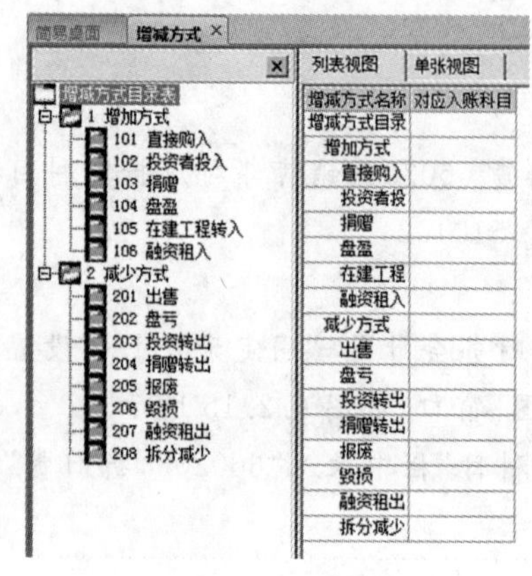

图 6.2.17

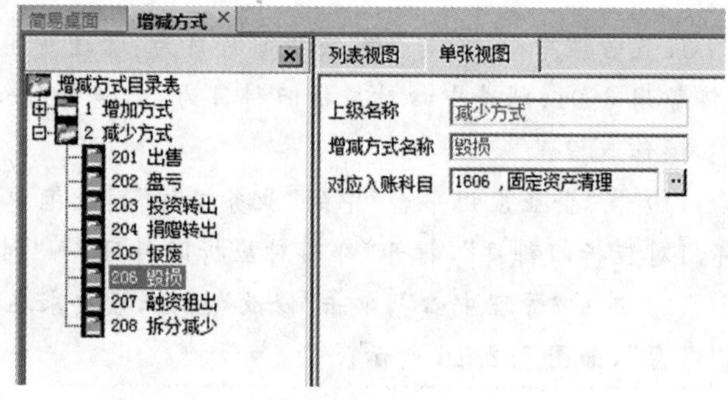

图 6.2.18

5. 使用状况的设置

明确固定资产的使用状况，一方面可以准确地计算和计提折旧，另一方面又便于了解同级固定资产的使用情况，充分提高资产的利用效率。使用状况主要有：再用、季节性停用、经营性出租、大修理停用、不需用、未使用等。

6. 折旧方法的设置

设置折旧方法是指系统自动计算折旧额的基础。常用的折旧方法有：不提折旧、平均年限法(一)、平均年限法(二)、工作量法、年数总和法、双倍余额递减法。可以对系统提供的折旧方法进行选用，但是不能对其进行修改或删除，若有其他需求，可以使用折旧方法的自定义功能，定义适合自身的折旧方法名称和计算公式。

7. 卡片项目的设置

卡片项目是固定资产卡片上显示的用来记录资产信息的栏目，如原值、资产名称、使用年限、折旧方法等。用友 ERP-U8V10.1 的固定资产管理系统提供了一些常用卡片必需的项目，称为系统项目。若这些项目不能满足对固定资产管理的需要，可以通过卡片项目自定义中的增加、修改、删除功能来定义自定义项目。

8. 卡片样式的设置

卡片样式是卡片的外观、显示的格式(表格线、对齐形式、字体大小、字形等)、包含的项目和项目的位置等。不同的企业或不同的资产，由于管理的内容和侧重点不同，固定资产卡片的样式不尽相同。系统提供了卡片样式自定义功能，企业可以根据自身需求，对固定资产卡片的样式进行查看、定义、修改、删除。

新定义卡片样式时，可以从已有的卡片样式中选择比较类似的卡片样式进行修改，然后另存为新建样式。

6.2.3 原始卡片的录入

原始卡片是指在建账以前已经有的固定资产卡片，为了保持历史资料的连续性，在使用固定资产管理系统之前，需要将这些原始卡片资料录入系统。

按照某公司的固定资产信息(见表6.2.2)录入原始卡片，并与总账对账。

表6.2.2

固定资产名称	类别编号	所在部门	增加方式	可使用年限/年	开始使用日期	原值/元	累计折旧/元	对应折旧科目名称
行政办公楼	011	总经理办公室	投资者投入	50	2011-12-11	860 500	98 097	管理费用/折旧费
生产厂房	012	一车间	投资者投入	50	2011-12-11	907 680	103 475.52	制造费用/折旧费
生产机器设备	04	一车间	直接购入	15	2011-12-21	500 000	190 000	制造费用/折旧费
小汽车	03	总经理办公室	直接购入	6	2015-12-01	256 300	81 161.67	管理费用/折旧费
台式电脑(服务器)	02	财务部	直接购入	5	2015-12-21	36 200	14 190.4	管理费用/折旧费
传真机	02	总经理办公室	直接购入	5	2014-12-26	4 520	2 657.76	管理费用/折旧费
打印机	02	财务部	直接购入	5	2015-12-21	5 640	2 210.98	管理费用/折旧费
台式电脑	02	一车间	直接购入	5	2014-12-20	8 160	4 798.08	制造费用/折旧费
合计						2 579 000	496 591.41	

操作流程：

(1) 在“企业应用平台”中的“业务工作”列表框中单击“财务会计”—“固定资产”—“卡片”—“录入原始卡片”，弹出“固定资产类别档案”对话框，如图6.2.19所示。

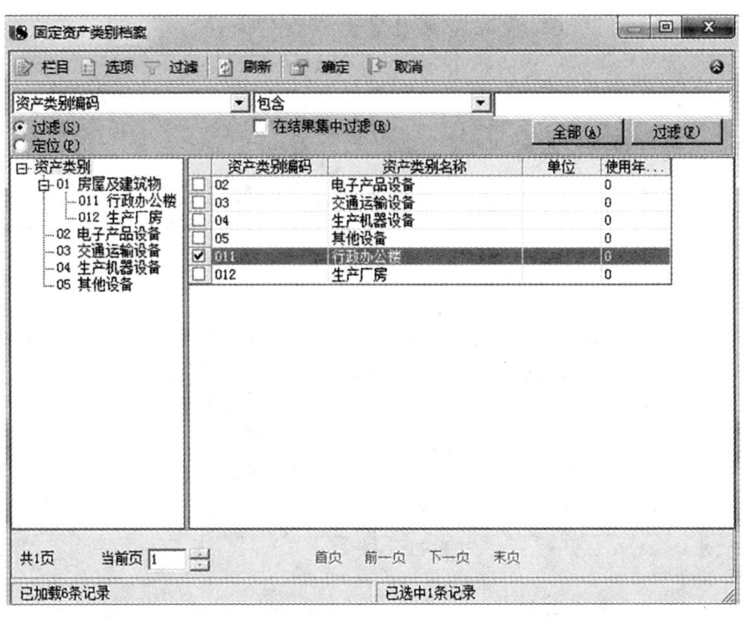

图6.2.19

(2) 勾选“011 行政办公楼”复选框,单击工具栏中的“确定”按钮,或者直接双击“011 行政办公楼”复选框,打开“固定资产卡片”对话框。

(3) 在“固定资产名称”栏中录入“行政办公楼”,单击“使用部门”按钮,打开“固定资产”对话框,由于该固定资产仅为总经理办公室使用,为单部门使用,故选定“单部门使用”后单击“确定”按钮,系统弹出“部门基本参照”对话框,选择使用的部门为“总经理办公室”,单击“确定”按钮,返回“固定资产卡片”对话框。

(4) 单击“增加方式”按钮,打开“固定资产增加方式”对话框,选择“投资者投入”,单击“确认”按钮。

(5) 单击“使用状况”按钮,打开“使用状况参照”对话框,选择“在用”,单击“确认”按钮。

(6) 在“使用年限(月)”栏中录入“600”,在“开始使用日期”栏中录入“2011-12-11”,在“原值”栏中录入“860500.00”,在“累计折旧”栏中录入“98097.00”,其他选项使用系统默认值,如图 6.2.20 所示。

固定资产卡片

卡片编号	00001			日期	2018-01-01
固定资产编号	011101001	固定资产名称			行政办公楼
类别编号	011	类别名称	行政办公楼	资产组名称	
规格型号		使用部门			总经理办公室
增加方式	投资者投入	存放地点			
使用状况	在用	使用年限(月)	600	折旧方法	平均年限法(一)
开始使用日期	2011-12-11	已计提月份	72	币种	人民币
原值	860500.00	净残值率	5%	净残值	43025.00
累计折旧	98097.00	月折旧率	0.0016	本月计提折旧额	1376.80
净值	762403.00	对应折旧科目	660206,折旧费	项目	
录入人	张华			录入日期	2018-01-01

图 6.2.20

(7) 单击“保存”按钮,系统弹出“数据成功保存!”的信息提示对话框。

(8) 单击“确定”按钮。同理,录入其他固定资产原始卡片。

(9) 单击“固定资产”—“卡片”—“卡片管理”,打开“查询条件选择”—“卡片管理”窗口,在“开始使用日期”栏中选择早于最早的开始使用日期“2011-12-11”,单击“确定”按钮,即可查询所有原始卡片信息,如图 6.2.21 所示。

(10) 为确保固定资产管理系统与账务处理系统中的固定资产及累计折旧科目总额相等,录入固定资产原始卡片信息后,需进行对账。单击“固定资产”—“处理”—“对账”,打开“与账务对账结果”对话框,提示结果平衡,如图 6.2.22 所示。

简易桌面　卡片管理

按部门查询　在役资产

固定资产部门编码目录
1 管理中心
2 供销中心
3 制造中心

卡片编号	开始使用日期	使用年限(月)	原值	固定资产编号	净残值率	录入人
00001	2011.12.11	600	860,500.00	011101001	0.05	张华
00002	2011.12.11	600	907,680.00	012301001	0.05	张华
00003	2011.12.21	180	500,000.00	04301001	0.05	张华
00004	2015.12.01	72	256,300.00	03101001	0.05	张华
00005	2015.12.21	600	36,200.00	02102001	0.02	张华
00006	2014.12.26	60	4,520.00	02101001	0.02	张华
00007	2015.12.21	60	5,640.00	02102002	0.02	张华
00008	2014.12.20	60	8,160.00	02301001	0.02	张华
合计:(共计			2,579,000.00			

图 6.2.21

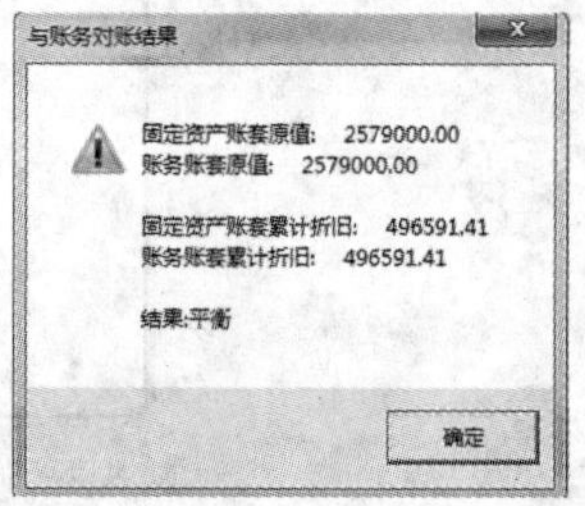

图 6.2.22

(11) 单击“确定”按钮,完成固定资产原始卡片的录入。

操作提示:

若固定资产为多部门使用，则原值、累计折旧等数据可以在部门间按设置的比例进行分摊，不过卡片上的“对应折旧科目”栏不能录入，默认为选择使用部门时设置的对应折旧科目。

6.3　固定资产管理系统日常业务处理

固定资产管理系统日常业务处理主要完成固定资产的核算和管理工作，包括卡片管理、资产的增加和减少、资产在使用过程中发生的变动处理等。

6.3.1　卡片管理

卡片管理是对固定资产管理系统中所有卡片进行综合管理的功能操作，通过卡片管理，可以完成卡片查询、卡片修改、卡片删除和卡片打印等功能。

1. 卡片查询

卡片查询可以按部门查询、按类别查询和自定义查询，在“卡片管理”对话框中可以查看该资产的简要信息，若需详细查看，选择相应的固定资产后，双击即可显示。

2. 卡片修改

当发现卡片录入错误，或在使用固定资产的过程中需要修改卡片中的一些内容时，可采用卡片修改功能。这种修改为无痕迹修改，即在变动清单和查看历史状态时不体现，无痕迹修改前的内容在任何查看状态下都不会再看到。

3. 卡片删除

卡片删除将卡片信息彻底地从系统内清除，而不是固定资产的清理或者减少。需要注意的是，本月录入的卡片不能删除，卡片结账后不能删除，制作过凭证的卡片需要在删除了对应的凭证后才能删除。

4. 卡片打印

卡片打印是将固定资产卡片打印输出。卡片打印有卡片和卡片列表两种打印结果，卡片打印又有单张打印和批量打印两种形式。

6.3.2　固定资产的增加

固定资产的增加是指企业购买或者通过其他方式新取得固定资产时要填制新的固定资产卡片，也称“新卡片录入”。只有当固定资产开始使用日期等于录入日期时，才能通过“资产增加”录入，否则应通过“录入原始卡片”录入。

新卡片录入的第一个月不计提折旧，如果新增加的固定资产是已使用的旧设备，那么该设备已计提的累计折旧、累计工作量、计提折旧的时间等必须准确填列。

案例7

2018 年 1 月份发生的业务如下：

(1) 1 月 10 日，总经理办公室购买笔记本电脑一台，金额为 8 960 元，预计使用年限 5 年。

(2) 1 月 13 日，一车间购入一台不需安装的生产设备，增值税专用发票上注明设备价款 600 000 元，增值税税额为 96 000 元，以上款项均通过银行转账支付，预计使用年限 15 年。

(3) 1 月 20 日，采购部购买扫描仪一台，金额为 3 710 元，预计使用年限 5 年。

操作流程：

(1) 在“企业应用平台”中的“业务工作”列表框中单击“财务会计”—“固定资产”—“卡片”—“资产增加”，弹出“固定资产类别档案”对话框。

(2) 勾选“02 电子产品设备”复选框，单击工具栏中的“确定”按钮，直接双击“02 电子产品设备”复选框，打开“固定资产卡片”对话框。

(3) 在“固定资产名称”栏中录入“笔记本电脑”，单击“使用部门”按钮，打开“固定资产”对话框，由于该固定资产仅为总经理办公室使用，为单部门使用，故选定“单部门使用”后单击“确定”按钮，系统弹出“部门基本参照”对话框，选择使用的部门为“总经理办公室”，单击“确定”按钮，返回“固定资产卡片”对话框。

(4) 单击“增加方式”按钮，打开“固定资产增加方式”对话框，选择“直接购入”，单击“确认”按钮。

(5) 单击“使用状况”按钮，打开“使用状况参照”对话框，选择“在用”，单击“确认”按钮。

(6) 在“使用年限(月)”栏中录入“60”，在“开始使用日期”栏中录入“2018-01-10”，在“原值”栏中录入“8960.00”，其他选项使用系统默认值，如图 6.3.1 所示。

固定资产卡片

卡片编号	00009			日期	2018-01-10
固定资产编号	02101002	固定资产名称			笔记本电脑
类别编号	02	类别名称	电子产品设备	资产组名称	
规格型号		使用部门			总经理办公室
增加方式	直接购入	存放地点			
使用状况	在用	使用年限(月)	60	折旧方法	平均年限法(一)
开始使用日期	2018-01-10	已计提月份	0	币种	人民币
原值	8960.00	净残值率	2%	净残值	179.20
累计折旧	0.00	月折旧率	0	本月计提折旧额	0.00
净值	8960.00	对应折旧科目	660206，折旧费	项目	
增值税	0.00	价税合计	8960.00		
录入人	余虹			录入日期	2018-01-10

图 6.3.1

(7) 单击“保存”按钮，系统弹出“数据成功保存!”的信息提示对话框。

(8) 单击“确定”按钮，系统弹出一张会计凭证，根据原始凭证修改，凭证类别选择“付 付款凭证”，凭证日期选择“2018-01-10”，辅助项修改为结算方式“202”，票号为“111111”，发生日期选择“2018-01-10”，单击“保存”按钮，生成凭证，如图 6.3.2 所示。

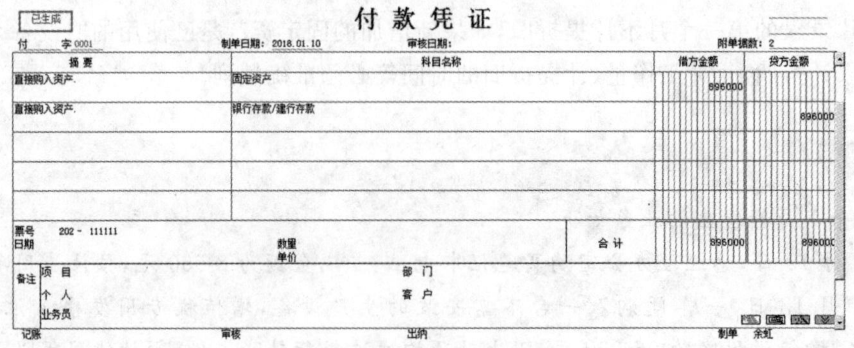

已生成

付 款 凭 证

付 字 0001　　制单日期：2018.01.10　　审核日期：　　附单据数：2

摘 要	科目名称	借方金额	贷方金额
直接购入资产.	固定资产	896000	
直接购入资产.	银行存款/建行存款		896000
票号 202 - 111111 日期	数量 单价 合 计	896000	896000
备注 项 目 个 人 业务员	部 门 客 户		

记账　　审核　　出纳　　制单 余虹

图 6.3.2

(9) 同理，增加一车间和采购部的资产卡片，并生成凭证，如图 6.3.3 至图 6.3.6 所示。

固定资产卡片

卡片编号	00010			日期	2018-01-13
固定资产编号	04301002	固定资产名称			生产设备
类别编号	04	类别名称	生产机器设备	资产组名称	
规格型号		使用部门			一车间
增加方式	直接购入	存放地点			
使用状况	在用	使用年限(月)	180	折旧方法	平均年限法(一)
开始使用日期	2018-01-13	已计提月份	0	币种	人民币
原值	600000.00	净残值率	5%	净残值	30000.00
累计折旧	0.00	月折旧率	0	本月计提折旧额	0.00
净值	600000.00	对应折旧科目	510102，折旧费	项目	
增值税	96000.00	价税合计	696000.00		
录入人	余虹			录入日期	2018-01-13

图 6.3.3

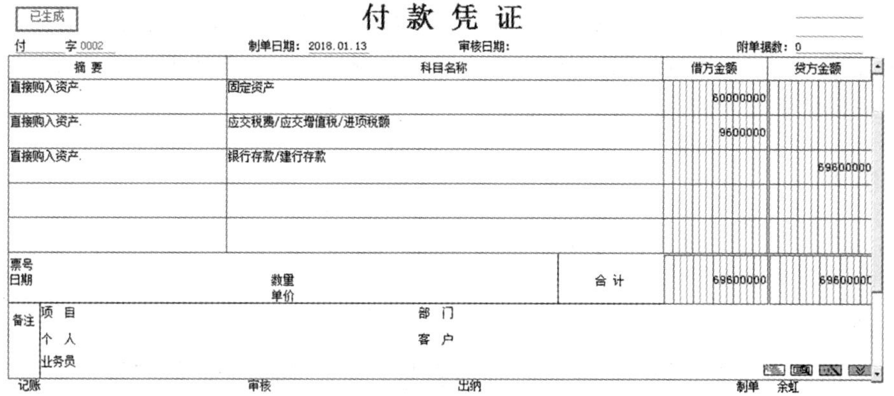

付款凭证

已生成

付　字 0002　　制单日期：2018.01.13　　审核日期：　　附单据数：0

摘要	科目名称	借方金额	贷方金额
直接购入资产.	固定资产	60000000	
直接购入资产.	应交税费/应交增值税/进项税额	9600000	
直接购入资产.	银行存款/建行存款		69600000
票号 日期	数量 单价　合计	69600000	69600000

备注　项目　　部门
　　　个人　　客户
　　　业务员

记账　　审核　　出纳　　制单　余虹

图 6.3.4

固定资产卡片

卡片编号	00011			日期	2018-01-20
固定资产编号	02202001	固定资产名称			扫描仪
类别编号	02	类别名称	电子产品设备	资产组名称	
规格型号		使用部门			采购部
增加方式	直接购入	存放地点			
使用状况	在用	使用年限(月)	60	折旧方法	平均年限法(一)
开始使用日期	2018-01-20	已计提月份	0	币种	人民币
原值	3710.00	净残值率	2%	净残值	74.20
累计折旧	0.00	月折旧率	0	本月计提折旧额	0.00
净值	3710.00	对应折旧科目	660206，折旧费	项目	
增值税	0.00	价税合计	3710.00		
录入人	余虹			录入日期	2018-01-20

图 6.3.5

付款凭证

已生成

付　字 0003　　制单日期：2018.01.20　　审核日期：　　附单据数：0

摘要	科目名称	借方金额	贷方金额
直接购入资产.	固定资产	371000	
直接购入资产.	银行存款/建行存款		371000
票号 日期	数量 单价　合计	371000	371000

备注　项目　　部门
　　　个人　　客户
　　　业务员

记账　　审核　　出纳　　制单　余虹

图 6.3.6

操作提示：

(1) “资产增加”与“原始卡片录入”的操作方法一样，只有在固定资产管理系统的“选项”中勾选了“业务发生后立即制单”复选框，系统才能在增加固定资产卡片后自动弹出“填制凭证”对话框，否则必须在“固定资产”—“批量制单”窗口进行凭证处理操作。

(2) 若发现凭证有误，可以执行“固定资产”—“处理”—“凭证查询”命令，进行修改或删除；若是卡片错误导致凭证错误，则必须删除该错误凭证，修改卡片后，再次生成正确凭证。

(3) 需要填列增值税项目的，可以在设置资产类别的时候将卡片样式选择为含税卡片样式，若当时未设置，也可返回进行修改。

6.3.3 固定资产的减少

固定资产的减少主要是指在资产使用过程中，由于各种原因，如出售、盘亏等，需要做固定资产的减少处理，称为“资产减少”。因减少的固定资产当月仍需计提折旧，所以“资产减少”只有当固定资产在账套中已计提折旧后方可使用。

2018 年 1 月 31 日，对公司的资产进行盘点，盘点结果为一车间的台式电脑毁损而无法使用。

操作流程：

(1) 在“企业应用平台”中的“业务工作”列表框中单击“财务会计”—“固定资产”—“卡片”—“资产减少”，打开“资产减少”窗口，如图 6.3.7 所示。

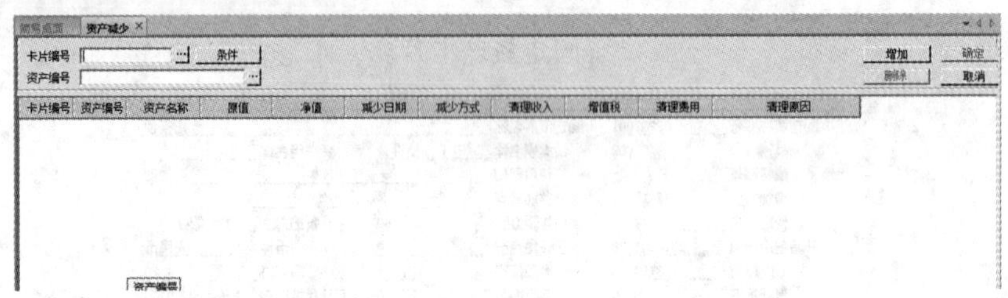

图 6.3.7

(2) 在“卡片编号”文本框中输入相应的固定资产卡片编号“00008”或在“资产编号”文本框中输入相应的固定资产编号“02301001”，单击“增加”按钮，可将其添加到减少资产列表中。

(3) 在“减少日期”栏中输入“2018-01-31”，在“减少方式”栏中输入“毁损”，单击“确定”按钮，进入“填制凭证”窗口，如图 6.3.8 所示。

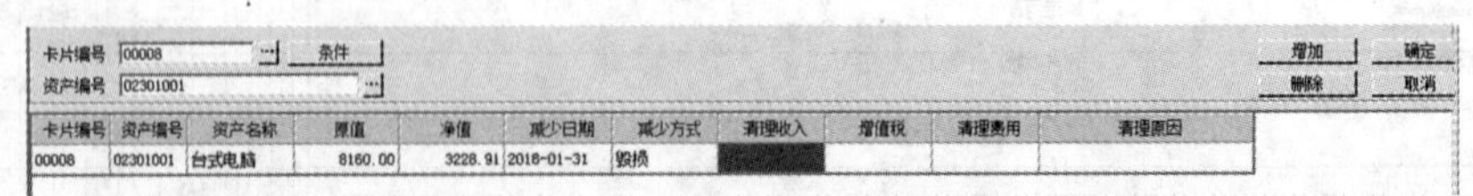

图 6.3.8

(4) 选择“转 转账凭证”类别，单击“保存”按钮，生成凭证，如图 6.3.9 所示。

(5) 单击“固定资产”—“卡片”—“卡片管理”，打开“卡片管理”对话框，在卡片列表框中选择“已减少资产”，可查看已减少的固定资产。双击该卡片，可以查看其详细信息。

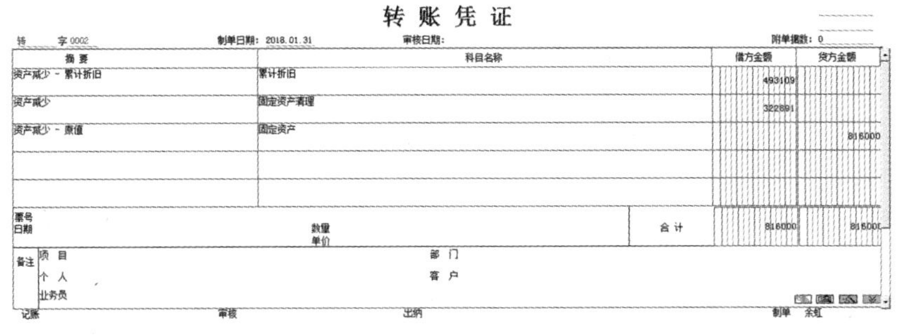

转账凭证

转 字 0002　　制单日期：2018.01.31　　审核日期：　　附单据数：0

摘要	科目名称	借方金额	贷方金额
资产减少－累计折旧	累计折旧	493109	
资产减少	固定资产清理	322891	
资产减少－原值	固定资产		816000
票号 日期	数量 单价 合计	816000	816000

备注　项目　　部门
　　　个人　　客户
　　　业务员

记账　审核　出纳　制单 余红

图 6.3.9

操作提示：

对于误减少的固定资产，可以使用撤销减少功能进行恢复，操作流程为：单击“固定资产”—“卡片”—“卡片管理”，打开“卡片管理”对话框，在卡片列表框中选择“已减少资产”，选中需要恢复的固定资产，单击“卡片”—“恢复减少”，系统弹出“确实要恢复该资产吗?”的信息提示对话框，单击“是”，即可恢复已减少的固定资产。不过只有当月减少的固定资产才可以通过本功能恢复。若资产减少操作已制作凭证，必须删除凭证后才能恢复该资产。

6.3.4 固定资产变动管理

固定资产在使用过程中可能会有某些变动，需要调整卡片的一些项目，这种变动要求留下的原始凭证称为“变动单”。固定资产的变动管理包括原值变动、部门转移、折旧方法调整、使用年限调整、使用状况调整、净残值(率)调整、资产类别调整等。其他项目，如名称、编号、自定义项目的变动，可直接在卡片上进行修改。

系统规定本月录入的卡片和本月新增的固定资产不允许进行变动处理。因此，要进行资产变动，必须先计提折旧并完成制单、结账。

1. 原值变动

原值变动是指固定资产的原值增加或减少，原值增加与原值减少的操作过程类似。原值增加的操作流程如下。

(1) 单击“固定资产”—“卡片”—“变动单”—“原值增加”，打开“固定资产变动单”—“原值增加”窗口。

(2) 直接输入卡片编号或单击“卡片编号”按钮，弹出“固定资产卡片档案”对话框，从中选择需要进行变动的资产。

(3) 输入增加金额后，输入变动原因，系统自动计算出变动的净残值、变动后的原值和变动后的净残值。若变动的净残值或变动的净残值率不正确，可以手动修改其中的一项，另一项自动计算。

(4) 单击“保存”按钮，弹出“填制凭证”对话框，“凭证类别”选择“付 付款凭证”，同时注意制单日期、贷方科目，单击“保存”按钮，生成凭证。

(5) 单击“退出”，系统弹出“数据成功保存！”的信息提示对话框，单击“确定”按钮。

操作提示：

变动单保存后不能修改，只有当月可删除重做。

2. 部门转移

固定资产在使用过程中，因内部调配而生的部门变动，需要进行部门转移处理，以便对各部门的折旧正确计提。

案例9

2018 年 1 月 21 日，财务部的打印机转移到采购部。

操作流程：

(1) 单击“固定资产”—“卡片”—“变动单”—“部门转移”，打开“固定资产变动单”—“部门转移”窗口。

(2) 选择或输入卡片编号，系统自动列出资产的名称、开始使用日期、规格型号、变动前部门和存放地点。

(3) “变动后部门”输入“采购部”，“变动原因”输入“内部调拨”，如图 6.3.10 所示。

固定资产变动单

— 部门转移 —

变动单编号	00001			变动日期	2018-01-21
卡片编号	00007	资产编号	02102002	开始使用日期	2015-12-21
资产名称			打印机	规格型号	
变动前部门			财务部	变动后部门	采购部
存放地点				新存放地点	
变动原因					内部调拨
				经手人	余虹

图 6.3.10

(4) 单击“保存”按钮，弹出“数据成功保存！部门已改变，请检查资产对应折旧科目是否正确！”的信息提示对话框，如图 6.3.11 所示，单击“确定”，卡片上相应的项目根据变动单而改变。

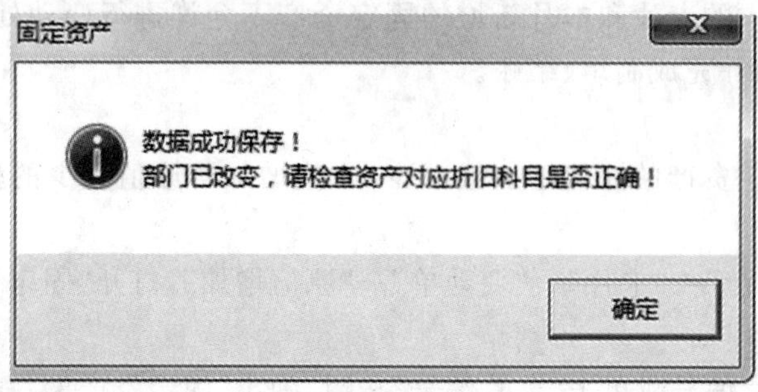

图 6.3.11

3. 折旧方法调整

固定资产的折旧方法一经确定，通常不再变动，当遇到特殊情况确实需要调整改变的，也可以改变，在折旧方法调整中完成。

4. 使用年限调整

固定资产在使用过程中，其使用年限可能由于资产的重估、大修等原因而调整。使用年限调整的资产在调整的当月就按调整后的使用年限计提折旧。

5. 使用状况调整

在固定资产使用过程中，可能会由于某种原因而使得固定资产的使用状况发生变化，这种变化影响固定资产的折旧计提，因此需要及时调整。

6. 变动单管理

变动单管理是指对系统制作的变动单进行综合管理，其操作流程如下。

(1) 单击“固定资产”—“卡片”—“变动单”—“变动单管理”，打开“变动单管理”对话框。

(2) 在“变动单管理”对话框中可对系统制作的变动单进行查看、修改、删除等操作，操作方式与卡片管理的类似。

6.3.5　资产评估

企业在经营过程中可能会根据业务需要或国家要求对部分资产进行评估。资产评估的主要功能是将评估机构的评估数据或定义公式录入系统中，生成评估结果，并对评估单进行管理。资产评估功能提供的可评估资产内容包括原值、累计折旧、净值、使用年限、工作总量、净残值率。

无论是资产评估还是评估单管理，都要在“资产评估管理”对话框中进行操作。单击“固定资产”—“卡片”—“资产评估”，打开“资产评估管理”对话框。

6.4　期末处理

固定资产管理系统的期末处理主要包括计提减值准备、计提折旧、制单、对账和结账等。

6.4.1　计提减值准备

企业在会计期末对各项固定资产逐项检查，若固定资产可收回金额低于账面价值，则应当将可收回金额低于账面价值的差额作为固定资产减值准备。

操作流程：

(1) 单击“固定资产”—“卡片”—“变动单”—“计提减值准备”，打开“固定资产变动单”—“计提减值准备”窗口。

(2) 选择或输入卡片编号，并输入固定资产减值准备金额、减值原因。

(3) 单击工具栏中的“保存”按钮，打开“填制凭证”对话框。

(4) 选择凭证类别，输入制单日期，选择核算部门，单击“保存”按钮。

6.4.2　计提折旧

自动计提折旧是固定资产管理系统的主要功能之一。系统根据录入的资料自动计算每项资产的折旧，并生成折旧分配表和记账凭证，自动登记入账。

1. 计提折旧

系统将自动计提各个资产当期的折旧额，并将当期的折旧额自动累加到累计折旧项目中。计提工作完成后，还需要进行折旧分配，以形成折旧费用。系统除了自动生成折旧清单外，还生成折旧分配表，以完成当期折旧费用的登账工作。

案例10

2018年1月31日，计提本月折旧费用。

操作流程：

(1) 单击“固定资产”—“处理”—“计提本月折旧”，弹出“是否要查看折旧清单?”的信息提示对话框，如图6.4.1所示。

(2) 单击“是”，弹出“本操作将计提本月折旧，并花费一定时间，是否要继续?”的信息提示对话框，如图 6.4.2 所示，单击“是”。

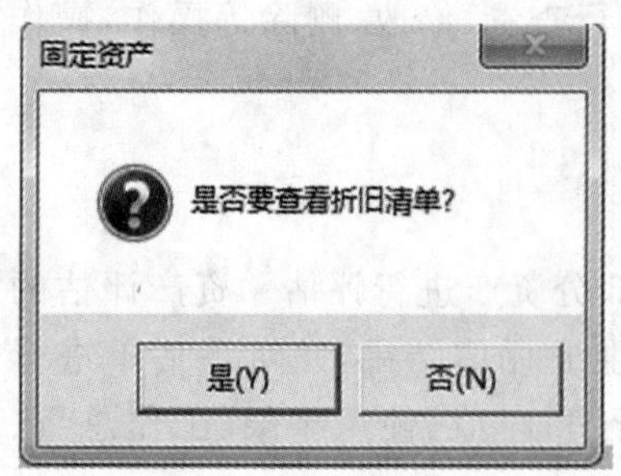

图 6.4.1

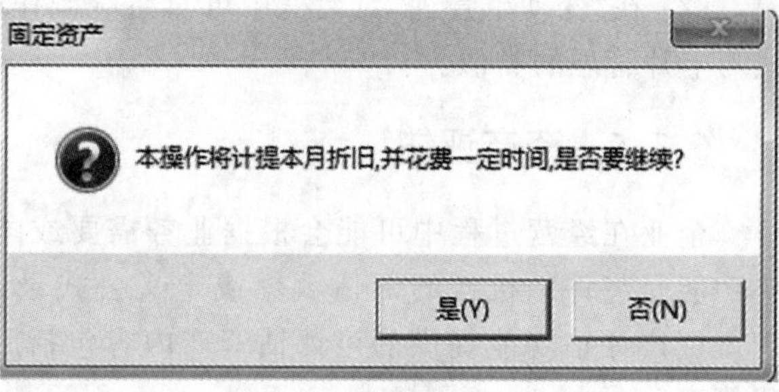

图 6.4.2

(3) 弹出“折旧清单”窗口，可查看折旧清单，如图 6.4.3 所示。

卡片编号	资产编号	资产名称	原值	计提原值	本月计提折旧额	累计折旧	本年计提折旧	减值准备	净值	净残值	折旧率	单位折旧	本月工作量	累计工作量	规格型号
00001	011101001	行政办公楼	500.00	860,500.00	1,376.80	99,473.60	1,376.80	0.00	026.20	3,025.00	0.0016		0.000	0.000	
00002	012301001	生产厂房	680.00	907,680.00	1,452.29	104,927.81	1,452.29	0.00	752.19	5,384.00	0.0016		0.000	0.000	
00003	04301001	生产机器设	000.00	500,000.00	2,650.00	192,650.00	2,650.00	0.00	350.00	5,000.00	0.0053		0.000	0.000	
00004	03101001	小汽车	300.00	258,300.00	3,383.16	84,544.83	3,383.16	0.00	755.17	2,815.00	0.0132		0.000	0.000	
00005	02102001	台式电脑（	200.00	36,200.00	57.92	14,248.32	57.92	0.00	951.68	724.00	0.0016		0.000	0.000	
00006	02101001	传真机	520.00	4,520.00	73.68	2,731.44	73.68	0.00	788.56	90.40	0.0163		0.000	0.000	
00007	02102002	打印机	640.00	5,640.00	91.93	2,302.91	91.93	0.00	337.09	112.80	0.0163		0.000	0.000	
00008	02301001	台式电脑	160.00	8,160.00	133.01	4,931.09	133.01	0.00	228.91	163.20	0.0163		0.000	0.000	
合计			000.00	579,000.00	9,218.79	505,810.20	9,218.79	0.00	189.80	7,314.40			0.000	0.000	

图 6.4.3

(4) 单击“退出”，进入“折旧分配表”窗口，如图 6.4.4 所示。

简易桌面　折旧分配表 ×

⊙ 按部门分配　○ 按类别分配　部门分配条件...

01 (2018.01-->2018.01)

部门编号	部门名称	项目编号	项目名称	科目编号	科目名称	折旧额
101	总经理办公			660206	折旧费	4,833.64
102	财务部			660206	折旧费	57.92
202	采购部			660206	折旧费	91.93
301	一车间			510102	折旧费	4,235.30
合计						9,218.79

图 6.4.4

(5) 单击“退出”，弹出“计提折旧完成!”的信息提示对话框，单击“确定”。

2. 折旧清单

折旧清单显示的是所有应计提折旧的固定资产所计提折旧数额的数据。单期的折旧清单中列示了固定资产名称、计提原值、月折旧率、单位折旧、月工作量、月折旧额等信息，全年的折旧清单中同时列示了各固定资产在 12 个计提期间的月折旧额、本年累计折旧额等信息。

(1) 单击“固定资产”—“处理”—“折旧清单”，可查看折旧清单。

(2) 单击“折旧清单”窗口右上角的下拉列表，选择“全年”，可以查看全年的折旧清单。

(3) 单击“折旧清单”窗口左上角的下拉列表，可以选择“按部门查询”或“按类别查询”查看折旧清单。

3. 折旧分配表

(1) 单击“固定资产”—“处理”—“折旧分配表”，弹出“折旧分配表”窗口，在其中选择一种折旧分配表来制作记账凭证，如图 6.4.5 所示。

(2) 单击“修改”按钮，则“按部门分配”、“按类别分配”和“部门分配条件”选项处于可用

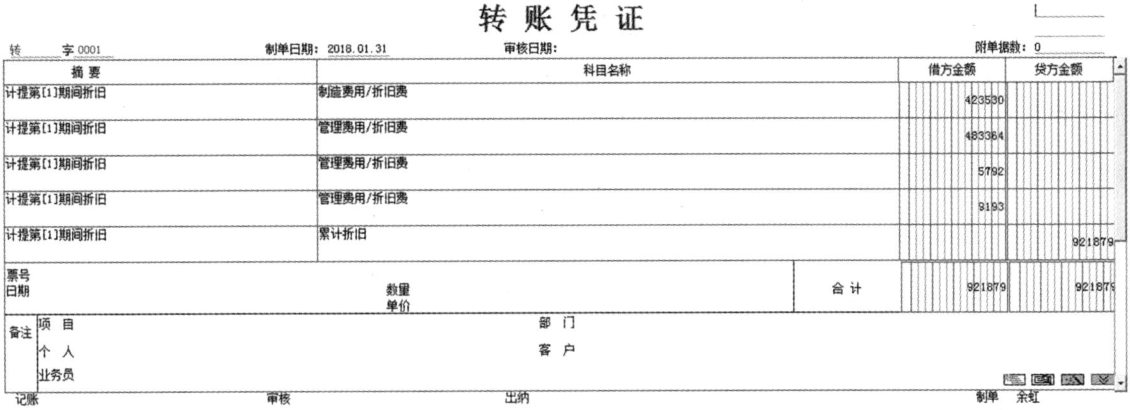

转 账 凭 证

转 字 0001　　制单日期：2018.01.31　　审核日期：　　附单据数：0

摘要	科目名称	借方金额	贷方金额
计提第[1]期间折旧	制造费用/折旧费	423530	
计提第[1]期间折旧	管理费用/折旧费	483364	
计提第[1]期间折旧	管理费用/折旧费	5792	
计提第[1]期间折旧	管理费用/折旧费	9193	
计提第[1]期间折旧	累计折旧		921879
票号 日期	数量 单价　　合计	921879	921879
备注	项目　　部门 个人　　客户 业务员		

记账　　审核　　出纳　　制单 余虹

图 6.4.5

状态。

（3）单击“部门分配条件”按钮，可打开“折旧部门汇总”对话框。

6.4.3 制单

若在“选项”中勾选了“业务发生后立即制单”，则在变动单完成后自动调出内容不完整的凭证，以便修改制单；若没有勾选“业务发生后立即制单”，或者调出凭证后未修改就直接关闭了，则可以在以后进行批量制单。

操作流程：

（1）单击“固定资产”—“处理”—“批量制单”，打开“批量制单”对话框，批量制单表中列示的内容是截止到本次制单为止的所有本系统应制单而未制单的业务。

（2）在“制单选择”选项卡中将每个业务行的“选择”栏选中，添加制单标志“Y”，如要选择所有业务，也可以单击工具栏中的“全选”按钮。

（3）切换到“制单设置”选项卡，在此可以根据实际情况选择“科目”和“部门核算”。

（4）单击“凭证”按钮，可跳转到“填制凭证”窗口，单击“保存”按钮，凭证左上角显示“已生成”字样，所有凭证保存完毕后退出。

（5）单击“处理”—“凭证查询”，打开“凭证查询”对话框，可以查看、修改和删除凭证。

6.4.4 对账和结账

1. 对账

固定资产管理系统的对账是指与总账管理系统对账，以保证系统账套的固定资产数值与总账管理系统中固定资产科目的数值相等。对账随时都可以进行，系统在执行月末结账时自动对账一次，给出对账结果，并根据初始化或选项中的判断来确定不平情况下是否允许结账。

案例11

2018年1月31日，进行本月固定资产管理系统与总账管理系统对账。

操作流程：

(1) 以出纳“02”的身份登录总账管理系统,进行出纳签字。

(2) 以账套主管“01”的身份登录总账管理系统,进行审核、记账。

(3) 单击“固定资产”—“处理”—“对账”,系统弹出“对账完成后显示对账结果!”的信息提示对话框,单击“确定”,完成对账,如图 6.4.6 和图 6.4.7 所示。

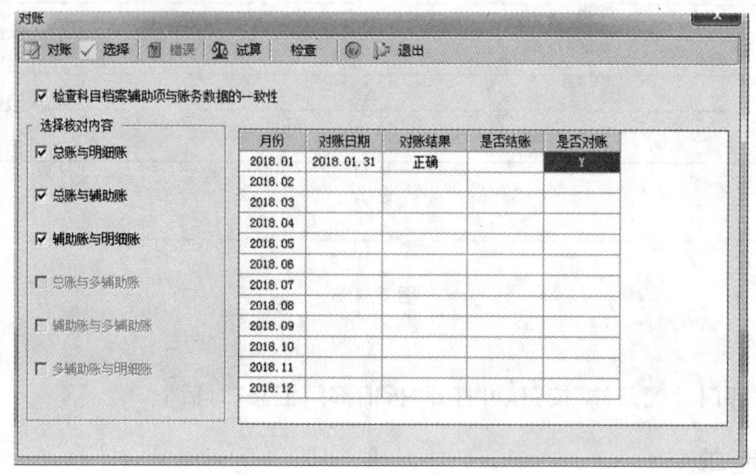

图 6.4.6

操作提示:

固定资产管理系统生成的凭证传递到总账管理系统,需要审核、记账完毕后,固定资产管理系统与总账管理系统进行对账,才能平衡。

2. 结账

当固定资产管理系统完成了本月全部制单业务后,才可以进行月末结账。月末结账每月进行一次,结账后当期数据不能修改。如果必须修改结账前的数据,只能使用“恢复月末结账前状态”命令。结账前不能处理下期的数据;另外,结账前一定要进行数据备份,否则数据一旦丢失,将造成无法挽回的后果。

操作流程:

(1) 单击“固定资产”—“处理”—“月末结账”,认真阅读弹出的系统提示,如图 6.4.8 所示。

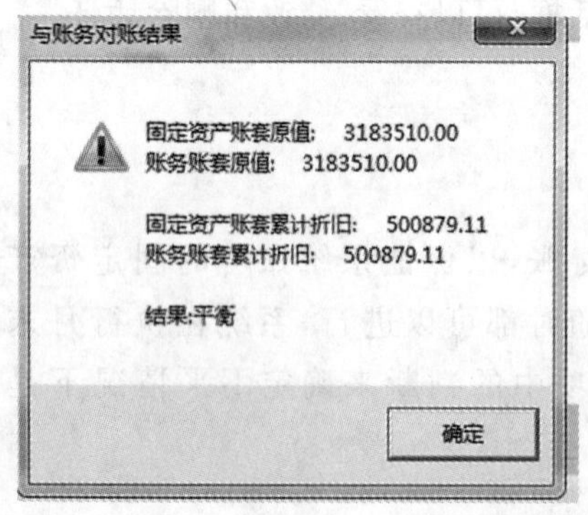

图 6.4.7

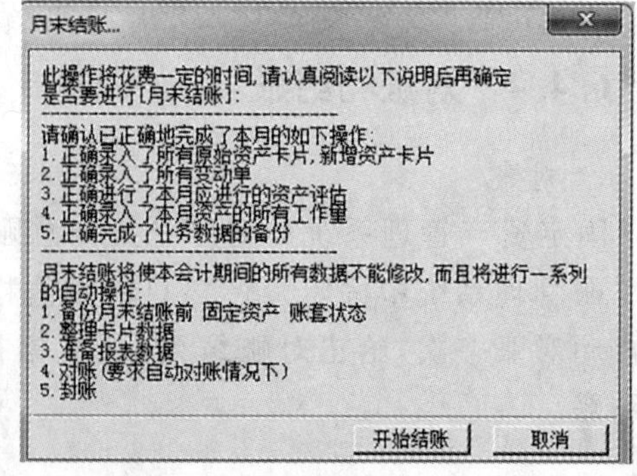

图 6.4.8

(2) 单击“开始结账”按钮,系统开始结账,稍后系统提示对账结果。

(3) 单击“确定”按钮,系统提示“结账成功完成!”。

操作提示：

在结账前需要进行期间损益结转工作。

3. 反结账

恢复月末结账前状态，称为反结账，它是固定资产管理系统提供的一个纠错功能。如果由于某种原因，在结账后发现结账前的操作有误，而结账后不能修改结账前的数据，则可使用此功能恢复到结账前的状态去修改错误。

操作流程：

单击“固定资产”—“处理”—“恢复月末结账前状态”，系统提示要恢复到的日期，单击“是”按钮，系统即执行反结账操作，完成后自动以登录日期打开，并提示该日期是否是可操作的。

实验十　固定资产管理

实验目的

(1) 掌握用友 ERP-U8 管理软件中固定资产管理系统的相关内容。

(2) 掌握固定资产管理系统初始设置、日常业务处理、期末处理的操作方法。

实验内容

(1) 固定资产管理系统参数设置、原始卡片录入。

(2) 日常业务处理：资产增减、资产变动、生成凭证、账表查询。

(3) 期末处理：计提减值准备、计提折旧、制单、对账和结账。

实验准备

系统日期设置为 2018-01-01，引入实验二账套数据。

实验资料

1. 初始设置

(1) 控制参数。

约定与说明：我同意。

启用月份：2018.01。

折旧信息：本账套计提折旧；折旧方法：平均年限法(一)；折旧汇总分配周期：1 个月，当“月初已计提月份＝可使用月份－1”时，将剩余折旧全部提足。

编码方式：

资产类别编码方式：21120000；固定资产编码方式：按“类别编号＋部门编号＋序号”自动编码，卡片序号长度为 3。

账务接口：与账务系统进行对账；固定资产对账科目：固定资产(1601)；累计折旧对账科目：累计折旧(1602)。

补充参数：业务发生后立即制单；月末结账前一定要完成制单登账业务；固定资产对账科目：1601，固定资产；累计折旧对账科目：1602，累计折旧；[减值准备]缺省入账科目：1603，固定资产减值准备；[增值税进项税额]缺省入账科目：22210101，进项税额；[固定资产清理]缺省入账科目：1606，固定资产清理。

(2) 资产类别(默认通用格式)：

类别编码	类别名称	净残值率	计量单位	计提属性
01	房屋及建筑物	5%		正常计提
011	行政办公楼	5%		正常计提
012	生产厂房	5%		正常计提
02	电子产品设备	2%		正常计提
03	交通运输设备	5%		正常计提
04	生产机器设备	5%		正常计提
05	其他设备	3%		正常计提

(3) 部门及对应折旧科目部门。

管理中心、采购部:管理费用/折旧费 660206;销售部:销售费用 6601;制造中心:制造费用/折旧费 510102。

(4) 增减方式的对应入账科目。

增加方式——直接购入,对应入账科目为建行存款(100201)。

减少方式——毁损,对应入账科目为固定资产清理(1606)。

(5) 原始卡片:

固定资产名称	类别编号	所在部门	增加方式	可使用年限/年	开始使用日期	原值/元	累计折旧/元	对应折旧科目名称
行政办公楼	011	总经理办公室	投资者投入	50	2011-12-11	860 500	98 097	管理费用/折旧费
生产厂房	012	一车间	投资者投入	50	2011-12-11	907 680	103 475.52	制造费用/折旧费
生产机器设备	04	一车间	直接购入	15	2011-12-21	500 000	190 000	制造费用/折旧费
小汽车	03	总经理办公室	直接购入	6	2015-12-01	256 300	81 161.67	管理费用/折旧费
台式电脑(服务器)	02	财务部	直接购入	5	2015-12-21	36 200	14 190.4	管理费用/折旧费
传真机	02	总经理办公室	直接购入	5	2014-12-26	4 520	2 657.76	管理费用/折旧费
打印机	02	财务部	直接购入	5	2015-12-21	5 640	2 210.98	管理费用/折旧费
台式电脑	02	一车间	直接购入	5	2014-12-20	8 160	4 798.08	制造费用/折旧费
合计						2 579 000	496 591.41	

注:净残值率参照上表资产类别(默认通用格式),使用状况均为"在用",折旧方法均采用"平均年限法(一)"。

2. 日常及期末业务

2018 年 1 月份发生的业务如下:

(1) 1 月 10 日,总经理办公室购买笔记本电脑一台,金额为 8 960 元,预计使用年限 5 年。

(2) 1 月 13 日,一车间购入一台不需安装的生产设备,增值税专用发票上注明设备价款 600 000 元,增值税税额为 96 000 元,以上款项均通过银行转账支付,预计使用年限 15 年。

(3) 1 月 20 日,采购部购买扫描仪一台,金额为 3 710 元,预计使用年限 5 年。

(4) 1 月 21 日,财务部的打印机转移到采购部。

(5) 1 月 30 日,对公司的资产进行盘点,盘点结果为一车间的台式电脑毁损而无法使用。

(6) 1 月 31 日,计提本月折旧费用。

实验要求

以账套主管、固定资产会计的身份进行固定资产管理操作。

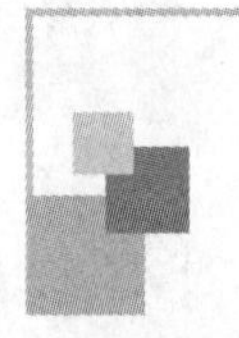

附录A 综合实训

1. 企业基本信息

广州南方办公设备销售有限公司是一家私营有限责任公司，注册资本300万元，主要从事各种品牌型号打印机及其他办公设备的批发、零售与维修服务。

公司名称：广州南方办公设备销售有限公司。

公司地址：广州市沙太南路66号。

联系电话：020-88669922。

开户银行：工商银行沙太支行。

银行账号：100054091016。

税务登记号：4467284629128248。

公司采用2007年新会计制度进行会计核算，记账本位币为人民币，于2018年1月开始利用用友ERP-U8系统进行会计核算及企业日常业务处理。启用总账管理系统、固定资产管理系统、薪资管理系统。

公司的供应商、客户资料不需要分类管理，存货需要分类管理，没有外币业务，业务流程均使用标准流程。

编码规则：科目编码级次为4222，存货分类编码级次为122，部门结算方式编码级次为12，收发类别编码级次为111。

2. 企业岗位分工

岗位分工及权限：

编号	姓名	所属角色	工作职责	U8 权限
01	李蕾	会计主管	负责系统运行环境的建立，各项初始设置工作；负责系统日常运行管理工作，监督保障系统有效、安全、正常地运行；负责总账管理系统的凭证审核、账簿查询、月末结账工作；负责报表管理及财务分析工作	账套主管
02	韩梅梅	总账会计	负责总账核算、记账凭证填制、记账工作	总账权限
03	刘慧	出纳	负责出纳业务处理，包括：核对收付款凭证、出纳签字，管理现金、银行存款日记账和资金日报表，负责支票管理、银行对账等工作	出纳及出纳签字权限
04	张群	固定资产会计	负责固定资产的增加、减少、折旧、减值准备及其他变动业务等明细核算	固定资产管理系统权限
05	黄芳	工资会计	负责工资表编制、应付职工薪酬相关明细核算	薪资管理系统权限
06	孙庆	往来会计	负责应收及预付账款、应付及预售账款、应收及应付票据、其他应收款和其他应付款等明细核算	应收款管理系统权限

注：所有操作员口令均为空。

3. 机构设置

1）部门档案

部门编码	部门名称	负责人
1	行政办公室	
101	总经理办公室	
102	人力资源部	
103	财务部	李蕾
2	技术服务部	
3	市场部	
301	采购部	
302	销售部	
303	仓库	

2）人员类别

人员类别编码	人员类别名称
1	管理人员
2	营销人员
201	采购人员
202	销售人员
203	仓管人员
3	技术人员

3）人员档案

人员编码	姓名	性别	人员类别	所属部门	是否业务员	是否操作员
101	郭平	男	管理人员	总经理办公室	否	否
102	蒋舟	男	管理人员	人力资源部	否	否
103	李蕾	女	管理人员	财务部	否	是
104	韩梅梅	女	管理人员	财务部	否	是
105	刘慧	女	管理人员	财务部	否	是
106	张群	女	管理人员	财务部	否	是
107	黄芳	女	管理人员	财务部	否	是
108	孙庆	男	管理人员	财务部	否	是
201	郑涛	男	技术人员	技术服务部	否	否
301	严军	男	采购人员	市场部	是	否
302	马辉	男	销售人员	市场部	是	否
303	王建国	男	仓管人员	市场部	是	否

4. 客商信息

1）供应商档案

供应商编号	供应商名称	供应商简称	税　　号	开户银行	账　　号
001	深圳华大商贸有限公司	华大商贸	3849372738494837	工行深圳支行	94329851011
002	广州天创科技有限公司	天创科技	5948383838399383	建行广州分行	14323000111
003	东莞明远科技有限公司	明远科技	4939848575993020	农行东莞支行	25899401211
004	佛山逸科商贸有限公司	逸科商贸	2394848373738929	工行佛山支行	62039394948

注：以上供应商分管部门均为“采购部”，专管业务员均为“严军”。

2）客户档案

客户编号	客户名称	客户简称	税　　号	开户银行	账　　号
001	三元科技有限公司	三元科技	4939493883020020	工行广州支行	68210283949
002	培英教育有限公司	培英教育	5394010183992029	建行广州分行	32937393949
003	江南科技有限公司	江南科技	3284729120002399	农行东莞支行	53948393920

注：以上客户分管部门均为“销售部”，专管业务员均为“马辉”。

5. 项目目录

建立项目大类。

项目大类：办公设备（普通项目）。

项目分类：(1) 打印机；(2) 其他办公设备。

核算科目：材料采购 1401、库存商品 1405、主营业务收入 6001、主营业务成本 6401。

项目目录：

项目编码	项目名称	所属分类	是否结算
01	惠普 LaserJet1020	1	否
02	惠普 LaserJet5200L	1	否
03	惠普 DeskJet D2368	1	否
04	佳能 PIXMA iP1600	1	否
05	佳能 PIXMA iP4300	1	否
06	爱普生 LQ-630K	1	否
07	爱普生 ME2	1	否
08	爱普生 Stylus Photo R250	1	否

6. 收付结算方式

编　码	名　称	票据管理
1	现金结算	否
2	支票结算	否
201	现金支票	是
202	转账支票	是
3	电汇	否
4	商业汇票	否

7. 凭证类别

凭证分类	限制类型	限制科目
收款凭证	借方必有	1001,100201
付款凭证	贷方必有	1001,100201
转账凭证	凭证必无	1001,100201

8. 总账参数

选项卡	参数设置
凭证	可以使用应收受控科目和应付受控科目 出纳凭证必须经由出纳签字

9. 固定资产系统设置

约定与说明：我同意。

启用月份：2018.01。

折旧信息：本账套计提折旧；折旧方法：平均年限法(一)；折旧汇总分配周期：1 个月，当“月初已计提月份＝可使用月份－1”时，将剩余折旧全部提足。

编码方式：

资产类别编码方式：21120000；固定资产编码方式：按“类别编号＋部门编号＋序号”自动编码，卡片序号长度为 3。

账务接口：与账务系统进行对账；固定资产对账科目：固定资产(1601)；累计折旧对账科目：累计折旧(1602)。

补充参数：业务发生后立即制单；月末结账前一定要完成制单登账业务；固定资产对账科目：1601，固定资产；累计折旧对账科目：1602，累计折旧；[减值准备]缺省入账科目：1603，固定资产减值准备；[增值税进项税额]缺省入账科目：22210101，进项税额；[固定资产清理]缺省入账科目：1606，固定资产清理。

固定资产类别：

类别编码	类别名称	净残值率
01	房屋建筑物	5%
02	机器设备	5%
03	运输设备	5%
04	办公设备	5%

10. 薪资系统设置

启用时间：2018 年 1 月 1 日。

工资类别：单个工资类别。

工资项目：

项目名称	类型	长度	小数位数	增减项
基本工资	数字	8	2	增项

续表

项目名称	类型	长度	小数位数	增减项
岗位工资	数字	8	2	增项
工龄工资	数字	8	2	增项
交通补贴	数字	8	2	增项
加班费	数字	8	2	增项
奖金	数字	8	2	增项
病假天数	数字	8	2	其他
病假扣款	数字	8	2	减项
事假天数	数字	8	2	其他
事假扣款	数字	8	2	减项
缺勤天数	数字	8	2	其他
缺勤扣款	数字	8	2	减项

工资档案：

人员编码	姓名	学历	人员类别	所属部门	银行代发账号
101	郭平	大学	管理人员	总经理办公室	10011020088001
102	蒋舟	大学	管理人员	人力资源部	10011020088002
103	李蕾	大学	管理人员	财务部	10011020088003
104	韩梅梅	大学	管理人员	财务部	10011020088004
105	刘慧	大学	管理人员	财务部	10011020088005
106	张群	大学	管理人员	财务部	10011020088006
107	黄芳	大学	管理人员	财务部	10011020088007
108	孙庆	大学	管理人员	财务部	10011020088008
201	郑涛	大学	技术人员	技术服务部	10011020088009
301	严军	大专	采购人员	市场部	10011020088010
302	马辉	大专	销售人员	市场部	10011020088011
303	王建国	大专	仓管人员	市场部	10011020088012

工资代发银行为工商银行沙太支行，银行代发账号长度为 14 位，录入时自动带出账号长度为 12 位。

个税起征点：3 500 元。

11. 财务数据

1）2018 年 1 月 1 日会计科目及期初余额表 单位：元

科目编号及名称	辅助核算	借方余额	贷方余额	备注
库存现金 1001	日记账	2 500		
银行存款 1002	日记账、银行账	302 525		
工行存款 100201	日记账、银行账	302 525		
其他货币资金 1012		132 544		

续表

科目编号及名称	辅助核算	借方余额	贷方余额	备注
银行汇票存款 101201		132 544		
应收票据 1121	客户往来	150 000		
应收账款 1122	客户往来	170 000		
坏账准备 1231			850	
其他应收款 1221				
备用金 122101	部门核算	3 830		
应收个人款 122102	个人往来	6 170		
材料采购 1401	项目核算、数量核算	263 600		
库存商品 1243	项目核算、数量核算	396 800		
固定资产 1601		2 883 600		
累计折旧 1602			356 700	
短期借款 2001			500 000	
应付票据 2201	供应商往来		100 000	
应付账款 2202	供应商往来		220 000	
应付职工薪酬 2211			50 000	
应付工资 221101				
应付福利费 221102			50 000	
应交税费 2221		67 456		
应交增值税 222101				
进项税额 22210101		67 456		
销项税额 22210102				
转出未交增值税 22210103				
未交增值税 222102				
应付利息 2231			2 325	
实收资本 4401			3 000 000	
盈余公积 4101			9 150	
法定盈余公积 410101			9 150	
本年利润 4103			120 000	
利润分配 4104			20 000	
未分配利润 410401			20 000	
主营业务收入	项目核算、数量			
其他业务收入				
主营业务成本				

续表

科目编号及名称	辅助核算	借方余额	贷方余额	备注
其他业务成本				
营业税金及附加				
销售费用				
财务费用				
管理费用				
营业外收入				
营业外支出				
所得税费用				
合计		4 379 025	4 379 025	

注：指定"库存现金 1001"为现金总账科目，指定"银行存款 1002"为银行总账科目，指定"库存现金 1001""银行存款—工行存款 100201""其他货币资金—银行汇票存款 101201"为现金流量科目。

2）应收票据期初明细

会计科目：应收票据 1121　　余额：150 000 元

日期	凭证号	客户	业务员	摘要	方向	金额/元
2017-12-23	转-157	三元科技有限公司	马辉	货款	借	87 500
2017-12-27	转-168	培英教育有限公司	马辉	货款	借	62 500

3）应收账款期初明细

会计科目：应收账款 1122　　余额：170 000 元

日期	凭证号	客户	业务员	摘要	方向	金额/元
2017-11-30	转-115	三元科技有限公司	马辉	货款	借	50 000
2017-12-12	转-146	培英教育有限公司	马辉	货款	借	100 000
2017-12-29	转-182	江南科技有限公司	马辉	货款	借	20 000

4）其他应收款期初明细

会计科目：其他应收款—应收个人款 122102　　余额：6 170 元

日期	凭证号	部门	个人	摘要	方向	金额/元
2017-12-25	付-112	采购部	严军	出差借款	借	6 170

5）材料采购期初明细　　余额：263 600 元

品名	数量/台	单价/元	金额/元
惠普 LaserJet1020	150	1 200	180 000
佳能 PIXMA iP1600	220	380	83 600

6）库存商品期初明细　　余额:396 800 元

品　　名	数量/台	单价/元	金额/元
惠普 LaserJet1020	50	1 200	60 000
惠普 DeskJet D2368	100	295	29 500
惠普 LaserJet5200L	20	6 200	124 000
爱普生 LQ-630K	25	1 980	49 500
爱普生 ME2	10	550	5 500
爱普生 Stylus Photo R250	30	1 050	31 500
佳能 PIXMA iP1600	100	380	38 000
佳能 PIXMA iP4300	60	980	58 800

7）固定资产、累计折旧期初明细

名　称	类别编号	所 在 部 门	增加方式	可使用年限/年	开始使用日期	原值/元	累计折旧/元
办公楼	01	总经理办公室(20%)	直接购入	20	2012-12-01	2 533 600	316 700
		人力资源部(20%)					
		财务部(20%)					
		技术服务部(10%)					
		销售部(10%)					
		采购部(10%)					
		仓库(10%)					
中央空调	02	总经理办公室(20%)	直接购入	10	2012-12-01	50 000	25 000
		人力资源部(20%)					
		财务部(20%)					
		技术服务部(10%)					
		销售部(10%)					
		采购部(10%)					
		仓库(10%)					
汽车	03	销售部	直接购入	10	2017-06-01	300 000	15 000
总计						2 883 600	356 700

8）应付票据期初明细

会计科目:应付票据 2201　　余额:100 000 元

日　　期	凭　证　号	供　应　商	业　务　员	摘　　要	方　　向	金额/元
2017-12-22	转-148	深圳华大商贸有限公司	严军	货款	借	87 500
2017-12-28	转-172	广州天创科技有限公司	严军	货款	借	12 500

9）应付账款期初明细

会计科目：应付账款 2202　　　　余额：220 000 元

日　期	凭 证 号	供 应 商	业 务 员	摘　要	方　向	金额/元
2017-12-21	转-133	深圳华大商贸有限公司	严军	货款	借	6 000
2017-12-24	转-160	广州天创科技有限公司	严军	货款	借	80 000
2017-12-02	转-122	东莞明远科技有限公司	严军	货款	借	130 000
2017-12-05	转-128	佛山逸科商贸有限公司	严军	货款	借	4 000

12. 总账管理系统日常业务

(1) 2018 年 1 月 1 日，从三元科技有限公司收到一张 50 000 元转账支票(票号：ZZ1232)，偿付前欠货款，当日存入公司银行账户。

(2) 2018 年 1 月 2 日，开出一张现金支票(票号：XJ2428)，从银行提取现金 8 000 元，以备零星开支。

(3) 2018 年 1 月 5 日，采购员严军经领导批准，计划到苏州出差，预支差旅费 2 500 元。

(4) 2018 年 1 月 5 日，上月所购货物到达并验收入库，所购货物明细：惠普 LaserJet1020 打印机 150 台，单价 1 200 元；佳能 PIXMA iP1600 打印机 220 台，单价 380 元。总计 263 600 元。

(5) 2018 年 1 月 8 日，用 800 元现金购买办公用品。

(6) 2018 年 1 月 9 日，向三元科技有限公司赊销佳能 PIXMA iP1600 打印机 5 台，单价 440 元，货款合计 2 200 元，增值税 374 元。

(7) 2018 年 1 月 12 日，严军回来报销差旅费 2 500 元。

(8) 2018 年 1 月 14 日，从深圳华大商贸有限公司购入一批货物，价款共计 104 550 元，增值税额为 17 773.5 元，开出转账支票(票号：ZZ2384)一张，用以支付全部货款，增值税专用发票已收到，货物已验收入库。

品　名	数量/台	单价/元	金额/元
惠普 LaserJet1020	20	1 200	24 000
佳能 PIXMA iP1600	10	380	3 800
惠普 DeskJet D2368	50	295	14 750
惠普 LaserJet5200L	10	6 200	62 000
合计			104 550

(9) 2018 年 1 月 19 日，收到银行付款通知，委托收款支付上月电费 1 200 元和水费 300 元。

(10) 2018 年 1 月 20 日，为江南科技有限公司提供修理劳务，收到银行信汇单据一张，金额为 8 000 元。

(11) 2018 年 1 月 20 日，开出转账支票(票号：ZZ2938)一张，由银行代发本月职工工资 120 000 元。

(12) 2018 年 1 月 25 日，分配本月工资，并按工资 14% 的比例提取职工福利费。

工资数据：

编　　号	姓　　名	基本工资/元	岗位工资/元	工龄工资/元	交通补贴/元	奖金/元	缺勤天数/天
101	郭平	4 000	1 600	600	500	1 000	
102	蒋舟	3 600	1 500	500	300	800	
103	李蕾	3 400	1 400	600	300	800	
104	韩梅梅	3 200	1 200	400	300	700	2
105	刘慧	3 000	1 200	400	300	700	
106	张群	2 800	1 200	400	300	700	
107	黄芳	2 700	1 200	300	300	700	
108	孙庆	2 600	1 200	300	300	700	1
201	郑涛	3 500	1 300	400	300	900	
301	严军	2 500	1 000	350	500	850	
302	马辉	2 500	1 000	350	500	850	
303	王建国	2 500	1 000	350	500	850	

缺勤一天扣 20 元。

工资及福利费分摊设置：

人员编码	姓名	性别	人员类别	所属部门	工资费用科目	对应科目
101	郭平	男	管理人员	总经理办公室	管理费用——工资 660201/福利费 660202	应付职工薪酬
102	蒋舟	男	管理人员	人力资源部	管理费用——工资 660201/福利费 660202	应付职工薪酬
103	李蕾	女	管理人员	财务部	管理费用——工资 660201/福利费 660202	应付职工薪酬
104	韩梅梅	女	管理人员	财务部	管理费用——工资 660201/福利费 660202	应付职工薪酬
105	刘慧	女	管理人员	财务部	管理费用——工资 660201/福利费 660202	应付职工薪酬
106	张群	女	管理人员	财务部	管理费用——工资 660201/福利费 660202	应付职工薪酬
107	黄芳	女	管理人员	财务部	管理费用——工资 660201/福利费 660202	应付职工薪酬
108	孙庆	男	管理人员	财务部	管理费用——工资 660201/福利费 660202	应付职工薪酬
201	郑涛	男	技术人员	技术服务部	销售费用——工资 660101/福利费 660102	应付职工薪酬
301	严军	男	采购人员	市场部	销售费用——工资 660101/福利费 660102	应付职工薪酬
302	马辉	男	销售人员	市场部	销售费用——工资 660101/福利费 660102	应付职工薪酬
303	王建国	男	仓管人员	市场部	销售费用——工资 660101/福利费 660102	应付职工薪酬

(13) 2018 年 1 月 31 日，计提本月固定资产折旧。

(14) 2018 年 1 月 31 日，计提本月短期借款利息 2 325 元。

(15) 2018 年 1 月 31 日，结转本月销售成本。

(16) 2018 年 1 月 31 日，计算本月所得税费用(假定无调整项目和时间性差异)，并结转本月应缴的所得税。

(17) 2018 年 1 月 31 日，结转本月利润。

(18) 2018 年 1 月 31 日，依次对薪资管理系统、固定资产管理系统、总账管理系统进行结账。

要求：

（1）以系统管理员（admin）身份完成增加操作员、创建账套、启用系统、设置操作员权限、引入/输出账套文件操作。

（2）以账套主管（李蕾）身份完成初始设置、审核凭证、月末结账、编制会计报表操作。

（3）以总账会计（韩梅梅）身份完成编制凭证、记账操作。

（4）以出纳（刘慧）身份进行期末银行对账操作。

（5）以工资会计（黄芳）身份完成工资表编制、工资业务核算工作。

（6）以固定资产会计（张群）身份完成固定资产业务核算工作。

参考文献

[1] 谈先球，黄乐珊，徐庆林. 会计电算化实务[M]. 北京：教育科学出版社，2013.

[2] 王新玲，汪刚. 会计信息系统实验教程(用友 U8 V10.1)[M]. 微课版. 北京：清华大学出版社，2017.

[3] 万代黎，王婧. 会计电算化实务——基于用友 ERP-U8V10.1[M]. 成都：西南财经大学出版社，2016.

[4] 张芳丽，侯国栋. 会计信息化实务——用友 ERP-U8 V10.1 版[M]. 北京：人民邮电出版社，2016.

[5] 亓文会，亓凤华. 会计电算化项目教程[M]. 北京：北京大学出版社，2013.

[6] 李京琴，周晨，潘荟有. 高职《会计电算化》课程教学方法探析——基于用友 ERP-U8 的分析[J]. 北京农业职业学院学报，2018(2)：102-105.

[7] 包根梅. 薪资管理系统操作详解——以用友 ERP-U8101 为例[J]. 现代商贸工业，2016，37(26)：73-74.

[8] 徐行. 用友 ERP-U8 薪资管理应用常见问题解析[J]. 办公自动化(综合版)，2012(9)：10-12.